安徽省高等学校规划教材
安徽省一流教材

中级财务会计

主　编 ◎ 毛腊梅　陈　颖　周建龙
副主编 ◎ 刘溢华　胡雪琪　汪婷婷

北京师范大学出版集团
安徽大学出版社

图书在版编目(CIP)数据

中级财务会计/毛腊梅,陈颖,周建龙主编.—合肥:安徽大学出版社,2020.4
高等学校规划教材.会计系列
ISBN 978-7-5664-2011-4

Ⅰ.①中⋯　Ⅱ.①毛⋯　②陈⋯　③周⋯　Ⅲ.①财务会计-高等学校-教材
Ⅳ.①F234.4

中国版本图书馆 CIP 数据核字(2020)第 030503 号

中级财务会计
Zhongji Caiwu Kuaiji

毛腊梅　陈颖　周建龙　主编

出版发行:	北京师范大学出版集团 安　徽　大　学　出　版　社 (安徽省合肥市肥西路3号邮编230039) www.bnupg.com.cn www.ahupress.com.cn
印　　刷:	安徽省人民印刷有限公司
经　　销:	全国新华书店
开　　本:	184mm×260mm
印　　张:	17.75
字　　数:	365千字
版　　次:	2020年4月第1版
印　　次:	2020年4月第1次印刷
定　　价:	46.00元
ISBN	978-7-5664-2011-4

策划编辑:邱昱　姚宁　方青		装帧设计:李伯骥	
责任编辑:姚　宁		美术编辑:李　军	
责任印制:陈　如　孟献辉			

版权所有　侵权必究
反盗版、侵权举报电话:0551-65106311
外埠邮购电话:0551-65107716
本书如有印装质量问题,请与印制管理部联系调换。
印制管理部电话:0551-65106311

前言

经济越发展，会计越重要。经济的发展离不开会计，会计的发展离不开会计人才的培养，而会计人才的培养又离不开优质的会计教材。我国经济发展迅速，会计准则体系不断建立和完善，会计教材也必须紧跟经济的发展，与时俱进。

本教材作为会计系列教材《中级财务会计》（主版教材）的简明版，是在过去财务会计教材的基础上，吸收了国内外近几年相关教材的精华，按照最新修订的企业会计准则和相关的法律法规进行编写的。本书的内容大多为会计实务中经常发生的业务，且涵盖了与注册会计师考试及会计专业技术资格考试相关的大部分内容，不再涉及会计实务中不经常发生且较为复杂的业务。

本教材立足于应用型本科会计人才的培养目标，集合骨干师资力量，设计了完善的体例结构，将教学内容按实际业务流程重组，以学生为主体，把促进学生的主体性发展置于核心地位，充分调动学生的自主性、能动性和创造性，以期达到更好的教学效果。

一、本书特色

1. 教材紧密结合我国国内最新会计准则在制定和改革中出现的新举措，融合《国际会计准则》及会计理论的主要精神，力求既能指导会计实务操作，又能站在会计理论的高度来探究会计领域的奥秘。

2. 教材本着"素质教育"和培养"应用型、创新人才"的培养目标，运用案例教学，每章均有相关知识点链接，这也是本教材在编写过程中既重视会计理论知识的介绍，又与国际会计知识和会计实践结合的有益举措。

3. 教材密切注意我国财务会计发展的动态，关注会计领域出现的诸多新改革、新动向和新问题，将最新发生的财经动态融入教材中。

4. 教材立足于应用型本科人才的培养，力求以严谨而又活泼的语言"立足中国，放眼世界，侧重当前，注视未来"，透析会计确认及计量的基本规律，力争使学生在了解财务会计基本理论的基础上能够举一反三。

5. 教材内容具有实用性，对会计理论的阐述力求精练、简明和通俗易懂，注重理论与案例、实践的结合，每章都结合重要的知识点精心设计了一定数量、难易适中的练习题，方便学生在掌握企业会计确认、计量和报告方法的同时，了解企业实务操作的程序，做到理论联系实际，以便在未来的工作中尽快达到岗位要求。

二、本书内容

全书内容共分为十二章，主要介绍会计"六大"要素确认、计量和报告的基本原理，理论性和实用性极强。

全书知识结构如下。

【第一章 总论】本章主要介绍财务会计的目标、会计信息质量要求、会计的基本假设和会计确认与计量、财务报告要素等。

【第二章 货币资金】本章主要介绍库存现金的管理与核算、银行存款的核算与银行转账结算、其他货币资金的内容与核算等。

【第三章 存货】本章主要介绍存货的概念与分类、存货的初始计量、发出存货的计量、存货的期末计量等。

【第四章 固定资产】本章主要介绍固定资产的定义与分类、固定资产的初始计量、固定资产的后续计量、固定资产的处置等。

【第五章 无形资产及其他长期资产】本章主要介绍无形资产的定义与分类、无形资产的初始计量、无形资产的后续计量、无形资产的处置、长期待摊费用与其他非流动资产等。

【第六章 投资性房地产】本章主要介绍投资性房地产的定义与范围、投资性房地产的初始计量、投资性房地产的后续计量、投资性房地产与非投资性房地产的转换、投资性房地产的处置等。

【第七章 金融资产】本章主要介绍金融资产的内容与分类、交易性金融资产、债权投资、应收款项、其他金融工具投资的核算等。

【第八章 负债】本章主要介绍流动负债、非流动负债等。

【第九章 所有者权益】本章主要介绍所有者权益的定义及构成、实收资本、资本公积与其他综合收益、留存收益等。

【第十章 收入、费用和利润】本章主要介绍收入的定义、确认及核算、费用的定义及核算、利润的构成及核算等。

【第十一章 长期股权投资】本章主要介绍长期股权投资的初始计量、后续计量和处置等。

【第十二章 财务报告】本章主要介绍财务报告的定义及分类、资产负债表的格式与填列方法、利润表的格式与填列方法、现金流量表的格式与填列方法、所有者权益变动表的格式与填列方法、报表附注等。

三、**本书应用**

本教材适用于会计专业本科生、专科生的教学，也适用于经济类非会计专业本科生、专科生深入掌握财务会计方法的教学。由于内容通俗易懂，本书还可以作为会计实务工作者和相关经济管理工作者自学财务会计的参考书。

在本教材的编写过程中，我们力求体现出会计专业教学的严谨态度及务实精神，体现会计国际化人才在专业基础学习过程中应有的积累，体现最科学、最规范的会计专业知识的掌握要求。在编写中讲求教材的时代性、先进性、系统性、严谨性，突出实用性、科学性，并注重理论联系实际。本教材由铜陵学院会计学院院长周建龙教授总体策划、统筹，由周建龙教授、陈颖副教授、毛腊梅教授任主编，刘溢华、胡雪琪、汪婷婷任副主编，具体编写分工如下：第一、二章由刘溢华撰写；第三章由丁新民撰写；第四章由程群撰写；第五、十章（其中费用和利润部分）由汪婷婷撰写；第六章由陈颖撰写；第七章由付全安撰写；第八章由崔捷撰写；第九章由吴洋撰写；第十章（其中收入部分）由胡雪琪撰写；第十一章由赵春艳撰写；第十二章由毛腊梅撰写。

  本教材在编写过程中得到了中国会计学会理事、安徽省会计学会副会长、铜陵学院校长倪国爱教授的关心和支持，参考了诸多相关教材和国内外会计学专家的最新研究成果，在此一并表示衷心的感谢！

  由于时间仓促，编者水平有限，教材中难免存在疏漏之处，恳请广大师生及其他读者提出批评指正。

编 者

2020年1月

目 录

001 第一章 总论

- 002 第一节 财务会计概述
- 004 第二节 会计的基本假设和确认与计量
- 009 第三节 财务报告要素

016 第二章 货币资金

- 017 第一节 库存现金
- 023 第二节 银行存款
- 028 第三节 其他货币资金

034 第三章 存货

- 035 第一节 存货概述
- 036 第二节 存货的初始计量
- 043 第三节 发出存货的计价
- 049 第四节 存货的期末计价
- 055 第五节 存货清查

057 ▷ 第四章
　　　固定资产

- 058 ▷ 第一节　固定资产概述
- 060 ▷ 第二节　固定资产的初始计量
- 065 ▷ 第三节　固定资产的后续计量
- 071 ▷ 第四节　固定资产的处置

078 ▷ 第五章
　　　无形资产及其他长期资产

- 079 ▷ 第一节　无形资产概述
- 081 ▷ 第二节　无形资产的初始计量
- 087 ▷ 第三节　无形资产的后续计量
- 090 ▷ 第四节　无形资产的处置
- 092 ▷ 第五节　长期待摊费用与其他非流动资产

094 ▷ 第六章
　　　投资性房地产

- 095 ▷ 第一节　投资性房地产概述
- 097 ▷ 第二节　投资性房地产的初始计量
- 100 ▷ 第三节　投资性房地产的后续计量
- 104 ▷ 第四节　投资性房地产的转换
- 109 ▷ 第五节　投资性房地产的处置

111 ▷ 第七章 金融资产

- 112 ▶ 第一节 金融资产概述
- 114 ▶ 第二节 交易性金融资产
- 118 ▶ 第三节 债权投资
- 121 ▶ 第四节 应收款项
- 131 ▶ 第五节 其他金融工具投资

138 ▷ 第八章 负债

- 139 ▶ 第一节 负债概述
- 140 ▶ 第二节 流动负债
- 163 ▶ 第三节 非流动负债

169 ▷ 第九章 所有者权益

- 170 ▶ 第一节 所有者权益概述
- 171 ▶ 第二节 实收资本与其他权益工具
- 175 ▶ 第三节 资本公积与其他综合收益
- 178 ▶ 第四节 留存收益

181 第十章
收入、费用和利润

- 182 第一节 收入
- 204 第二节 费用
- 207 第三节 利润

210 第十一章
长期股权投资

- 211 第一节 长期股权投资的初始计量
- 215 第二节 长期股权投资的后续计量
- 224 第三节 长期股权投资处置

227 第十二章
财务报告

- 228 第一节 财务报告概述
- 231 第二节 资产负债表
- 244 第三节 利润表
- 251 第四节 现金流量表
- 262 第五节 所有者权益变动表
- 263 第六节 财务报表附注

第一章

>>>>>>>>> 总 论

第一节 财务会计概述

一、财务会计的特点

财务会计主要是通过传统的记账、算账,并定期编制财务报表的专门方法,为企业提供一定日期的财务状况,以及一定期间的经营成果和现金流量情况的经济管理活动。财务会计工作的重点是根据日常已经发生的经济事项登记账簿,定期编制具有法律责任的基本财务报表。因此,财务会计具有以下几个主要特点。

1. 财务会计以公认会计原则为指导

公认会计原则是指导财务会计工作的基本原理和准则,是组织会计活动、处理会计业务的规范。在我国,公认会计原则由基本准则和具体准则及应用指南和企业会计准则解释公告所组成的会计准则体系,是我国财务会计必须遵循的规范。为了取得公众的信赖,企业对外财务报告必须由会计师事务所的执业注册会计师审计后公布。

2. 财务会计以会计报告为工作核心

财务信息的主要载体是反映企业整体的财务状况、经营成果和现金流量变化情况的财务报告。因此,财务报告是会计工作的核心,会计报表是财务报告的重要组成部分。

3. 财务会计以计量和传送信息为主要目标

财务会计主要是通过确认、计量、记录和报告对不参与企业经营管理的投资者、债权人、政府部门、社会公众提供会计信息。信息的性质主要是反映企业整体情况,并注重历史信息;信息的用途主要是利用信息了解企业的财务状况、经营成果和现金流量情况。

4. 财务会计以传统会计模式作为数据处理和信息加工的基本方法

为了编制会计报表,财务会计还要运用较为成熟的传统会计模式作为处理和加工信息的方法,对会计主体已经发生的一切经济活动进行连续、系统、全面、综合的确认、计量、记录和报告。

二、财务会计的目标

财务会计的目标是指在一定会计环境中,人们通过会计实践活动所期望达到的要求和目的,也就是财务会计活动所要达到的目的。由于财务会计主要以财务报告形式提供信息,财务会计目标也称为"财务会计报告目标"。

财务会计的目标定位决定着财务报告应当向谁提供有用的会计信息,提供什么样的会计信息,应当保护谁的经济利益,这是编制企业财务报告的出发点和终极目标。

财务会计的目标定位还决定着财务报告所需要的会计信息质量特征，决定着会计要素的确认和计量原则，是财务会计工作的核心与灵魂。

目前，国际上流行的财务报告目标的观点主要是两种，一种是受托责任观，另一种是决策有用观。受托责任观与决策有用观并非矛盾，财务报告既可以满足其使用者作出经济决策的需要，又可以反映企业管理层受托责任的履行情况。我国《企业会计准则－基本准则》第四条指出："财务会计报告的目标，是向财务报告使用者提供与企业财务状况、经营成果和现金流量等有关的会计信息，反映企业管理层受托责任的履行情况，有助于财务报告使用者作出经济决策。"可见，我国的会计目标吸取了国际上的两种不同观点，具体来说主要包括以下两个方面。

（一）向财务报告使用者提供对作出决策有用的信息

企业编制财务报告的主要目的是在企业管理层和外部信息使用者之间存在信息不对称的情况下，通过向外部信息使用者提供有用的信息，满足财务报告使用者的信息需要，有助于财务报告使用者作出经济决策。财务报告外部使用者主要包括投资者、债权人、政府有关部门和社会公众等。满足投资者的信息需要是企业财务报告编制的首要出发点，将投资者作为企业财务报告的首要使用者，凸显了投资者的地位，体现了保护投资者利益的要求，是市场经济发展的必然。如果企业在财务报告中提供的会计信息与使用者无关，没有使用价值，那么财务报告就失去了其编制的意义。

根据向财务报告使用者提供对作出决策有用的信息这一目标要求，财务报告所提供的信息应当如实反映企业所拥有或控制的经济资源；如实反映企业的各项收入、费用、利得和损失的金额及变动情况等；如实反映企业的各项经营活动、投资活动和筹资活动所形成的现金流入情况和现金流出情况。从而有助于现在的或者潜在的投资者、债权人以及其他使用者正确、合理地评价企业的资产质量、偿债能力、盈利能力和营运效率等；有助于投资者根据相关会计信息作出理性的投资决策；有助于投资者评估与投资有关的未来现金流量的金额、时间和风险等。由于投资者是企业资本的主要提供者，通常情况下，如果财务报告能够满足这一群体的会计信息需求，那它就可以满足其他使用者的大部分信息需求。

（二）反映企业管理层受托责任履行情况

现代企业制度强调企业的所有权和经营权相分离，企业管理层（受托方）接受投资者（委托人）的委托将其投入的各项资产注入企业的生产经营活动中，并组织和管理企业的生产经营活动，企业管理层负有受托责任。即企业管理层所经营管理的企业各项资产基本上为投资者投入的资本或者向债权人借入的资金所形成的，企业管理层有责任妥善保管并合理有效地使用这些资产。企业投资者或债权人需要及时了解企业管理层经营、保管资产的情况，并决定是否需要进行进一步的投资或者是否需要加强企业内部控制和其他制度建设，是否需要更换管理层等。因此，财务报告应当反映企业管理层受托责任的履行情况和经营业绩，从而帮助投资者和债权人等会计信息使用者评价企业的经营管理的合理性和资源使用的有效性。

可见，决策有用观和受托责任观是相互关联的会计目标，受托责任是会计发展的根本动因，决策有用是会计发展的必然趋势；决策有用观是受托责任观的自然延续，两者的本质是一致的。因此，决策有用观不是对受托责任观的否定，而是受托责任发展到一个特定历史时期的特殊表现情况。我国财务报告中体现的决策有用和受托责任是相辅相成的，投资者出资委托企业管理层经营，希望获得更多的投资回报，实现股东财富的最大化，从而进行可持续投资；企业管理层接受投资者的委托从事生产经营活动，努力实现资产安全完整、保值增值、防范风险，促进企业可持续发展，就能够更好地持续履行受托责任，为社会创造价值。由此可见，财务报告的决策有用观和受托责任观是有机统一的。

第二节 会计的基本假设和确认与计量

一、会计的基本假设

会计工作所处的社会经济环境极为复杂，受很多不确定因素的影响，而会计基本假设是企业会计确认、计量和报告的前提，是对会计核算所处时间空间环境等所作的合理假定。会计假设虽然有人为假定的一面，但是并不影响其客观性。面对变化不定的社会经济环境，会计人员有必要对会计工作所处的经济环境作出判断，作出一些假设规定。事实上，会计假设是会计人员在长期的会计实践中逐步认识，总结而形成的，绝不是毫无根据的猜想或简单武断的规定。离开了会计假设，会计活动就失去了确认、计量、记录、报告的基础，会计工作就会陷入混乱甚至难以进行。会计基本假设包括**会计主体假设、持续经营假设、会计分期假设**和**货币计量假设**。

（一）会计主体

会计主体是指会计工作为其服务的特定单位，是企业会计确认、计量和报告的空间范围。为了向财务报告使用者反映企业财务状况、经营成果和现金流量，提供与其决策有用的信息，会计核算和财务报告的编制应当集中反映特定对象的活动，并将其与其他经济实体区别开，这样才能实现财务报告的目标。

明确会计主体，才能确定会计所要处理的各项交易或事项的范围。在会计工作中，只有那些影响企业本身经济利益的各项交易或事项才能在本企业加以确认、计量和报告。

明确会计主体，才能将会计主体的交易或者事项与会计主体所有者的交易或者事项以及其他会计主体的交易或者事项区分开来。例如，企业所有者的交易或者事项是属于企业所有者个人所发生的,就不应纳入企业会计核算的范畴,但是企业所有者投入企业的资本或者企业向所有者分配的利润,则属于企业主体所发生的交易或者事项,应当纳入企业会计核算的范围。

会计主体与法律主体不同。一般来说,法律主体(或称法人)必然是会计主体,但会计主体并不一定就是法律主体。明确界定会计主体是开展会计确认、计量和报告工作的重要前提。判断一个主体是否是会计主体的标准有以下三个方面:其一,该主体是否独立核算,自负盈亏;其二,该主体是否有一定的经济资源;其三,该主体是否有独立的经营权和决策权。

(二)持续经营

持续经营是指会计主体的生产经营活动将无限期地持续下去,在可预见的将来不会因破产、清算、解散等进行结算。在持续经营的前提下,会计确认、计量和报告应当以企业持续、正常的生产经营活动为前提。

企业是否持续经营,在会计原则、会计方法的选择上有很大差别。一般情况下,应当假定企业将会按照当前的规模和状态继续经营下去。明确这个基本假设,就意味着会计主体将按照既定用途使用资产,按照既定的合约条件清偿债务,会计人员就可以在此基础上选择会计原则和会计方法。如果判断企业会持续经营,就可以假定企业的固定资产会在持续经营的生产经营过程中长期发挥作用,并服务于生产经营过程,固定资产就可以根据历史成本进行记录,并采用折旧的方法,将历史成本分摊到各个会计期间或相关产品的成本中。如果判断企业不会持续经营,固定资产就不应采用历史成本进行记录,也没必要计提折旧。

(三)会计分期

会计分期又称为"会计期间",是指将一个企业持续经营的生产经营活动划分为若干个连续的、长短相等的期间,以便分期决算账目和编制会计报表。根据持续经营假设,一个企业将按当前的规模和状态持续经营下去。但是,无论是企业的生产经营决策还是投资者、债权人等的决策都需要收集及时的信息,都需要将企业持续的生产经营活动划分为一个个连续的、长短相等的期间,分期确认、计量和报告企业的财务状况、经营成果和现金流量。

明确会计分期假设的意义重大。正是由于会计分期,才产生了当期与以前期间、以后期间的差别;才使不同类型的会计主体有了记账的基准,进而出现了折旧、摊销等会计处理方法。

在会计分期假设下,企业应当划分会计期间,分期结算账目和编制财务报告。会计期间通常分为年度和中期。其中,会计年度可以是日历年度,也可以以某日为开始365天的期间作为一个会计年度;中期是指短于一个完整的会计年度的报告期间,如半年度、季度和月度。我国企业的会计期间按年度划分,以日历年度为一个会计年度,即从每年1月1日至12月31日为一个会计年度。我国以日历年度为会计年度,主要是考虑到我国的计划年度和财政年度采用的是都是日历年度，会计年度与财政年度保持一致，有利于国家计划管理、财政管理和税收征管工作的开展。

（四）货币计量

货币计量是指企业在会计核算中采用货币为统一的、主要的计量单位，记录和反映企业生产经营过程和经营成果。会计主体的经济活动是多种多样、错综复杂的。为了实现会计目的，会计工作必须综合反映会计主体的各项经济活动，这就要求有一个统一计量尺度。在会计的确认、计量和报告过程中之所以选择货币为基础进行计量，是因为货币的本身属性决定的。货币是商品的一般等价物，是衡量一般商品价值的共同尺度，具有价值尺度、流通手段、贮藏手段和支付手段等特点。其他计量单位，如重量、长度、容积、台、件等，只能从一个侧面反映企业的生产经营情况，无法在总量上进行汇总和比较，不便于会计计量和经营管理。只有选择货币进行计量，才能充分反映企业的生产经营情况。

货币计量假设包含两层含义。一是会计核算要以货币作为主要的计量尺度。《企业会计准则》规定，会计核算以人民币为记账本位币，业务收支以人民币以外的货币为主的单位，可以选定其中一种作为记账本位币，但是编制的财务会计报表应当折算为人民币。在以货币作为主要计量单位的同时，企业也应当以实物量度和劳动量度作为补充。二是假定币值稳定。因为只有在币值稳定或相对稳定的情况下，不同时间点上的资产的价值才有可比性，不同期间的收入和费用才能进行比较，并计算确定其经营成果，会计核算提供的会计信息才能真实反映会计主体的经济活动情况。

上述会计核算的四项基本假设，具有相互依存、相互补充的关系。会计主体确立了会计核算的空间范围；持续经营和会计分期确立了会计核算的时间范畴；货币计量则为会计核算提供了必要的手段。没有会计主体，持续经营就没有存在的必要；没有持续经营，就没有会计分期；没有货币计量，就不会有现代会计。

二、权责发生制

《企业会计准则——基本准则》第九条中规定，"企业应当以权责发生制为基础进行会计确认、计量与报告"，直接明确了企业的会计基础是权责发生制。

权责发生制亦称"应收应付制"，是指企业按取得收入的权利和承担支出的义务是否归属于本期来确认收入、费用，而不是按款项的实际收支是否在本期发生，也就是以应收应付为标准。按照权责发生制原则，凡是本期已经实现的收入和已经发生或应当负担的费用，不论其款项是否已经收付，都应作为本期的收入和费用处理；凡是不属于当期的收入和费用，即使款项已经在当期收付，都不应作为本期的收入和费用进行处理。因此，权责发生制属于会计要素确认计量方面的要求，它解决收入和费用何时予以确认的问题。

权责发生制以是否取得收款权利和是否形成付款责任为标准来确认收入和费用。需要强调的是使用权责发生制计算的利润与当期现金净流量是脱节的，会计信息使用者特别关注权责发生制的负面影响。与权责发生制相对应的是收付实现制。在收付实现制下，对收入和费用的入账，完全按照款项实际收到或支付的日期为基础来确定它们的归属期。根据权责发生制进行收入与费用的核算，能够更加准确地反映特定会计期间真实的财务状况及经营成果。

三、会计计量属性

计量是指为了将符合确认条件的会计要素登记入账并列报于财务报表而确定其金额的过程。企业应当按照规定的会计计量属性进行计量，确定相关金额。从会计角度来说，计量属性反映的是会计要素金额的确定基础，主要包括历史成本、重置成本、可变现净值、现值和公允价值等。

（一）历史成本

历史成本又称"实际成本"，是指取得或制造某项财产物资时所实际支付的现金或者其他等价物。资产和负债都可以按照历史成本进行计量。在历史成本计量下，资产按照其购置时支付的现金或者现金等价物的金额，或者按照购置资产时所付出的对价的公允价值计量。例如，××股份有限公司在2019年12月31日有一批库存商品，系在2019年5月20日以200万元银行存款购入，则该批库存商品的历史成本为200万元。在历史成本计量下，负债按照因承担现时义务而实际收到的款项或资产的金额，或者承担现时义务的合同金额，或者按照日常活动中为偿还负债预期需要支付的现金或现金等价物的金额计量。例如，××股份有限公司在2019年5月31日有一笔长期借款，系在2018年5月31日借入，期限为5年，到期连本带息需要偿还银行2000万元，实际收到借款1800万元，则该笔长期借款的历史成本为1800万元。

（二）重置成本

重置成本又称"现行成本"，是指按照当前市场条件，重新取得同样一项资产所需支付的现金或现金等价物金额。它表示当时取得同一资产或其等价物需要的交换价格，这种交换价格应该是从企业资产或劳务市场获得的成本价格，而不是从企业正常经营过程中通常出售其资产或劳务的市场中的销售价格。在重置成本下，资产按照现在购买相同或者相似资产所需支付的现金或现金等价物的金额计量，负债按照现在偿付该项债务所需支付的现金或现金等价物的金额计量。

（三）可变现净值

可变现净值是指在生产经营过程中，以预计售价减去进一步加工成本和预计销售费用以及预计相关税费后的净值。在可变现净值计量下，资产按照其正常对外销售所能收到现金或现金等价物的金额扣减该资产至完工时估计将要发生的成本、估计的销售费用以及相关税费后的金额计量。

在会计实务中，除特殊项目和特殊情况外，一般不采用可变现净值这种计量属性。按照准则规定，存货的期末计量采用可变现净值。存货的可变现净值是指在正常生产经营过程中，以存货的估计售价减去至完工估计将要发生的成本、估计的销售费用以及相关税金后的金额。存货准则特别强调企业在实际确定存货的可变现净值时，应当以取得的可靠证据为基础，并且考虑持有存货的目的、资产负债表日后事项的影响等因素。企业因持有存货的目的不同，确定存货可变现净值的处理方法也各不相同。

（四）现值

现值是指对未来现金流量以恰当的折现率进行折现后的价值，是考虑了货币时间价值等因素的一种计量属性。在现值计量下，资产按照预计从其持续使用和最终处置中所产生的未来净现金流入量折现的金额计量，负债按照预计期限内需要偿还的未来净现金流出量折现的金额计量。

当预期的现金流入需要等待一个时期才能收到时，或者预期的现金流出需要等待一个时期才会支出时，这些收入或支出的现值要比收取或支付的实际数额少。等待的时间越长，其现值也就越小。例如，在三年终了时将要收到1000元，若折现率为6%，则该项资产的现值为839.62元[$1000/(1+6\%)^3$]。

（五）公允价值

公允价值亦称"公允市价、公允价格"，是指市场参与者在计量日发生的有序交易中，出售一项资产所能收到或者转移一项负债所需支付的价格。公允价值在计量时应分为三个层次：第一层次是企业在计量日能获得相同资产或负债在活跃市场上报价的，以该报价为依据确定公允价值；第二层次是企业在计量日能获得类似资产或负债在活跃市场上的报价的，或者获得相同或类似资产或负债在非活跃市场上的报价的，以该报价为依据作出必要调整确定公允价值；第三层次是企业无法获得相同或类似资产可比市场交易价格的，以其他反映市场参与者对资产或负债定价时所使用的参数为依据确定公允价值。

在各种会计计量属性中，历史成本通常反映的是资产或负债过去的价值，而重置成本、可变现净值、现值和公允价值通常反映的是资产或负债的现时成本或现时价值，是与历史成本相对应的计量属性。但它们之间具有密切联系，一般来说，历史成本可能是过去环境下某项资产或负债的公允价值，而在当前环境下某项资产或负债的公允价值也许就是未来环境下某项资产或负债的历史成本。公允价值可以是重置成本，也可以是可变现净值和以公允价值为计量目的的现值。

第三节 财务报告要素

　　财务会计报告是对会计要素确认与计量的最终结果的体现,是财务会计工作者的最终产品。会计信息使用者主要是通过会计报告了解企业当前的财务状况、经营成果和现金流量等情况,从而预测未来的发展趋势。因此,会计报告是向投资者等会计信息使用者提供决策有用信息的媒介和渠道,是沟通投资者、债权人等使用者与企业管理层之间信息的桥梁和纽带。

　　财务报告要素也称为"会计要素",是指按照交易或事项的经济特征所作的基本分类,也是确定财务报表结构和内容的基础。我国《企业会计准则》将会计要素划分为资产、负债、所有者权益、收入、费用、利润等六个要素。其中,资产、负债和所有者权益三项会计要素侧重于反映企业的财务状况,构成资产负债表要素;收入、费用和利润三项会计要素侧重于反映企业的经营成果,构成利润表要素。

一、反映企业财务状况的要素

　　财务状况要素是反映企业在某一日期经营资金的来源和分布情况的各项要素,由资产、负债和所有者权益这三个要素构成。

(一) 资产

1.资产的涵义及特征

　　资产是指企业过去的交易或者事项形成,由企业拥有或者控制的,预期会给企业带来经济利益的资源。资产是企业拥有或者控制的能以货币来计量收支的经济资源,包括各种收入、债权和其他。

　　根据资产的定义,资产具有以下几个方面的特征。

　　(1)资产是由过去的交易或者事项形成的。企业过去的交易或者事项包括购买、生产、建造行为或其他交易或者事项。也就是说,只有过去的交易或事项才能形成资产,企业预期在未来发生的交易或者事项不形成资产。"过去形成"原则在资产的定义中具有举足轻重的地位,这也是传统会计的一个显著特点。虽然现有的一些现象,特别是衍生金融工具的出现,已对"过去形成"原则提出了挑战,但这一原则仍然在实务中得到普遍的接受。

　　(2)资产必须由企业拥有或控制。这是指企业享有某项资产的所有权,或者虽然不享有某项资产的所有权,但是该资源能被企业所控制。资产作为一项资源,必须由企业拥有或控制。通常在判断资产是否存在时,其所有权是考虑的首要要素,但在有些情况下虽然某些资产不为企业所拥有,即企业并不享有其所有权,但企业能对这些资产实施控制,企业能够从这些资产中获取经济利益。

(3)资产预期会给企业带来经济利益。这是指直接或间接导致现金和现金等价物流入企业的潜力。资产必须具有交换价值和使用价值。没有交换价值和使用价值、不能给企业带来未来经济利益的资源不能确认为企业的资产。

2.资产的构成

企业的资产按其流动性的不同,可以划分为流动资产和非流动资产。

(1)流动资产是指可以在1年或者超过1年的一个营业周期内变现或者耗用的资产,主要包括库存现金、银行存款、应收及预付款项、存货等。库存现金是指企业持有的现款,也称现金。库存现金主要用于支付日常发生的小额、零星的费用或支出。银行存款是指企业存入其开户银行账户的款项,企业的银行存款主要来自投资者投入资本的款项、负债融入的款项、销售商品的货款等。应收及预付款项是指企业在日常生产经营过程中发生的各项债权,包括应收款项(应收票据、应收账款、其他应收款等)和预付账款等;存货是指企业在日常的生产经营过程中持有以备出售,或者仍然处在生产过程中将要消耗,或者在生产或提供劳务的过程中将要耗用的各种材料或物料,包括库存商品、半成品、在产品以及各类原材料、低值易耗品、包装物等。

(2)非流动资产是指在1年或者超过1年的一个营业周期以上才能变现或者耗用的资产,主要包括债权投资、其他债权投资、长期股权投资、投资性房地产、固定资产、无形资产、递延所得税资产等。债权投资是指企业以购买债券等方式投放资本、分期或到期后一次向债务人收取利息并收回本金的投资。其他债权投资是指持有的以公允价值计量且其变动计入其他综合收益的债权投资。长期股权投资是指持有时间超过1年(不含1年)、不能变现或不准备随时变现的股票和其他投资。企业进行长期股权投资的目的是获得较为稳定的投资收益或者对被投资企业实施控制或影响。固定资产是指企业单位价值比较高、使用年限比较长(通常超过1年)的房屋、建筑物、机器设备、运输工具等。无形资产是指企业拥有或者控制的没有实物形态的可辨认非货币性资产。无形资产包括专利权、非专利技术、商标权、著作权、土地使用权等。

(二)负债

1.负债的涵义及特征

负债是指企业在过去的交易或者事项形成的,预期会导致经济利益流出企业的现时义务。根据负债的定义,负债具有以下几个方面的特征。

(1)负债是企业在过去的交易或者事项形成的。企业只有在过去发生的交易或者事项才形成负债,企业将在未来发生的承诺、签订的合同等交易或者事项,不形成负债。负债实质上是企业在一定时期之后必须偿还的经济债务,其偿还期或具体金额在它们发生或成立之时就已由合同、法规所规定与制约,是企业必须履行的一种义务。

(2)负债的清偿预期会导致经济利益流出企业。只有企业在履行义务时会导致经济利益流出的,才符合负债的定义。如果不会导致企业经济利益流出的,就不符合负债的定义。在履行现时义务清偿负债时,导致经济利益流出企业的形式多种多样。例如，用现金偿还或以实物资产形式偿还；以提供劳务形式偿还；部分转移资产、部分提供劳务形式偿还；将负债转为资本等。

（3）负债是企业承担的现时义务。现时义务是指企业在现行条件下已承担的义务，而未来发生的交易或者事项形成的义务，不属于现时义务，不应当确认为负债。这里所指的义务可以是法定义务，也可以是推定义务。其中，法定义务是指具有约束力的合同或者法律法规规定的义务，通常在法律意义上需要强制执行。例如，企业购买原材料形成应付账款，企业向银行贷入款项形成借款，企业按照税法规定应当交纳的税款等，均属于企业承担的法定义务，需要依法予以偿还。推定义务是指根据企业多年来的习惯做法、公开的承诺或者公开宣布的政策而导致企业将承担的责任，这些责任也使有关各方形成了企业将履行义务解脱责任的合理预期。例如，××股份有限公司多年来制定了一项销售政策，对于售出商品提供一定期限内的售后保修服务，预期将为售出商品提供的保修服务就属于推定义务，将由企业承担的保修服务费用应当确认为一项负债。

2.负债的构成

负债通常是按其流动性进行分类的。这样分类的目的在于了解企业流动资产和流动负债的相对比例，大致反映出企业的短期偿债能力，从而向债权人揭示其债权的相对安全程度。负债按照其流动性不同，可以分为流动负债和非流动负债。

（1）流动负债是指将在1年（含1年）或者超过1年的一个营业周期内偿还的债务，包括短期借款、应付及预收款项等。短期借款是指企业从银行或其他金融机构借入的期限在1年以下的各种借款，如企业从银行取得的、用来补充流动资金不足的临时性借。应付及预收款项是指企业在日常生产经营过程中发生的各项债务，包括应付款项（应付票据、应付账款、应付职工薪酬、应交税费、应付股利、其他应付款等）和预收账款等。

（2）非流动负债是指偿还期在1年或者超过1年的一个营业周期以上的债务，包括长期借款、应付债券、长期应付款等。长期借款是指企业从银行或其他金融机构借入的期限在1年以上的各项借款，企业借入长期借款主要是为了长期工程项目。应付债券是指企业为筹集长期资金而实际发行的长期债券。长期应付款是指除长期借款和应付债券以外的其他长期应付款项，包括应付引进设备款、租入固定资产应付款等。

● **（三）所有者权益**

1.所有者权益的涵义及特征

所有者权益是指企业资产扣除负债后，由所有者享有的剩余权益。公司的所有者权益又称为"股东权益"。所有者权益是所有者对企业资产的剩余索取权，它是企业资产扣除债权人权益后应由所有者享有的部分，既反映了所有者投入资本的保值增值情况，又体现了保护债权人权益的理念。

所有者权益具有以下几个方面的特征。

（1）所有者权益实质上是所有者在某个企业所享有的一种财产权利，包括所有者对投入资产的所有权、使用权、处置权和收益分配权。

（2）所有者权益是一种权利，但这种权利来自于投资者投入的可供企业长期使用的资源。

（3）所有者权益具有长期特性。所有者权益作为剩余权益，并不存在确切的、约定的偿付期限。

（4）所有者权益计量的间接性。所有者权益除了投资者投入资本能够直接计量外，在企业存续期内任一时点，都不是直接计量的，而是通过资产和负债计量而间接计量的结果。

2.所有者权益的来源构成

所有者权益的主要来源包括所有者投入的资本、直接计入所有者权益的利得和损失、留存收益等。

（1）所有者投入的资本既包括构成企业注册资本或者股本部分的金额，又包括投入资本超过注册资本或者股本部分的金额，即资本溢价或者股本溢价。这部分投入资本在我国企业会计准则体系中分别被计入了股本、其他权益工具以及资本公积，并在资产负债表所有者权益项目中反映。其他权益工具是指企业发行的除普通股以外的归类于权益工具的各种金融工具，主要包括归类于权益工具的优先股、永续债、认股权、可转换公司债券等金融工具。资本公积包括资本溢价（或股本溢价）和直接计入所有者权益的利得与损失的其他资本公积等。

（2）直接计入所有者权益的利得和损失，是指不应计入当期损益、会导致所有者权益发生增减变动的、与所有者投入资本或者向所有者分配利润无关的利得或者损失。利得是指由企业非日常活动所形成的、会导致所有者权益增加的、与所有者投入资本无关的经济利益的流入，它分为直接计入所有者权益的利得和直接计入当期利润的利得。损失是指由企业非日常活动所发生的、会导致所有者权益减少的、与向所有者分配利润无关的经济利益的流出，它分为直接计入所有者权益的损失和直接计入当期利润的损失。直接计入所有者权益的利得和损失主要包括以公允价值计量且其变动计入其他综合收益的金融资产公允价值变动，权益法下按份额确认的被投资单位所有者权益中其他综合收益的变动额、其他债权投资和其他权益工具投资的公允价值变动额、现金流量套期业务中套期工具有效套期部分的公允价值变动额、外币报表的折算差额以及企业将作为存货或自用的房地产转换为以公允价值模式计量的投资性房地产时在转换日的公允价值大于账面价值的差额等。直接计入所有者权益的利得和损失在我国企业会计准则体系中主要计入了其他综合收益，并在资产负债表的所有者权益项目中单项反映。其他综合收益是指企业在经营活动中形成的未计入当期损益的但归所有者共有的利得或损失。

（3）留存收益是指归所有者所共有的、由收益转化而形成的所有者权益，主要包括法定盈余公积、任意盈余公积和未分配利润。

因此，所有者权益可分为实收资本（或股本）、资本公积、其他权益工具、其他综合收益、盈余公积和未分配利润等部分。其中，盈余公积和未分配利润统称为"留存收益"。

三、反映企业经营成果的要素

经营成果是指企业在一定时期内生产经营活动的结果，具体地说，它是指企业生产经营过程中取得的收入与发生的耗费相比较的差额。经营成果要素一般通过利润表来反映，由收入、费用和利润三个要素构成。

（一）收入

1.收入的涵义及其特征

收入是财务会计的一个基本要素，广义的收入概念是将企业日常活动及其之外的活动形成的经济利益流入均视为收入；狭义的收入概念则是将收入限定在企业日常活动所形成的经济利益的总流入。我国现行制度采用的是狭义的收入概念，即收入是指企业在日常活动中形成的、会导致所有者权益增加的、与所有者投入资本无关的经济利益的总流入。

由定义可知，收入具有以下几个方面的特征。

（1）收入应当是企业在日常活动中形成的。日常活动是指企业为完成其经营目标而从事的经常性活动以及与之相关的其他活动。明确界定日常活动是为了将收入与利得相区分，因为企业在非日常活动所形成的经济利益的流入不能确定为收入，而应当计入利得。

（2）收入应当会导致经济利益的流入，从而导致资产的增加。该流入不包括所有者投入的资本。例如，企业销售商品必须收到款项或者有权利在未来收到款项，才表明该项交易符合收入的定义。但是，企业经济利益的流入有时是因所有者投入资本的增加所导致的，而所有者投入资本的增加不应当确认为收入，应当将其直接确认为所有者权益。因此，与收入相关的经济利益的流入应当将所有者投入的资本排除在外。

（3）收入应当最终会导致所有者权益的增加。与收入相关的经济利益的流入最终会导致所有者权益的增加，不会导致所有者权益增加的经济利益的流入不符合收入的定义，不应确认为收入。例如，××股份有限公司向银行借入款项1000万元，尽管该借款导致了企业经济利益的流入，可是该流入并不会导致所有者权益的增加，反而使企业承担了一项现时义务。因此，企业对于因借入款项所导致的经济利益的增加，不应将其确认为收入，而应当确认为一项负债。

2.收入的构成

按照企业从事日常活动的性质，可将收入分为销售商品收入、提供劳务收入、让渡资产使用权收入、建造合同收入等。销售商品收入是指企业通过销售商品实现的收入，如工业企业制造并销售产品、商业企业销售商品等实现的收入。提供劳务收入是指企业通过提供劳务实现的收入，如咨询公司提供咨询服务、软件开发企业为客户开发软件、安装公司提供安装服务等实现的收入。让渡资产使用权收入是指企业通过让渡资产使用权实现的收入，如商业银行对外贷款、租赁公司出租资产等实现的收入。建造合同收入是指企业承担建造合同所形成的收入。

按照企业从事日常活动在企业的重要性，可将收入分为主营业务收入、其他业务收入等。主营业务收入是指企业为完成其经营目标从事的经常性活动实现的收入。如工业企业制造并销售产品、商业企业销售商品、保险公司签发保单、咨询公司提供咨询服务、软件开发企业为客户开发软件、安装公司提供安装服务、商业银行对外贷款、租赁公司出租资产等实现的收入。这些活动形成的经济利益的总流入构成收入，属于企业的主营业务收入，根据其性质的不同，分别通过"主营业务收入""利息收入""保费收入"等科目进行核算。其他业务收入是指与企业为完成其经营目标所从事的经常性活动相关的活动实现的收入。例如，工业企业对外出售不需用的原材料、对外转让无形资产使用权等。这些活动形成的经济利益的总流入也构成收入，属于企业的其他业务收入，根据其性质的不同，应通过"其他业务收入"科目核算。

● **（二）费用**

1. 费用的涵义及其特征

费用是指企业在日常活动中发生的、会导致所有者权益减少的、与向所有者分配利润无关的经济利益的总流出。根据费用的定义，费用具有以下几方面的特征。

（1）费用是企业在日常活动中形成的。这些日常活动的界定与收入定义中涉及日常活动的界定相一致。日常活动所产生的费用通常包括销售成本（营业成本）、职工薪酬、折旧费、无形资产摊销等。将费用界定为日常活动所形成的，目的是将其与损失相区分，企业非日常活动所形成的经济利益的流出不能确认为费用，而应当计入损失。

（2）费用是与向所有者分配利润无关的经济利益的总流出。费用的发生应当会导致经济利益的流出，从而导致资产的减少或者负债的增加，其表现形式包括现金或者现金等价物的流出，存货、固定资产和无形资产等的流出或者消耗等。企业向所有者分配利润也会导致经济利益的流出，而该经济利益的流出属于所有者权益的抵减项目，不应确认为费用，应当将其排除在费用的定义之外。

（3）费用会导致所有者权益的减少。与费用相关的经济利益的流出应当会导致所有者权益的减少，不会导致所有者权益减少的经济利益的流出不符合费用的定义，不应确认为费用。例如，××股份有限公司用银行存款800万元购买了一大型机器设备，该购买行为尽管使企业的经济利益流出800万元，但并不会导致企业所有者权益的减少，而是使企业增加了另外一项固定资产。在这种情况下，就不应当将该经济利益的流出作为费用处理。

2. 费用的分类

在确认费用时，首先应当划分生产费用与非生产费用的界限。生产费用是指与企业日常生产经营活动有关的费用，如生产产品所发生的原材料费用、人工费用等。非生产费用是指不属于生产费用的费用，如用于购建固定资产所发生的费用，不属于生产费用。其次，应当分清生产费用与产品成本的界限。生产费用与一定的期间相联系，而产品成本与一定品种和数量的产品相联系。最后，应当分清生产费用与期间费用的界限。生产费用应当计入产品成本，而期间费用直接计入当期损益。

（三）利润

1. 利润的涵义及其特征

我国《企业会计准则——基本准则》第三十七条规定，"利润是指企业在一定会计期间的经营成果"。影响企业利润的因素有营业活动和非营业活动，其中营业活动是主要因素。利润通常是评价企业管理层业绩的一项重要指标，也是投资者、债权人等财务报告使用者作出投资决策、信贷决策等的重要参考指标。

利润具有以下几方面的特征：利润是企业一定时期的最终经营成果；利润是按配比性原则计量的，是一定时期的收入与费用相减的结果；影响利润的因素较复杂，利润的计算含有较大的主观判断成分，其结果可能因人而异，因此利润具有可操纵性。

2. 利润的来源构成

利润一般包括营业利润、利润总额和净利润。利润包括收入减去费用后的净额、直接计入当期利润的利得和损失等。其中，收入减去费用后的净额反映的是企业日常活动的业绩，直接计入当期利润的利得和损失反映的是企业非日常活动的业绩。直接计入当期利润的利得和损失，是指应当计入当期损益、最终会引起所有者权益发生增减变动的、与所有者投入资本或者向所有者分配利润无关的利得或者损失。企业应当严格区分收入和利得、费用和损失之间的区别，以更加全面地反映企业的经营业绩。

第二章

货币资金

第二章 货币资金

货币资金是指企业可以立即投入流通，用以购买商品或劳务，或用以偿还债务的交换媒介，是以货币形态表现的资金。它是流动性最强的一项资产，是流动资产的重要组成部分。货币资金一般包括企业的库存现金、企业存于银行或其他金融机构的存款以及本票和汇票存款等可以立即支付使用的资金。凡是不能立即支付使用的（如银行冻结存款等），一般不能视为货币资金。就其具体内容看，货币资金一般包括库存现金、银行存款和其他货币资金。

第一节 库存现金

一、库存现金的管理

（一）现金的涵义

在会计理论中，现金的概念有广义和狭义之分。广义概念是指库存现金、银行存款和其他符合现金定义的票证。符合现金定义的票证，一般是指银行汇票、银行本票、信用卡等票证。由此来看，现金的广义概念实际上就是指货币资金。狭义概念仅指库存现金，包括人民币现金和外币现金。库存现金是指通常存放于企业财会部门、由出纳人员经管的货币。

（二）现金的管理

库存现金是企业流动性最强的资产，企业应当严格遵守国家有关现金管理制度，正确进行现金收支的核算，监督现金使用的合法性与合理性。根据国务院发布的《现金管理暂行条例》的规定，现金管理制度主要包括以下内容。

1.现金的使用范围

企业可用现金支付的款项有：（1）职工工资、津贴；（2）个人劳务报酬；（3）根据国家规定颁发给个人的科学技术、文化艺术、体育等各种奖金；（4）各种劳保、福利费用以及国家规定的对个人的其他支出；（5）向个人收购农副产品和其他物资的款项；（6）出差人员必需随身携带的差旅费；（7）结算起点以下的零星支出；（8）中国人民银行确定需要支付现金的其他支出。除上述情况可以用现金支付外，其他款项的支付应通过银行转账结算。

2.库存现金的限额

现金的限额是指为了保证单位日常零星开支的需要，允许单位留存现金的最高数额。这一限额由开户银行根据单位的实际需要核定，一般按照单位3～5天日常零星开支的需要确定，边远地区和交通不便地区开户单位的库存现金限额，可按多于5天但不超过15天的日常零星开支的需要确定。开户单位必须严格遵守核定后的现金限额，超过部分应于当日终了前存入银行。需要增加或减少现金限额的单位，应向开户银行提出申请，由开户银行核定。

3.库存现金日常收支的规定

（1）现金收入应于当日送存银行，如当日送存银行确有困难，由银行确定送存时间。

（2）企业可以从现金的库存限额中支付或者从银行提取现金支付，但不得从本单位的现金收入中直接支付，即不得"坐支"现金。因特殊情况需要坐支现金的，应当事先报经开户银行审查批准，由开户银行核定坐支范围和限额。企业应定期向开户银行报送坐支金额和使用情况。

（3）企业从银行提取现金时，应当在取款凭证上写明具体用途，并由财会部门负责人等签字盖章，交开户银行审核后方可支取。

（4）因采购地点不固定、交通不便、生产或者市场急需、抢险救灾及其他情况必须使用现金的，企业应当提出申请，经开户银行审核批准后方可支付现金。

（5）库存现金账目管理。企业必须建立健全库存现金账目，除设置库存现金总分类账户对现金进行总分类核算以外，还必须设置库存现金日记账进行库存现金收支的明细核算，逐日逐笔登记现金收入和支出，并做到账目日清日结，账实相符。

●（三）现金的内部控制

现金的内部控制制度可以细分为收款内部控制、付款内部控制和零用现金内部控制。

1.现金收入

企业的收入来源主要为现金销售、赊销收回和其他应收款项结算。因此，现金收入的内部控制制度主要包括以下几个方面。

（1）职权和责任分开。签发收款凭证与收款的职责应由两个经手人分工办理，现金总账和日记账的登记工作也应由两人分工协作。

（2）建立发票和收据的领发存和销号制度。设置发票和收据领用存登记簿，并设专人保管，领用时须有领用人签收领用数量和起讫编号。使用完毕，发票和收据应由保管人收回，回收时要销号，即按票据的编号、金额逐张核对注销，以便确保已开出的收据无一遗漏地收到款项。作废的票据应全联粘贴在存根上，并加盖"作废"图章。

（3）按规定的手续和程序办理收款业务。一切现金收入都应无一例外地开具收款收据，以分清彼此职责。一切现金收款都必须当天入账，如果是库存现金尽可能当天存入银行，不能当天存入银行的，应于次日上午送存银行，不得从本企业的库存现金收入中坐支。

2.现金支付

现金付款的内部控制制度主要是保证不支付任何未经主管人员批准的付款凭证,其内容主要包括以下几个方面。

（1）职权和责任分开。采购、出纳、记账工作应分别由不同的经办人员负责,不能一人兼管。填写付款单据、签发支票或支付现金,也要分工办理,分工负责,互相监督。

（2）按规定程序和手续办理付款业务。需要付款的业务都要有原始凭证,有经办人签字证明,由相关负责人审核同意并经会计人员复核认为应该付款后,出纳人员才能付款。付款后,出纳应在有关凭证上加盖"现金付讫"图章,并定期装订成册后由专人保管,以免重复付款。

（3）根据规定使用现金。国家规定了库存现金和银行存款的开支范围,企业必须遵守这些规定,并在规定的范围内支出现金。

3.零用现金

零用现金指企业生产过程中的零星小额的不便于使用支票而需要直接支付库存现金的日常开支。零用现金的控制主要采取备用金制度,包括：

（1）核定适当的备用金限额,并设专人负责管理；

（2）按规定的用途使用备用金,同时加强报销凭证的核实和审查工作；

（3）清查小组要定期或不定期地对备用金进行清查核对,以保证企业内部各部门零用现金的安全与完整。

二、库存现金的核算

涉及库存现金会计处理的业务主要有三种情况：现金收支业务；现金溢余与短缺业务；内部周转使用备用金业务。

（一）现金收支业务的会计处理

为了反映企业库存现金的收入、支出和结存情况,企业应当设置"库存现金"科目,现金的增加登记在借方,现金的减少登记在贷方,期末余额在借方,反映企业实际持有的库存现金的金额。企业应当设置库存现金总账和库存现金日记账,分别进行企业库存现金的总分类核算和序时核算。

现金日记账由出纳人员根据现金的收付款等凭证,按照业务发生顺序逐日逐笔登记。每日业务终了,应当在现金日记账上计算出当日的现金收入合计额、现金支出合计额和结余额,并将现金日记账的账面结余与实际库存现金额相核对,做到账款相符；月度终了,现金日记账的余额应当与现金总账的余额核对,做到账账相符。

（二）库存现金清查

为了加强现金管理并确保账实相符,应对库存现金进行清查。库存现金清查包括两部分内容：一是出纳人员每日营业终了进行账款核对；二是清查小组进行定期或不定期盘点和核对。库存现金清查采用账实核对法。

对库存现金实存额进行盘点，必须以现金管理的有关规定为依据，不得以白条抵库，不得超限额保管现金。对库存现金进行账实核对，如发现账实不符，应立即查明原因，及时更正。发生的长款或短款，应查找原因，并按规定进行处理，不得以今日长款弥补他日短款。库存现金清查和核对后，应及时编制现金盘点报告表，列明现金账存额、现金实存额、差异额及其原因，并对无法确定原因的差异，应及时报告有关负责人。

库存现金清查中发现的长款或短款，应根据现金盘点报告表进行处理，以确保账实相符，并对长短款作出处理。现金长款、短款一般通过"待处理财产损溢——待处理流动资产损溢"科目进行核算，待查明原因后，再根据不同原因及处理结果，将其转入有关科目。若为现金短缺，属于应由责任人赔偿或保险公司赔偿的部分，计入其他应收款；属于无法查明原因的部分，计入管理费用。

【例2-1】××股份有限公司在现金清查中发现无法查明原因的现金短缺1 000元，作如下会计分录。

　　借：待处理财产损溢——待处理流动资产损溢　　1 000
　　　贷：库存现金　　　　　　　　　　　　　　　　1 000

经过核查，上述现金短款系出纳人员失职造成，应由出纳人员赔偿500元，向出纳人员发出赔偿通知书，作如下会计分录。

　　借：其他应收款——××出纳员　　　　　　　　500
　　　　管理费用　　　　　　　　　　　　　　　　500
　　　贷：待处理财产损溢——待处理流动资产损溢　1 000

如为现金溢余，属于应支付给有关人员或单位的，计入其他应付款；属于无法查明原因的，计入营业外收入。

【例2-2】××股份有限公司现金清查中，发现现金溢余500元，作如下会计分录。

　　借：库存现金　　　　　　　　　　　　　　　　500
　　　贷：待处理财产损溢——待处理流动资产损溢　500

经反复核查，仍无法查明长款500元的具体原因，经单位领导批准，将其转为企业的营业外收入，作如下会计分录。

　　借：待处理财产损溢——待处理流动资产损溢　500
　　　贷：营业外收入　　　　　　　　　　　　　　500

（三）内部周转使用备用金的核算

备用金是指付给单位内部各部门或工作人员用作零星开支、零星采购、售货找零或差旅费等备用的款项。备用金的核算，应设置"其他应收款"科目，该科目是资产类科目，用来核算企业应收票据、应收账款、预付账款以外的其他各种应收、暂付款项，以及包括各种赔款、罚款、存储保证金、备用金、应向职工收取的各种垫付款项等。在备用金数额较大或业务较多的企业，也可以将备用金业务从"其他应收款"科目中分离出来，单独设置"备用金"科目进行核算。

1. 备用金的领用

单位内部各部门或工作人员因零星开支、零星采购等需要领用备用金，一般应由经办人填写借款凭证。借款凭证一式三联，第一联为付款凭证，财务部门作为记账依据；第二联为结算凭证，借款期间由出纳员留存，报销时作为核对依据，报销后随同报销单据作为记账凭证的附件；第三联交借款人保存，报销时由出纳员签字作为借款结算及交回借款的收据。经办人在填写借款凭证时，应当如实认真地填写借款事由、金额和借款日期并签名，送有关领导审批后，会计人员根据借款凭证编制现金付款记账凭证。

对企业来说，借用备用金的现金付款凭证，其贷方科目自然为"库存现金"科目，借方科目则为"备用金"科目。出纳员根据现金付款凭证付给现金（或现金支票）。

【例2-3】××股份有限公司销售科领取备用金2 000元，作零星采购和开支使用，经办人为王红。王红在领用备用金时，应按规定填制借款凭证，有关人员编制现金付款记账凭证，出纳员根据现金付款凭证支付现金2 000元，应作如下会计分录。

借：备用金 2 000
　　贷：库存现金 2 000

2. 备用金的报销

备用金报销制度可以分为定额备用金和非定额备用金两种。

（1）定额备用金。

定额备用金是指单位对经常使用备用金的内部各部门或工作人员根据其零星开支、零星采购等的实际需要而核定现金数额，并保证其经常保持该核定的数额。实行定额备用金制度的情况下，使用定额备用金的部门或工作人员应按核定的定额填写借款凭证，一次性领出全部定额现金，用后凭发票等有关凭证报销，出纳员将报销金额补充原定的数额，从而保证该部门或工作人员经常保持核定的现金定额。

有关部门或工作人员报销时，应编制现金付款凭证，其贷方科目为库存现金，借方为相应科目。出纳员应将报销的金额用现金补给报销的部门或工作人员。这样报销后有关部门或工作人员手中的现金又达到核定的限额。

【例2-4】××股份有限公司会计部门对供应部门实行定额备用金制度。根据核定的定额，付给定额备用金2 000元，作如下会计分录。

借：备用金——供应科 2 000
　　贷：库存现金 2 000

【例2-5】供应部门在一段时间内共发生备用金支出1 600元，持开支凭证到会计部门报销。会计部门审核以后付给现金，补足定额，作如下会计分录。

借：管理费用　　　　　　　　　　　　　　　　　　1 600
　　贷：库存现金　　　　　　　　　　　　　　　　　　1 600

【例2-6】会计部门因管理需要决定取消定额备用金制度。供应部门持尚未报销的开支凭证800元和余款1 200元，到会计部门办理报销和交回备用金的手续，作如下会计分录。

借：管理费用　　　　　　　　　　　　　　　　　　800
　　库存现金　　　　　　　　　　　　　　　　　　1 200
　　贷：备用金——供应科　　　　　　　　　　　　　2 000

不同的单位，其内部各部门或工作人员使用备用金的业务性质不同，会计制度的规定也不同，因而在报销备用金时，其编制的现金付款凭证的借方科目有很大的差别。

(2) 非定额备用金。

非定额管理是指用款部门根据实际需要向财会部门领款的管理办法。在凭有关支出凭证向财会部门报销时，作为减少备用金处理，直到用完为止。如需补充备用金，再另行办理拨款和领款手续。对用于收购农副产品的备用金，在集中收购旺季时一般采用非定额管理的办法，在淡季零星收购时则采用定额管理的办法，实行交货补款。

表2-1　两种备用金管理制度业务处理方法比较

备用金类型	预借	报销	注销备用金或其他应收款
定额备用金	借：备用金 　　贷：库存现金	借：管理费用 　　贷：库存现金	取消定额备用金时注销 会计分录为： 借：管理费用（尚未报销部分） 　　库存现金 　　贷：备用金
非定额备用金	借：备用金 　　贷：库存现金	借：管理费用 　　库存现金 　　贷：备用金	报销时已注销

总而言之，无论实行哪种备用金管理办法，都要建立健全备用金的领用、保管和报销等手续制度，并指定专人负责经管备用金。当经管人员发生变动时，必须办理交接手续，以明确经济责任。

知识点

第二节 银行存款

一、开立和使用银行存款账户的规定

银行存款是指企业存入银行或其他金融机构的各种款项。企业应当根据业务需要，按照规定在其所在地银行开设账户，运用所开设的账户，进行存款、取款以及各种收支转账业务的结算。银行存款的收付应严格执行银行结算制度的规定。

中国人民银行制定的《银行账户管理办法》规定，一个企业可以根据需要在银行开立四种账户，分别是：基本存款账户、一般存款账户、临时存款账户和专用存款账户。

基本存款账户是企业办理日常转账结算和现金收付业务的账户，企业职工薪酬等现金的支取只能通过本账户办理。一般存款账户是企业在基本存款账户以外的银行借款转存以及与基本存款账户的企业不在同一地点的附属非独立核算的单位账户，企业可以通过本账户办理转账结算和现金缴存，但不支取现金。临时存款账户是企业因临时经营活动需要而开立的账户，企业可以通过本账户办理转账结算和根据国家现金管理的规定办理现金收付。临时存款账户的有效期最长不得超过2年。专用存款账户是企业因特殊用途需要而开立的账户。

一个企业只能在一家银行开立一个基本账户；不得在同一家银行的几个分支机构开立一般存款账户。

二、银行存款的核算

（一）银行存款收支业务的核算

企业应当设置银行存款总账和银行存款日记账，分别进行银行存款的总分类核算和序时核算。在核算时，应设置"银行存款"科目。这是一个资产类科目，用来核算企业存入银行的各种存款。企业存入其他金融机构的存款，也在本科目内核算。企业的外埠存款、银行本票存款、银行汇票存款等在"其他货币资金"科目核算。"银行存款"科目可以根据银行存款的收款凭证和付款凭证等登记、为了减少登记的工作量，在实际工作中，也可以把各自的收付款凭证按照对方科目进行归类。企业要定期（10天或半月）填制汇总收付款凭证，据以登记银行存款总账。企业收入银行存款时，借记"银行存款"科目，贷记"库存现金""应收账款"等科目；企业提取现金或支出存款时，借记"库存现金""应付账款"等科目，贷记"银行存款"科目。

【例2-7】××股份有限公司2019年5月19日发生如下收入银行存款业务：销售商品收到销售货款56 500元，其中应交增值税6 500元；收到购货单位预交的购货款30 000元。

银行存款收款凭证编制如下。

（1）销售商品时。

借：银行存款　　　　　　　　　　　　　　　　　　　56 500
　　贷：主营业务收入　　　　　　　　　　　　　　　　　50 000
　　　　应交税费——应交增值税（销项税额）　　　　　　6 500

（2）预收货款时。

借：银行存款　　　　　　　　　　　　　　　　　　　30 000
　　贷：预收账款　　　　　　　　　　　　　　　　　　　30 000

【例2-8】××股份有限公司2019年5月27日发生如下支付银行存款业务：采购生产产品所用材料，支付银行存款67 800元，其中增值税进项税额7 800元；购买不需安装设备支付银行存款33 900元，其中增值税进项税额3 900元，设备已运达企业；预付购买材料货款80 000元。

银行存款付款凭证编制如下。

（1）采购材料时。

借：在途物资　　　　　　　　　　　　　　　　　　　60 000
　　应交税费——应交增值税（进项税额）　　　　　　　7 800
　　贷：银行存款　　　　　　　　　　　　　　　　　　　67 800

（2）购入固定资产时。

借：固定资产　　　　　　　　　　　　　　　　　　　30 000
　　应交税费——应交增值税（进项税额）　　　　　　　3 900
　　贷：银行存款　　　　　　　　　　　　　　　　　　　33 900

（3）预付购料款时。

借：预付账款　　　　　　　　　　　　　　　　　　　80 000
　　贷：银行存款　　　　　　　　　　　　　　　　　　　80 000

（二）银行存款余额调节表

为了防止记账差错，掌握银行存款实有数，出纳员应定期对银行存款进行清查。银行存款的清查一般采用核对账目的方法，即将本企业银行存款日记账与银行对账单逐笔核对。如果两者余额不符，可能有以下两个原因：一是出现未达账项；二是记账错漏。

所谓未达账项，是指企业与银行之间对于同一笔业务，一方已经取得结算凭证入账，而另一方因未取得结算凭证尚未登记入账的款项。未达账项有以下四种：

（1）企业已记增加，而银行尚未收到结算凭证尚未登记；

（2）企业已记减少，而银行尚未收到结算凭证尚未登记；

（3）银行已记增加，而企业未收到结算凭证尚未登记；
（4）银行已记减少，而企业未收到结算凭证尚未登记。

如上所述，由于记账错误和未达账项的存在，银行存款日记账的余额与银行对账单的余额往往是不相等的。此时，银行存款日记账的余额与银行对账单的余额有可能都不能代表企业银行存款的实有数。为了掌握企业银行存款的实有数，企业在收到银行转来的对账单以后，要仔细将企业银行存款日记账的记录与对账单的记录进行核对，判明企业和银行双方是否有记账错误，确定所有的未达账项。同时，通过编制"银行存款余额调节表"的方法来确定企业银行存款的实有数。

会计实务中一般采用"补记式"余额调节法，编制"银行存款余额调节表"。其原理是：假设未达账项全部入账，银行存款日记账及银行对账单的余额应相等。"银行存款余额调节表"的编制方法是：在双方现有余额基础上，各自加上对方已收、本方未收账项，减去对方已付、本方未付账项，计算调节后双方应有余额。其计算公式如下：

银行存款日记账余额＋上述情况（3）－上述情况（4）
＝银行存款对账单余额＋上述情况（1）－上述情况（2）

【例2-9】××股份有限公司2019年5月31日银行存款日记账的余额为28 000元，而银行对账单上的存款余额为30 800元，经逐笔核对后，发现有以下未达账项。

（1）企业5月31日存入转账支票5 620元，企业已记增加入账，银行尚未入账。
（2）企业5月31日开出一张转账支票6 520元，企业已记减少入账，由于持票人尚未到银行办理转账手续，故银行尚未入账。
（3）委托银行代收的货款3 500元，5月31日银行已经收到并已记增加登记入账，由于收账通知未送达企业，故企业尚未入账。
（4）电信局委托银行代收企业应付电话费1 600元，5月31日银行已从企业存款中代付，银行已记减少入账，由于付款通知单尚未送达企业，故企业尚未入账。

根据上述资料，××股份有限公司2019年5月31日编制"银行存款余额调节表"如表2-2所示。

表2-2　银行存款余额调节表

2019年5月31日

项目	金额	项目	金额
企业银行存款日记账余额	28 000	银行存款对账单余额	30 800
加：银行已记增加	3 500	加：企业已记增加	5 620
减：银行已记减少	1 600	减：企业已记减少	6 520
调节后余额	29 900	调节后余额	29 900

从表2-2可以看出，表中左右两方调节后的余额相等都是29 900元，这说明该公司银行存款的实有金额既不是28 000元，也不是30 800元，而是29 900元。若经调节后余额仍不相符，则说明企业或银行记账还存在错漏，应继续查明原因，进行错账更正，然后再编制"银行存款余额调节表"。

三、银行转账结算

银行转账结算是指企业与客户单位之间的款项收付不是动用现金,而是由银行从付款单位的存款户划转到收款单位的存款账户的货币清算行为。中国人民银行规定了可以使用的各种银行转账结算方式,包括两大类:国内转账结算方式和国际转账结算方式。

(一)国内转账结算方式

在我国,企业发生货币资金收付业务可以采用银行汇票、银行本票、支票、商业汇票、信用卡、汇兑、托收承付、委托收款等结算方式。企业应按照《支付结算办法》和《中华人民共和国票据法》等有关规定办理各项结算业务。

1.银行汇票

银行汇票是汇款人将款项交存当地银行,由银行签发给汇款人持往异地办理转账结算或支取现金的票据。银行汇票适用于异地的款项结算。银行汇票一律记名,可以背书转让,提示付款期限为1个月。持票人可以凭银行汇票到外地办理银行转账,也可以支取现金,在汇款金额限额内办理结算,多余款项银行可以代为退回。

2.银行本票

银行本票是申请人将款项交存银行,由银行签发凭以办理转账或提取现金的一种票据。银行本票分定额或不定额两种。定额本票面额为1 000元、5 000元、10 000元、50 000元。银行本票一律记名,可以背书转让,提示付款期限为2个月,逾期本票银行不予办理。银行本票适用于同城结算,见票即付。

3.支票

支票是银行的存款人签发给收款人办理款项结算或委托开户银行见票付款的票据。支票分为现金支票、转账支票、普通支票。支票一律记名,适于同城商品交易和劳务供应等结算,支票的提示付款期限为10天。

4.商业汇票

商业汇票是指由出票人签发的,委托付款人在指定日期无条件支付确定的金额给收款人或者持票人的票据。商业汇票的付款期限可由双方自行约定,最长不得超过6个月。商业汇票的提示付款期限为自汇票到期日起10日。商业汇票一律记名,可以背书转让、贴现,适用于同城或异地结算。商业汇票可分为商业承兑汇票和银行承兑汇票两种。

商业承兑汇票是由收款人签发的经承兑人承兑或由付款人签发并承兑的票据。商业承兑汇票是由银行以外的付款人承兑,属于商业信用范畴。若票据到期,付款人账户存款不足支付时,银行将票据退回收款人,款项收付由双方协商解决。

银行承兑汇票是由在承兑银行开立存款账户的存款人签发,经银行审查同意承兑的票据。承兑申请人按票面金额的0.05%但不低于规定的金额向银行支付手续费。若票据到期,承兑申请人未能足额交付本票款时,承兑银行除无条件支付票款外,还会对承兑申请人执行扣款，并对尚未扣回的承兑金额每天按0.05%计算收取罚息。

5.信用卡

信用卡是指商业银行向个人和单位发行的，凭以向特约单位购物、消费和向银行存取现金，且具有消费信用的特制载体卡片。信用卡分为单位卡和个人卡。利用单位卡结算金额不得高于10万元。

6.汇兑

汇总是指汇款人委托银行将其款项支付收款人的结算方式。汇总适用于异地结算，分为信汇、电汇，由汇款人选择使用。单位和个人的各种款项的结算，均可使用汇兑结算方式。汇兑不受金额起点限制。

7.托收承付

托收承付是指根据经济合同，收款单位发货后，委托银行收取款项，由异地付款单位向银行承诺付款的结算方式，可分为邮寄和电汇两种。托收起点金额为1万元。采用托收承付结算方式时，双方必须签有符合《合同法》的购销合同，并在合同上明确用托收承付结算方式。销货企业按照购销合同发货后，填写托收承付凭证，盖章后连同发运证件和交易单证送交开户银行办理托收手续。付款单位承付货款分为验单付款（3天）和验货付款（10天）两种。托收承付适用于国有企业或供销合作社以及经营较好、并经开户银行审查同意的城乡集体企业，其办理结算的款项必须是商品交易和因商品交易而产生的劳务供应的异地款项结算。

8.委托收款

委托收款是收款人将已承兑商业汇票、债券、存单等付款人债务证明送交开户银行办理委托收款手续，收款人开户行受理后，将有关凭证寄交付款单位开户行并由其审核后通知付款单位付款的一种结算方式。委托收款适用于同城和异地。

（二）国际结算方式

1.信用证

信用证是进口方银行因进口方要求，向出口方开立，以受益人按规定提供单据和汇票为前提的、支付一定金额的书面承诺。

2.托收

托收是指出口商开立汇票连同货运单据委托出口地银行通过进口地代收银行向进口企业收款的结算方式。

3.汇付

汇付是指交款人按约定的条件和时间通过银行把款项交收款人的结算方式。

第三节 其他货币资金

一、其他货币资金的内容

其他货币资金是指企业除库存现金、银行存款以外的各种货币资金。其他货币资金与库存现金和银行存款一样，是企业可以作为支付手段的货币，有其特殊的存在形式和支付方式，在管理上也有别于库存现金和银行存款，因此应单独进行会计核算。

其他货币资金主要包括银行汇票存款、银行本票存款、信用卡存款、信用证保证金存款、外埠存款和存出投资款等。

1.银行汇票存款

银行汇票是由出票银行签发的，由其在见票时按照实际结算金额无条件支付给收款人或者持票人的票据。银行汇票的出票银行为银行汇票的付款人。单位和个人各种款项的结算，均可使用银行汇票。银行汇票可以用于转账，填明"现金"字样的银行汇票也可以用于支取现金。

2.银行本票存款

银行本票是由银行签发的，承诺自己在见票时无条件支付确定的金额给收款人或持票人的票据。单位和个人在同一票据交换区域需要支付的各种款项，均可使用银行本票。银行本票可以用于转账，注明"现金"字样的银行本票可以用于支取现金。

3.信用卡存款

信用卡存款是指企业为取得信用卡而存入银行信用卡专户的款项。信用卡是银行卡的一种。信用卡按使用对象分为单位卡和个人卡；按信用等级分为金卡和普通卡；按是否向发卡银行交存备用金分为贷记卡和准贷记卡。

4.信用证保证金存款

信用证保证金存款是指采用信用证结算方式的企业为开具信用证而存入银行信用证保证金专户的款项。企业向银行申请开立信用证，应按规定向银行提交开证申请书、信用证申请人承诺书和购销合同。

5.外埠存款

外埠存款是指企业为了到外地进行临时或零星采购，而汇往采购地银行开立采购专户的款项。该账户的存款不计利息、只付不收、付完清户，除了采购人员可从中提取少量现金外，一律采用转账结算。

6.存出投资款

存出投资款是指企业已存入证券公司但尚未进行短期投资的现金，属于资产类，通过其他货币资金项目核算。

二、其他货币资金的核算

为了反映和监督其他货币资金的收支和结存情况,企业应当设置"其他货币资金"科目,借方登记其他货币资金的增加数,贷方登记其他货币资金的减少数,期末余额在借方,反映企业实际持有的其他货币资金。本科目应按其他货币资金的内容设置明细科目,同时按外埠存款的开户银行、每一银行汇票或本票、信用证的收款单位等设置明细账对其收付情况进行详细记录,办理信用卡业务的企业应当在"信用卡"明细科目中,按开出信用卡的银行和信用卡种类设置明细账户,并对其收付情况进行详细记录。

1. 银行汇票存款

汇款单位(即申请人)使用银行汇票,应向出票银行填写"银行汇票申请书",填明收款人名称、汇票金额、申请人名称、申请日期等事项并签章,签章为其预留银行的签章。出票银行受理银行汇票申请书,收妥款项后签发银行汇票,并用压数机压印出票金额,将银行汇票和解讫通知一并交给申请人。申请人应将银行汇票和解讫通知一并交付给汇票上记明的收款人。收款人受理申请人交付的银行汇票时,应在出票金额以内,根据实际需要的款项办理结算,并将实际结算的金额和多余金额准确、清晰地填入银行汇票和解讫通知的有关栏目内,到银行办理款项入账手续。收款人可以将银行汇票背书转让给被背书人,银行汇票的背书转让以不超过出票金额的实际结算金额为准。未填写实际结算金额或实际结算金额超过出票金额的银行汇票,不得背书转让。银行汇票的提示付款期限为自出票日起一个月,持票人超过付款期限提示付款的,银行将不予受理。持票人向银行提示付款时,必须同时提交银行汇票和解讫通知,缺少任何一联,银行不予受理。

银行汇票丢失,失票人可以凭人民法院出具的其享有票据权利的证明,向出票银行请求付款或退款。

企业填写"银行汇票申请书"将款项交存银行时,借记"其他货币资金——银行汇票存款"科目,贷记"银行存款"科目。企业持银行汇票购货、收到有关发票账单时,借记"在途物资"或"原材料""库存商品""应交税费——应交增值税(进项税额)"等科目,贷记"其他货币资金——银行汇票存款"科目。企业采购完毕收回剩余款项时,借记"银行存款"科目,贷记"其他货币资金——银行汇票存款"科目。企业收到银行汇票、填制进账单到开户银行办理款项入账手续时,根据进账单及销货发票等,借记"银行存款"科目,贷记"主营业务收入""应交税费——应交增值税(销项税额)"等科目。

【例2-10】2019年6月10日,××股份有限公司向银行提交"银行汇票委托书",并交存款项25 000元,银行受理后签发银行汇票和解讫通知,根据"银行汇票委托书"存根联记账。

借:其他货币资金——银行汇票存款　　　　25 000
　　贷:银行存款　　　　　　　　　　　　　　　　25 000

【例2-11】 2019年6月15日,××股份有限公司用银行签发的银行汇票支付采购材料货款22 600元,其中应交增值税2 600元。企业记账的原始凭证是银行转来的银行汇票第四联及所附发货票账单等凭证。

借:材料采购　　　　　　　　　　　　　　　　　20 000
　　应交税费——应交增值税(进项税额)　　　　　2 600
　贷:其他货币资金——银行汇票存款　　　　　　　　22 600

2.银行本票存款

银行本票分为不定额本票和定额本票两种。定额本票面额为1 000元、5 000元、10 000元和50 000元。银行本票的提示付款期限自出票日起最长不得超过2个月。在有效付款期内,银行见票付款。持票人超过付款期限提示付款的,银行不予受理。

申请人使用银行本票,应向银行填写"银行本票申请书"。申请人或收款人为单位的,不得申请签发现金银行本票。出票银行受理银行本票申请书,收妥款项后签发银行本票,在本票上签章后交给申请人。申请人应将银行本票交付给本票上记明的收款人。收款人可以将银行本票背书转让给被背书人。

申请人因银行本票超过提示付款期限或其他原因要求退款时,应将银行本票提交到出票银行并出具单位证明。出票银行对于在本行开立存款账户的申请人,只能将款项转入原申请人账户;只有对于现金银行本票和未到本行开立存款账户的申请人,才能退付现金。银行本票丧失,失票人可以凭人民法院出具的其享有票据权利的证明,向出票银行请求付款或退款。

企业填写"银行本票申请书"将款项交存银行时,借记"其他货币资金——银行本票存款"科目,贷记"银行存款"科目。企业持银行本票购货、收到有关发票账单时,借记"在途物资"或"原材料""库存商品""应交税费——应交增值税(进项税额)"等科目,贷记"其他货币资金——银行本票存款"科目。企业收到银行本票、填制进账单到开户银行办理款项入账手续时,根据进账单及销货发票等,借记"银行存款"科目,贷记"主营业务收入""应交税费——应交增值税(销项税额)"等科目。

【例2-12】 2019年6月20日,××股份有限公司申请办理银行本票,将银行存款40 000元转入银行本票存款。

借:其他货币资金——银行本票存款　　　　　　　40 000
　贷:银行存款　　　　　　　　　　　　　　　　　　40 000

【例2-13】 2019年6月27日,××股份有限公司收到收款单位发票等单据,采购材料付款38 420元,其中材料价款34 000元,增值税4 420元。材料已验收入库。

借:原材料　　　　　　　　　　　　　　　　　　34 000
　　应交税费——应交增值税(进项税额)　　　　　4 420
　贷:其他货币资金——银行本票存款　　　　　　　　38 420

【例2-14】 承上例,收到收款单位退回的银行本票余款1 580元,存入银行。

借:银行存款　　　　　　　　　　　　　　　　　1 580
　贷:其他货币资金——银行本票存款　　　　　　　　1 580

3.信用卡存款

凡在中国境内金融机构开立基本存款账户的单位均可申领单位卡。单位卡可申领若干张，持卡人资格由申领单位法定代表人或其委托的代理人书面指定和注销。单位卡账户的资金一律从其基本存款账户转账存入，不得交存现金，不得将销货收入的款项存入其账户。持卡人可持信用卡在特约单位购物、消费，但单位卡不得用于10万元以上的商品交易、劳务供应款项的结算，不得支取现金。特约单位在每日营业终了，应将当日受理的信用卡签购单汇总，计算手续费和净计金额，并填写汇（总）计单和进账单，连同签购单一并送交收单银行办理进账。

信用卡按是否向发卡银行交存备用金分为贷记卡、准贷记卡两类。贷记卡是指发卡银行给予持卡人一定的信用额度，持卡人可在信用额度内先消费、后还款的信用卡。准贷记卡是指持卡人须先按发卡银行要求交存一定金额的备用金，当备用金账户余额不足支付时，可在发卡银行规定的信用额度内透支信用卡。

准贷记卡的透支期限最长为60天，贷记卡的首月最低还款额不得低于其当月透支余额的10%。

企业应填制"信用卡申请表"，连同支票和有关资料一并送存发卡银行，根据银行盖章退回的进账单第一联，借记"其他货币资金——信用卡存款"科目，贷记"银行存款"科目。企业用信用卡购物或支付有关费用，收到开户银行转来的信用卡存款的付款凭证及所附发票账单时，借记"管理费用"等科目，贷记"其他货币资金——信用卡存款"科目。企业信用卡在使用过程中，需要向其账户续存资金时，借记"其他货币资金——信用卡"科目，贷记"银行存款"科目。企业的持卡人如不需要继续使用信用卡时，应持信用卡主动到发卡银行办理销户，销卡时，单位卡科目余额转入企业基本存款户，不得提取现金，借记"银行存款"科目，贷记"其他货币资金——信用卡存款"科目。

【例2-15】2019年7月2日，××股份有限公司因开展经济业务需要向银行申请办理信用卡，开出转账支票一张，金额10 000元，收到进账单第一联和信用卡。

　　借：其他货币资金——信用卡存款　　　　　100 000
　　　　贷：银行存款　　　　　　　　　　　　　　100 000

【例2-16】2019年7月10日，××股份有限公司用信用卡购买办公用品，支付67 000元。

　　借：管理费用　　　　　　　　　　　　　　67 000
　　　　贷：其他货币资金——信用卡存款　　　　　67 000

【例2-17】2019年7月16日，××股份有限公司因信用卡账户资金不足，开出转支票一张以续存资金，金额30 000元。

　　借：其他货币资金——信用卡存款　　　　　30 000
　　　　贷：银行存款　　　　　　　　　　　　　　30 000

4.信用证保证金存款

企业填写"信用证申请书"，将信用证保证金交存银行时，应根据银行盖章退回的"信用证申请书"回单,借记"其他货币资金——信用证保证金存款"科目,贷记"银行存款"科目。企业接到开证行通知时,根据供货单位信用证结算凭证及所附发票账单,借记"在途物资"或"原材料""库存商品""应交税费——应交增值税(进项税额)"等科目,贷记"其他货币资金——信用证保证金存款"科目。企业将未用完的信用证保证金存款余额转回开户银行时,借记"银行存款"科目,贷记"其他货币资金——信用证保证金存款"科目。

【例2-18】2019年7月18日,××股份有限公司申请开证并向开户银行缴纳信用证保证金30 000元。

借:其他货币资金——信用证保证金存款　　　30 000
　　贷:银行存款　　　　　　　　　　　　　　　　30 000

【例2-19】2019年7月22日,××股份有限公司接到开证行交来的上述信用证来单通知书及有关购货凭证等,以信用证方式采购的材料已到货并验收入库,货款全部支付。货款总计135 600元,其中材料价款120 000元,增值税15 600元。

借:原材料　　　　　　　　　　　　　　　　　　120 000
　　应交税费——应交增值税(进项税额)　　　　 15 600
　　贷:其他货币资金——信用证保证金存款　　　　30 000
　　　　银行存款　　　　　　　　　　　　　　　 105 600

5.存出投资款

企业向证券公司划出资金时,应按实际划出的金额,借记"其他货币资金——存出投资款"科目,贷记"银行存款"科目。企业购买股票、债券等时,借记"交易性金融资产"等科目,贷记"其他货币资金——存出投资款"科目。

【例2-20】2019年8月4日,××股份有限公司拟利用闲置资金进行证券投资,向海通证券公司申请资金账号,并开出转账支票划出资金3 000 000元存入该账号,以便购买股票、债券等。

借:其他货币资金——存出投资款　　　　　　3 000 000
　　贷:银行存款　　　　　　　　　　　　　　　3 000 000

【例2-21】2019年8月10日,××股份有限公司利用证券投资账户从二级市场购买兴业银行股票10 000股,每股市价13.50元,发生交易费用2 460元,作为交易性金融资产。

借:交易性金融资产　　　　　　　　　　　　　135 000
　　投资收益　　　　　　　　　　　　　　　　　　2 460
　　贷:其他货币资金——存出投资款　　　　　　　137 460

6.外埠存款

企业将款项汇往外地时,应填写汇款委托书,委托开户银行办理汇款。汇入地银行以汇款单位的名义开立临时采购账户,该账户的存款不计利息、只付不收、付完清户,除了采购人员可从中提取少量现金外,一律采用转账结算。企业将款项汇往外地开立采购专用账户时，根据汇出款项凭证，编制付款凭证，进行账务处理，借记"其他货币资金——外埠存款"科目，贷记"银行存款"科目。企业收到采购人员转来供应单位发票账单等报销凭证时，借记"在途物资"或"原材料""库存商品""应交税费——应交增值税（进项税额）"等科目，贷记"其他货币资金——外埠存款"科目。采购完毕收回剩余款项时，根据银行的收账通知，借记"银行存款"科目，贷记"其他货币资金——外埠存款"科目。

【例2-22】2019年8月15日，××股份有限公司在外埠开立临时采购账户，委托银行将500 000元汇往采购地。

  借：其他货币资金——外埠存款   500 000
    贷：银行存款   500 000

【例2-23】2019年8月17日，采购员以外埠存款购买材料，材料价款400 000元，增值税52 000元，货款共计452 000元，材料已验收入库。

  借：原材料   400 000
    应交税费——应交增值税（进项税额） 52 000
    贷：其他货币资金——外埠存款   452 000

【例2-24】2019年8月20日，外埠采购结束，将外埠存款清户，收到银行转来的收账通知，余款48 000元收妥入账。

  借：银行存款   48 000
    贷：其他货币资金——外埠存款   48 000

课后习题

第三章

>>>>>>>>>> 存 货

第一节 存货概述

一、存货的概念与特征

存货是指企业在日常活动中持有的以备出售的产成品或商品、处在生产过程中的在产品、在生产过程或提供劳务过程中耗用的材料、物料等，包括各类材料、在产品、半成品、产成品或库存商品以及包装物、低值易耗品、委托加工物资等。存货具有下列特征：

其一，存货是一种具有物质实体的有形资产；

其二，存货是企业的流动资产；

其三，存货具有时效性和发生潜在损失的可能性；

其四，企业持有存货的目的是出售或耗用。

二、存货的分类

存货分布于企业生产经营的各个环节，且种类繁多、用途各异。为满足存货管理与核算的需要，应当对存货进行分类。

（一）存货按经济用途分类

存货按经济用途分类可分为：原材料、在产品、半成品、产成品、商品和周转材料。

（二）存货按存放地点分类

在生产经营过程中，企业不断地购进、生产、销售存货，因而存货分布于供、产、销各个环节。存货按存放地点可以分为：在库存货、在途存货、在制存货和在售存货四类。

（三）存货按取得方式分类

存货按取得方式可以分为：外购存货、自制存货、委托加工存货、投资者投入的存货、接受捐赠取得的存货、接受抵债取得的存货、非货币性交易换入的存货、盘盈的存货等。

第二节 存货的初始计量

存货的初始计量是指企业在取得存货时,对存货入账价值的确定。存货的初始计量应以取得存货的实际成本为基础,实际成本包括采购成本、加工成本和其他成本。存货的实际成本应结合存货的具体取得方式分别确定,作为存货入账的依据。

一、外购存货

企业外购存货主要包括原材料、周转材料和库存商品。

(一)外购存货的成本

外购存货的成本即存货的采购成本,是指企业物资从采购到入库前所发生的全部合理支出,一般包括购买价款、相关税费、运输费、装卸费、保险费以及仓储费、包装费、运输途中的合理损耗、大宗物资的市内运杂费、入库前的挑选整理费等其他可直接归属于存货采购成本的费用。

提示说明: 存货的采购成本一般不包括:按规定可予以抵扣的增值税,市内零星货物运杂费,采购人员的差旅费,采购机构的经费以及供应部门经费等。

(二)外购存货的会计处理

1. 存货验收入库和货款结算同时进行

在这种情况下,企业应于支付货款或开出、承兑商业汇票,并且存货验收入库后,按发票账单等结算凭证确定的存货成本入账。

【例3-1】××股份有限公司为增值税一般纳税人,当月购入A材料一批,货款200 000元,增值税率为13%,货款及税款已开出转账支票通过银行支付,材料已验收入库。入库前整理挑选费500元以现金支付。

材料采购成本＝200 000＋500＝200 500(元)

借:原材料——A材料　　　　　　　　　　　200 500
　　应交税费——应交增值税(进项税额)　　 26 000
　贷:银行存款　　　　　　　　　　　　　　226 000
　　　库存现金　　　　　　　　　　　　　　　　500

2. 货款已结算但存货尚在运输途中

在这种情况下,企业应于支付货款或开出、承兑商业汇票时,按发票账单等结算凭证确定的存货成本入账。即企业先通过"在途物资"账户核算,待存货到达入库时再从"在途物资"账户转入"原材料"等账户。

【例3-2】××股份有限公司购入B材料一批8 000千克,单价25元,共计200 000元,增值税率为13%,货款及税款已由本企业开出的现金支票结算,材料尚未到达。

　　借:在途物资——B材料　　　　　　　　　　　　200 000
　　　　应交税费——应交增值税(进项税额)　　　　 26 000
　　　贷:银行存款　　　　　　　　　　　　　　　　226 000

如果该批材料于若干天后收到,则应编制的会计分录如下。

　　借:原材料　　　　　　　　　　　　　　　　　　200 000
　　　贷:在途物资　　　　　　　　　　　　　　　　200 000

3.存货已验收入库货款尚未结算

在这种情况下,企业在收到存货时可先不进行会计处理,待结算凭证到达,企业支付货款或开出、承兑商业汇票后,按发票账单等结算凭证确定的存货成本入账。如果到月末发票账单仍未收到,企业应按合同价格等暂估入账。

【例3-3】××股份有限公司购入C材料一批,材料到达并已验收入库,发票账单未收到,平时不必作会计处理,只需在备查账簿中登记。月末尚未收到发票账单,货款无法支付,需按暂估价入账。该批材料按合同价格暂估为290 000元。

　　借:原材料——C材料　　　　　　　　　　　　　290 000
　　　贷:应付账款——暂估应付账款　　　　　　　　290 000

下月初,及时用红字作同样的记录,予以冲回。

　　借:原材料——C材料　　　　　　　　　　　　　 29 000
　　　贷:应付账款——暂估应付账款　　　　　　　　 29 000

下月发票到达后,该批材料实际买价300 000元,增值税39 000元,货款及税款已由本企业开出商业汇票结算,则应作如下会计分录。

　　借:原材料——C材料　　　　　　　　　　　　　300 000
　　　　应交税费——应交增值税(进项税额)　　　　 39 000
　　　贷:应付票据　　　　　　　　　　　　　　　　339 000

4.采用预付货款方式购入存货

【例3-4】××股份有限公司根据合同向供货单位M公司预付一笔货款50 000元订购D材料,以银行存款支付。

　　借:预付账款　　　　　　　　　　　　　　　　　 50 000
　　　贷:银行存款　　　　　　　　　　　　　　　　 50 000

如果若干天后收到此批货物及增值税专用发票,货款40 000元,增值税进项税额5 200元。

　　借:原材料——D材料　　　　　　　　　　　　　 40 000
　　　　应交税费——应交增值税(进项税额)　　　　 5 200
　　　贷:预付账款　　　　　　　　　　　　　　　　 45 200

"预付账款"科目还有借方余额4 800元,可以要求对方转回,也可以用于以后购货。如果此批货款及税款大于预付账款50 000元,企业就应补付其差额。如果企业未及时补付其差额,"预付账款"科目就出现了贷方余额。

5.采用赊购方式取得存货

在外购存货附有现金折扣条件的情况下,会计上有总价法和净价法两种处理方法。总价法是指存货和应付账款均按实际交易金额计价入账,如果购货方在现金折扣期限内付款,取得的现金折扣就作为一项理财收入,冲减当期财务费用的一种会计处理方法。净价法是指存货和应付账款均按实际交易金额扣除现金折扣后的净额计价入账,如果购货方超过现金折扣期限付款,则丧失的现金折扣视为超期付款支付的利息,计入当期财务费用的一种会计处理方法。在我国的会计实务中,现金折扣的使用并不普遍,因此,企业会计准则要求采用总价法进行会计处理。

【例3-5】××股份有限公司从乙公司赊购一批原材料,增值税专用发票上注明的原材料价款为100 000元,增值税额为13 000元。根据购货合同约定,该项赊购的付款期限为30天,但如果××股份有限公司能在10天内付款,可按原材料价款的2%享受现金折扣,如果超过10天付款,则须按交易金额全付。××股份有限公司采用总价法进行会计处理。

(1)购进原材料。

借:原材料　　　　　　　　　　　　　　　　100 000
　　应交税费——应交增值税(进项税额)　　 13 000
　　贷:应付账款——乙公司　　　　　　　　　113 000

(2)支付货款。

①假定10天内支付货款。

现金折扣=100 000×2%=2 000(元)

实际付款金额=113 000-2 000=111 000(元)

借:应付账款——乙公司　　　　　　　　　　113 000
　　贷:银行存款　　　　　　　　　　　　　　111 000
　　　　财务费用　　　　　　　　　　　　　　 2 000

②假定超过10天支付货款。

借:应付账款——乙公司　　　　　　　　　　113 000
　　贷:银行存款　　　　　　　　　　　　　　113 000

6.外购存货发生短缺的会计处理

企业对于采购过程中发生的物资毁损、短缺等,应及时查明原因,区别不同情况进行会计处理。

(1)属于运输途中的合理损耗,应按其实际成本计入入库存货的成本。

(2)属于供应单位、外部运输单位的责任等造成的短缺,应由责任人补足存货或赔偿货款,不计入存货的采购成本;赔偿后尚不能弥补的部分,计入"管理费用"科目。

(3)属于自然灾害或意外事故等非常原因造成的存货毁损,报经批准处理后,应将其实际成本及应负担的进项税扣除由保险公司及有关责任者赔偿后的净损失,计入"营业外支出"科目。

(4) 尚待查明原因的途中损耗，不得增加物资的采购成本，应暂作为待处理财产损溢进行核算，在查明原因后再作处理。

【例3-6】××股份有限公司从甲公司购入原材料2 000件，单位价格30元，增值税专用发票上注明的增值税进项税额为7 800元，款项已通过银行转账支付，但材料尚在运输途中。待所购材料运达企业后，验收时发现短缺100件，原因待查。

(1) 支付货款，材料尚在运输途中。

  借：在途物资　　　　　　　　　　　　　　　60 000
    应交税费——应交增值税（进项税额）　　7 800
   贷：银行存款　　　　　　　　　　　　　　　67 800

(2) 材料运达企业，验收时发现短缺，原因待查，其余材料入库。

  借：原材料　　　　　　　　　　　　　　　　57 000
    待处理财产损溢　　　　　　　　　　　　3 000
   贷：在途物资　　　　　　　　　　　　　　　60 000

(3) 短缺原因查明，进行相应的会计处理。

① 假定短缺的材料属于运输途中的合理损耗。

  借：原材料　　　　　　　　　　　　　　　　3 000
   贷：待处理财产损溢　　　　　　　　　　　　3 000

② 假定短缺的材料为甲公司发货时少发，经协商，由其补足材料。

  借：应付账款　　　　　　　　　　　　　　　3 000
   贷：待处理财产损溢　　　　　　　　　　　　3 000

收到供货方补发的材料，验收入库。

  借：原材料　　　　　　　　　　　　　　　　3 000
   贷：应付账款——甲公司　　　　　　　　　　3 000

③ 假定短缺的材料为运输单位责任造成，经协商，由其全额赔偿。

  借：其他应收款　　　　　　　　　　　　　　3 390
   贷：待处理财产损溢　　　　　　　　　　　　3 000
    应交税费——应交增值税（进项税额转出）　390

收到运输单位赔偿的货款。

  借：银行存款　　　　　　　　　　　　　　　3 390
   贷：其他应收款——××运输单位　　　　　　3 390

二、自制存货

企业自制存货主要包括产成品、在产品、半成品。企业自制存货的成本由采购成本、加工成本和使存货达到目前场所和状态所发生的其他成本构成。通常，产成品成本＝原材料＋人工费用＋制造费用。存货制造过程中非正常消耗的直接材料、直接人工和制造费用，加工销售环节发生的仓储费用，不包括在存货成本之中，应于发生时直接计入当期损益。

企业自制并已验收入库的存货，按确定的实际成本，借记"原材料""包装物""低值易耗品""库存商品"等存货科目，贷记"生产成本"科目。

【例3-7】××股份有限公司收到本单位辅助生产车间加工A材料1 000件，每件实际成本为50元。

  借：原材料——A材料   50 000
    贷：生产成本——辅助生产成本   50 000

三、委托加工存货

（一）委托加工存货的成本

委托加工存货的成本，一般包括加工过程中实际耗用的原材料或半成品成本、加工费、运输费、装卸费等，以及按规定应计入成本的税金。

（二）委托加工存货的会计处理

1. 发出材料委托加工

  借：委托加工物资（按发出材料物资的实际成本）
    贷：原材料/库存商品

2. 支付加工费和往返运费

  借：委托加工物资
    贷：银行存款

3. 支付应由受托方代收代缴的增值税

  借：应交税费——应交增值税（进项税额）
    贷：银行存款

4. 委托加工应税消费品时支付应由受托方代收代缴的消费税

  借：委托加工物资（收回后直接用于销售，计入成本）
    应交税费——应交消费税（用于连续生产应税消费品的，可抵扣）
    贷：银行存款

5. 存货加工完成验收入库并收回剩余物资

  借：原材料/库存商品/周转材料
    贷：委托加工物资

【例3-8】××股份有限公司委托五星公司加工包装用木箱，发出木材80 000元，同时支付加工费5 000元和增值税650元。加工完成后，木箱验收入库。

（1）××股份有限公司发出木材时。

  借：委托加工物资   80 000
    贷：原材料   80 000

（2）××股份有限公司支付加工费和增值税时。
　　借：委托加工物资　　　　　　　　　　　　　5 000
　　　　应交税费——应交增值税（进项税额）　　 650
　　　　贷：银行存款　　　　　　　　　　　　　　　　5 650
（3）木箱验收入库时。
　　借：周转材料　　　　　　　　　　　　　　　85 000
　　　　贷：委托加工物资　　　　　　　　　　　　　　85 000

【例3-9】××股份有限公司委托乙公司加工一批B材料（属于应税消费品）。发出A材料的实际成本为30 000元，支付加工费15 000和往返运杂费4 000元。支付由受托加工方代收代交的增值税1 950元、消费税5 000元。委托加工的B材料收回后用于连续生产。

（1）发出待加工的A材料。
　　借：委托加工物资　　　　　　　　　　　　　30 000
　　　　贷：原材料——A材料　　　　　　　　　　　　30 000
（2）支付加工费和往返运杂费。
　　借：委托加工物资　　　　　　　　　　　　　19 000
　　　　贷：银行存款　　　　　　　　　　　　　　　　19 000
（3）支付增值税和消费税。
　　借：应交税费——应交增值税（进项税额）　　1 950
　　　　　　　　——应交消费税　　　　　　　　5 000
　　　　贷：银行存款　　　　　　　　　　　　　　　　6 950
（4）收回加工完成的B材料。
B材料实际成本＝30 000＋19 000＝49 000（元）
　　借：原材料——B材料　　　　　　　　　　　49 000
　　　　贷：委托加工物资　　　　　　　　　　　　　　49 000

【例3-10】上例中若委托加工的B材料收回后直接对外出售，则应作如下会计处理。

（1）发出待加工的A材料。
　　借：委托加工物资　　　　　　　　　　　　　30 000
　　　　贷：原材料——A材料　　　　　　　　　　　　30 000
（2）支付加工费和往返运杂费。
　　借：委托加工物资　　　　　　　　　　　　　19 000
　　　　贷：银行存款　　　　　　　　　　　　　　　　19 000
（3）支付增值税和消费税。
　　借：应交税费——应交增值税（进项税额）　　1 950
　　　　委托加工物资　　　　　　　　　　　　　5 000
　　　　贷：银行存款　　　　　　　　　　　　　　　　6 950

（4）收回加工完成的B材料。

B材料实际成本＝30 000＋19 000＋5 000＝54 000（元）

　　借：原材料——B材料　　　　　　　　　　　　54 000
　　　　贷：委托加工物资　　　　　　　　　　　　　54 000

四、投资者投入的存货

投资者投入存货的成本，应当按照投资合同或协议约定的价值来确定，但合同或协议价值不公允的除外。

企业收到投资者投入存货时应作如下会计处理。

　　借：原材料／库存商品／周转材料
　　　　应交税费——应交增值税（进项税额）
　　　　贷：实收资本／股本
　　　　　　资本公积

【例3-11】××股份有限公司收到N公司投入的一批B材料，该材料在N公司的账面价值为800 000元，公允价值为1 000 000元，双方认可按其公允价值计价。××股份有限公司已收到材料并验收入库，取得了N公司转来的增值税专用发票，N公司因本项投资折换××股份有限公司每股面值1元的普通股600 000股。

××股份有限公司应编制会计分录如下。

　　借：原材料　　　　　　　　　　　　　　　 1 000 000
　　　　应交税费——应交增值税（进项税额）　　　130 000
　　　　贷：股本　　　　　　　　　　　　　　　　600 000
　　　　　　资本公积　　　　　　　　　　　　　　530 000

五、接受捐赠取得的存货

接受捐赠取得的存货，捐赠方提供了有关凭据的，应按凭据上标明的金额加上应支付的相关税费作为实际成本，捐赠方没有提供有关凭据的，应按同类或类似存货的市场价格估计的金额，加上应支付的相关税费，作为实际成本，否则就按该接受捐赠存货预计未来现金流量的现值，作为实际成本。

【例3-12】××股份有限公司接受捐赠一批商品，捐赠方提供的发票上标明的价值为300 000元，××股份有限公司用现金支票支付运杂费1 000元。

　　借：库存商品　　　　　　　　　　　　　　　　301 000
　　　　贷：银行存款　　　　　　　　　　　　　　　1 000
　　　　　　营业外收入——捐赠利得　　　　　　　300 000

第三节 发出存货的计价

一、发出存货实际成本法的计价

（一）存货成本流转假设

存货流转包括实物流转和成本流转两个方面。从理论上说，存货的成本流转应当与实物流转相一致，即取得存货时确定的各项存货入账成本应当随着各该存货的销售或耗用而同步结转。但在实际工作中，由于存货的品种繁多、单位成本多变、进出量变化大等原因，很难保证存货的成本流转与实物流转完全一致。因此，会计上的做法是：按照一个假定的成本流转方式来确定发出存货的成本，而不强求存货的成本流转与实物流转相一致，这就是存货成本流转假设。

采用不同的存货成本流转假设在期末结存存货与本期发出存货之间分配存货成本，就产生了不同的发出存货计价方法，如个别计价法、先进先出法、加权平均法、移动平均法等。由于不同的存货计价方法得出的计价结果各不相同，因此，存货计价方法的选择将对企业的财务状况和经营成果产生一定的影响，主要体现在以下三个方面。

第一，存货计价方法对损益计算有直接影响。如果期末存货计价过低，就会低估当期收益，反之，则会高估当期收益；而如果期初存货计价过低，就会高估当期收益，反之，则会低估当期收益。

第二，存货计价方法对资产负债表有关项目数额的计算有直接影响，包括流动资产总额、所有者权益等项目。

第三，存货计价方法对应交所得税数额的计算有一定的影响。

企业应当根据各类存货实物流转情况、企业管理的要求、存货的性质等确定发出存货的成本计算方法。存货计价方法一旦选定，前后各期应当保持一致，并在会计报表附注中予以披露。

（二）实际成本法下发出存货的计价方法

按照《企业会计准则第1号——存货》的规定，企业应当采用个别计价法、先进先出法、加权平均法（包括移动加权平均法）等确定发出存货的实际成本。

1.个别计价法

个别计价法又称"具体辨认法""分批实际法"，是假设存货的实物流转与成本流转相一致，以每一批次存货的实际成本（采购成本或生产成本）作为该批次存货发出成本计价依据的方法。

【例3-13】××股份有限公司2019年3月1日结存B材料1 000千克，单位成本为45元，本月收发资料见表3-1。

表3-1　B材料收、发、存明细表

2019年		摘要	收入			发出			结存		
月	日		数量	单价	金额	数量	单价	金额	数量	单价	金额
3	1	期初							1 000	45	45 000
	2	购入	600	48	28 800				1 600		
	3	发出				1 300			300		
	18	购入	1 500	50	75 000				1 800		
	23	发出				1 200			600		
	28	购入	1 200	51	61 200				1 800		
	31	合计	3 300		165 000	2 500			1 800		

假设经具体确认，确定发出材料的批次如下。

3日发出的1300千克材料中，有900千克为期初存货，有400千克为2日购入的存货。

3日发出存货成本＝900×45＋400×48＝59 700（元）

23日发出的1200千克材料中，有100千克为期初存货，有100千克为2日购入的存货，有1 000千克为18日购入的存货。

23日发出存货成本＝100×45＋100×48＋1 000×50＝59 300（元）

本月发出存货总成本＝64 500＋59 300＝123 800（元）

期末结存的存货1 800千克为2日购入的100千克、18日购入的500千克和28日购入的1 200千克。

期末存货成本＝100×48＋500×50＋1 200×51＝91 000（元）

个别计价法反映发出存货的实际成本最为准确，且可以随时结转发出材料的成本，在理论上是最为可取的。但其缺陷也显而易见，即应用的条件是必须正确认定存货的批次、单价，因而核算的工作量比较大，应用成本高，在一些材料种类多、存货量大、收发较频繁的企业，很难适用。这种方法适用于品种数量不多、单位价值较高、容易识别的存货或一般不能互换使用及为特定的项目专门购入或制造，并单独存放的存货。

2.先进先出法

先进先出法是指依照"先入库的存货先发出"的假定确定成本流转顺序，并据以对发出存货和期末存货计价的方法。这种方法要求：在收入存货时，必须按照收入存货的先后顺序，逐笔登记存货的数量、单价、金额；在发出存货时，则必须按先后顺序，依次确定发出存货的实际成本。

【例3-14】资料承例3-13，××股份有限公司采用先进先出法计算该企业当月发出材料和期末结存材料实际成本见表3-2。

3日发出存货成本＝1 000×45＋300×48＝59 400（元）

23日发出存货成本＝300×48＋900×50＝59 400（元）

本月发出存货总成本＝59 400＋59 400＝118 800（元）

期末存货成本＝600×50＋1 200×51＝91 200（元）

表3-2　A材料明细账

单位：元

2019年		摘要	收入			发出			结存		
月	日		数量	单价	金额	数量	单价	金额	数量	单价	金额
3	1	期初							1 000	45	45 000
	2	购入	600	48	28 800				1 000	45	
									600	48	73 800
	3	发出				1 000	45	45 000			
						300	48	14 400	300	48	14 400
	18	购入	1 500	50	75 000				300	48	
									1 500	50	89 400
	23	发出				300	48	14 400			
						900	50	45 000	600	50	30 000
	28	购入	1 200	51	61 200				600	50	
									1 200	51	91 200
	31	合计	3 300		165 000	2 500		118 800	1 800		91 200

以上是在永续盘存制下运用先进先出法确定存货发出成本和期末存货成本的。如果存货未出现盘盈盘亏的情况，在实地盘存制下运用先进先出法确定发出存货成本和期末存货成本与永续盘存制确定的结果一样。根据实地盘点制，先确定期末存货成本 $1\ 200\times 51+600\times 50=91\ 200$ 元，然后倒推发出存货成本 $=45\ 000+165\ 000-118\ 800=91\ 200$（元）。

先进先出法顺应存货流动规律，符合历史成本原则，期末存货金额也比较接近市价，能较准确地反映存货资金的占用情况，随时结转发出存货的实际成本。但这种方法的核算工作量较繁重，明细账记录较复杂；在通货膨胀率不断提高时，会高估期末存货价值、低估发出存货成本，从而高估企业当期利润，不符合稳健性原则。此方法一般适用于收发次数不多，且存货价格稳定的存货。

3.全月一次加权平均法

全月一次加权平均法是指计算存货单位成本时，以期初存货数量和本期各批收入存货的数量作为权数于月末一次性计算存货加权平均单位成本，确定发出存货成本与期末存货成本的计价方法。其计算公式为：

全月一次加权平均单价＝（期初结存存货实际成本＋本期收入存货实际成本）/（期初结存存货数量＋本期收入存货数量）

期末结存存货成本＝期末结存存货数量×全月一次加权平均单价

本期发出存货成本＝期初结存存货成本＋本月收入存货实际成本－期末结存存货成本

【例3-15】资料承例3-13，××股份有限公司采用全月一次加权平均法计算该企业当月发出材料和期末结存材料实际成本。

全月一次加权平均单价＝$(45\ 000+165\ 000)/(1\ 000+3\ 300)\approx 48.84$（元）

由于加权平均单价除不尽，应先计算期末结存存货成本＝$48.84\times 1\ 800=87\ 912$（元），然后倒推本期发出存货成本＝$(4\ 500+165\ 000)-87\ 912=122\ 088$（元）。

采用全月一次加权平均法，存货发出的日常核算只登记发出数量，月末根据求得的加权平均单价计算出月份内发出存货的实际总成本,从而使得发出存货的成本较为均衡,会计核算工作量也相对较轻,且在物价波动时,对存货成本的分摊较为折中。但因为这种方法计算加权平均单价并确定存货的发出成本和结存成本的工作集中在期末,所以平时无法从有关存货账簿中提供发出存货成本和结存存货成本的有关资料,不利于存货的日常管理。该方法一般适用于储存于同一地点,性能、形态相同,前后单价相差幅度较大的存货。

4.移动加权平均法

移动加权平均法是指每次收入存货,即根据当前的存货数量及总成本计算出新的平均单位成本,再将随后发出存货数量按这种移动式的平均单位成本计算发出存货成本和结存存货成本的计价方法。按照这种方法,每次收入存货后,即以本次收入存货的实际成本加上以前结存存货的实际成本,除以本次收入存货数量和以前结存存货数量之和,计算出新的加权平均单位成本,作为下次发出材料的单位成本。其计算公式为:

移动加权平均单价=(本次存货入库前结存存货的实际成本+本次入库存货实际成本)/(本次存货入库前结存存货数量+本次入库存货数量)

【例3-16】资料承例3-13,××股份有限公司采用移动加权平均法计算该企业当月发出材料和期末结存材料实际成本见表3-3。

第一次加权平均单位成本=(45 000+28 800)/(1 000+600)=46.125(元)
第二次加权平均单位成本=(13 838+75 000)/(300+1 500)≈49.35(元)
第三次加权平均单位成本=(29 610+61 200)/(600+1 200)=50.45(元)

表3-3 A材料明细账

单位:元

2019年		摘要	收入			发出			结存		
月	日		数量	单价	金额	数量	单价	金额	数量	单价	金额
3	1	期初							1 000	45	45 000
	2	购入	600	48	28 800				1 600	46.125	73 800
	3	发出				1 300	46.125	59 963	300	46.125	13 838
	18	购入	1 500	50	75 000				1 800	49.35	88 830
	23	发出				1 200	49.35	59 227	600	49.35	29 610
	28	购入	1 200	51	61 200				1 800	50.45	90 810
	31	合计	3 200		165 000	2 500		119 190	1 800	50.45	90 810

移动加权平均法可以将不同批次不同单价的存货成本差异均衡化,由于平均的范围较小,有利于存货成本的客观计算,能随时结出发出存货的成本,便于对存货的日常管理。但这种方法由于每次存货入库后几乎都要重新计算平均单价,其会计核算工作量较大,一般适用于前后单价相差幅度较大的存货。

上述几种存货计价方法,各有其优缺点及适用范围,企业可根据实际情况,合理地选择发出存货成本的计算方法,以便合理确定当期发出存货的实际成本。企业对性质、用途相似的存货应采用相同的存货计价方法。存货计价方法一旦选定,前后各期应当保持一致,并在会计报表附注中予以披露。

（三）发出存货的会计处理

存货是为满足企业生产经营的各种需要而储备的，其经济用途各异，消耗方式也各不相同。因此，企业应当根据各类存货的用途及特点，选择适当的会计处理方法，对发出的存货进行会计处理。

1. 生产经营领用的原材料

根据原材料的消耗特点，企业应按发出原材料的用途，将其成本直接计入产品成本或当期费用。领用原材料时，企业按其实际成本，借记"生产成本""制造费用""销售费用""管理费用"等科目，贷记"原材料"科目。

【例3-17】××股份有限公司本月领用原材料的实际成本为250 000元。其中，基本生产领用150 000元，辅助生产领用70 000元，车间一般耗用20 000元，管理部门领用10 000元。

借：生产成本——基本生产成本　　　　　　150 000
　　　　　　——辅助生产成本　　　　　　　70 000
　　制造费用　　　　　　　　　　　　　　 20 000
　　管理费用　　　　　　　　　　　　　　 10 000
　　贷：原材料　　　　　　　　　　　　　250 000

2. 在建工程领用的存货

（1）在建工程领用的库存商品，应按库存商品的实际成本转入所建工程成本。

【例3-18】××股份有限公司自制一项固定资产，领用库存产品一批，账面价值为5 000元，计税价格为8 000元，增值税税率为13%。

借：在建工程　　　　　　　　　　　　　　5 000
　　贷：库存商品　　　　　　　　　　　　5 000

（2）在建工程领用的原材料、周转材料等材料存货，应按其领用存货的账面价值计入有关工程项目成本。

【例3-19】××股份有限公司自制一项固定资产，领用库存材料账面价值为5 000元，相应的增值税额为650元。

借：在建工程　　　　　　　　　　　　　　5 000
　　贷：原材料　　　　　　　　　　　　　5 000

3. 销售的存货

（1）企业对外销售库存商品，取得的销售收入作为主营业务收入，相应的库存商品成本计入主营业务成本。

【例3-20】××股份有限公司销售一批库存商品，售价50 000元，增值税额6 500元，库存商品实际成本40 000元。

借：银行存款　　　　　　　　　　　　　 56 500
　　贷：主营业务收入　　　　　　　　　 50 000
　　　　应交税费——应交增值税（销项税额）　6 500

借：主营业务成本　　　　　　　　　　　　　　　　40 000
　　贷：库存商品　　　　　　　　　　　　　　　　　40 000

（2）企业对外销售原材料，取得的销售收入作为其他业务收入，相应的原材料成本计入其他业务成本。

【例3-21】××股份有限公司销售一批原材料，售价6 000元，增值税额780元，原材料实际成本4 500元。

借：银行存款　　　　　　　　　　　　　　　　　　6 780
　　贷：其他业务收入　　　　　　　　　　　　　　　6 000
　　　　应交税费——应交增值税（销项税额）　　　　780
借：其他业务成本　　　　　　　　　　　　　　　　4 500
　　贷：原材料　　　　　　　　　　　　　　　　　　4 500

4.生产经营领用的周转材料

周转材料种类繁多，分布于生产经营的各个环节，具体用途各不相同，会计处理也不尽相同，具体见表3-4。

3-4　周转材料的种类

领用部门	用途	相关收入科目	相关费用科目
生产部门	构成产品实体的一部分		生产成本
车间	一般性物料消耗的		制造费用
销售部门	随同商品出售不单独计价的		销售费用
	随同商品出售并单独计价的	其他业务收入	其他业务成本
	用于出租的	其他业务收入	其他业务成本
	用于出借的		销售费用
管理部门	自用		管理费用
建造部门	在建工程用		工程施工

常用的周转材料摊销方法有一次转销法、分次摊销法等。

（1）一次转销法，是指周转材料在领用时，将其账面价值一次计入有关成本费用的一种方法。采用这种方法，领用周转材料时，企业按其实际成本，借记"其他业务成本"或"管理费用"等科目，贷记"周转材料"科目。

【例3-22】××股份有限公司管理部门领用了50个周转箱，无偿提供给客户使用。周转箱单位成本20元，领用时一次计入管理费用。

借：管理费用　　　　　　　　　　　　　　　　　　1 000
　　贷：周转材料　　　　　　　　　　　　　　　　　1 000

一次转销法适合于出租或出借业务不多、一次领用金额不大的企业使用。

（2）分次摊销法，是指根据周转材料可供周转使用的估计期数或次数，将其价值计入各期有关成本费用的一种摊销方法。各期周转材料摊销额的计算公式如下：

$$某期周转材料摊销额 = \frac{周转材料账面价值}{预计使用次数} \times 该期实际使用次数$$

【例3-23】××股份有限公司领用了20个包装桶，出租给客户使用，共收取押金6 200元，租金于客户退还包装桶时一次计算收取。包装桶单位成本300元，分4个月计入其他业务成本。

（1）领用周转材料。

　　借：周转材料——在用　　　　　　　　　　　　　6 000
　　　　贷：周转材料——在库　　　　　　　　　　　　　6 000

（2）收取周转材料押金。

　　借：银行存款　　　　　　　　　　　　　　　　　6 200
　　　　贷：其他应付款　　　　　　　　　　　　　　　　6 200

（3）月摊销周转材料成本。

　　借：其他业务成本　　　　　　　　　　　　　　　1 500
　　　　贷：周转材料——摊销　　　　　　　　　　　　　1 500

（4）假定客户如期退还周转材料，计算收取租金2 500元，退还其余押金。

　　借：其他应付款　　　　　　　　　　　　　　　　6 200
　　　　贷：其他业务收入　　　　　　　　　　　　　　　2 500
　　　　　　应交税费——应交增值税（销项税额）　　　　 325
　　　　　　银行存款　　　　　　　　　　　　　　　　　3 375

（5）假定客户逾期未退还周转材料，没收周转材料押金，增值税销项税额713.27元。

　　借：其他应付款　　　　　　　　　　　　　　　　6 200
　　　　贷：其他业务收入　　　　　　　　　　　　　　5 486.73
　　　　　　应交税费——应交增值税（销项税额）　　　　713.27

第四节　存货的期末计价

为了在资产负债表中更合理地反映期末存货的价值，企业应当选择适当的计价方法对期末存货进行再计量。我国企业会计准则规定，资产负债表日，存货应当按照成本与可变现净值孰低法计量。

一、成本与可变现净值孰低法的含义

成本与可变现净值孰低法，是指按照存货的成本与可变现净值两者之中的较低者对期末存货进行计量的一种方法。采用这种方法，当期末存货的成本低于可变现净值

时，存货仍按成本计量；当期末存货的可变现净值低于成本时，存货则按可变现净值计量。

成本是指期末存货的实际成本，即采用先进先出法、加权平均法等存货计价方法，对发出存货（或期末存货）进行计价所确定的期末存货账面成本。

可变现净值是指在日常活动中，存货的估计售价减去至完工时估计将要发生的成本、估计的销售费用以及相关税费后的金额。采用成本与可变现净值孰低法对期末存货进行计量，当某项存货的可变现净值跌至成本以下时，表明该项存货为企业带来的未来经济利益将低于账面成本，企业应按可变现净值低于成本的差额确认存货跌价损失，并将其从存货价值中扣除，否则，就会虚计当期利润和存货价值；而当可变现净值高于成本时，企业则不能按可变现净值高于成本的金额确认这种尚未实现的存货增值收益，否则，就会虚计当期利润和存货价值。因此，成本与可变现净值孰低法体现了谨慎性会计原则的要求。

二、存货可变现净值的确定

根据存货的账面记录，企业可以很容易地获得存货的成本资料，因此，运用成本与可变现净值孰低法对期末存货进行计量的关键，是合理地确定存货的可变现净值。

（一）确定存货可变现净值应考虑的主要因素

1.确定存货的可变现净值应以"确凿证据"为基础

这里所讲的"确凿证据"是指对确定存货的可变现净值有直接影响的确凿证明，如产品的市场销售价格，与企业产品相同或类似商品的市场销售价格，供货方提供的有关资料，销售方提供的有关资料，生产成本资料等。

2.确定存货的可变现净值应考虑持有存货的目的

（1）产成品、商品和用于销售的材料等直接用于出售的商品存货，在正常生产经营过程中，应当以该存货的估计售价减去估计的销售费用和相关税费后的金额，确定可变现净值。其中，该存货又分为有合同约定的存货和没有合同约定的存货。

（2）需要经过加工的材料存货，在正常生产过程中，应当以所生产的产成品的估计售价减去至完工时估计将要发生的成本、估计的销售费用和相关税费后的金额，确定可变现净值。

3.确定存货的可变现净值应考虑资产负债表日后事项的影响

在确定资产负债表日存货的可变现净值时，企业不仅要考虑资产负债表日与该存货相关的价格与成本波动，还应考虑未来的相关事项。也就是说，企业不仅限于考虑财务会计报告批准报出日之前发生的相关价格与成本波动，还应考虑以后期间发生的相关事项。

（二）存货估计售价的确定

在确定存货的可变现净值时，企业应合理确定估计售价、至完工将要发生的成本、估计的销售费用和相关税费。其中，存货估计售价的确定对于计算存货可变现净值至关重要。

企业在确定存货的估计售价时，应当以资产负债表日为基准。但是，如果当月存货价格变动较大，就应当以当月该存货平均销售价格或资产负债表日最近几次销售价格的平均数作为确定估计售价的基础。此外，企业还应当根据存货是否有约定销售的合同，按照以下原则确定存货的估计售价：

（1）执行销售合同或者劳务合同而持有的存货，通常应当以产成品或商品的合同价格作为其可变现净值的计量基础；

（2）如果企业持有存货的数量多于销售合同订购数量，超出部分的存货可变现净值应当以产成品或商品的一般销售价格作为计量基础；

（3）没有销售合同或者劳务合同约定的存货，其可变现净值应当以产成品或商品一般销售价格或原材料的市场价格作为计量基础。

三、材料存货的期末计量

企业持有的材料主要用于生产产品，但也会直接对外出售。会计期末，在运用成本与可变现净值孰低法对材料存货进行计量时，企业需要考虑持有材料的不同目的和用途。

（一）用于出售而持有的材料

对用于出售而持有的材料，企业应直接比较材料的成本和根据材料估计售价确定可变现净值。

【例3-24】2019年11月1日，××股份有限公司根据市场需求的变化，决定停止生产Y1型机器。为减少不必要的损失，企业决定将库存原材料中专门用于生产Y1型机器的外购原材料——A材料全部出售，2019年12月31日其账面成本为500万元，数量为10吨。据市场调查，A材料的市场销售价格为30万元/吨，同时可能发生销售费用及相关税费共计5万元。在本例中，由于企业已决定不再生产Y1型机器，该批A材料的可变现净值不能以Y1型机器的销售价格作为其计算基础，而应按其本身的市场销售价格作为计算基础。即：该批A材料的可变现净值＝30×10－5＝295（万元）。

（二）用于生产而持有的材料

对用于生产而持有的材料（包括原材料、在产品、委托加工材料等），企业应当将材料的期末计量与所生产的产成品期末价值减损情况联系起来，按以下原则处理。

1. 如果用该材料生产的产成品的可变现净值预计高于生产成本，则该材料应当按成本计量

【例3-25】2019年12月31日，××股份有限公司库存原材料——B材料的账面成本为3 000万元，市场销售价格总额为2 800万元，假定不发生其他销售费用。用B材料生产的产成品——Y2型机器的可变现净值高于成本。根据上述资料可知，2019年12月31日，B材料的账面成本高于其市场价格，但是由于用其生产的产成品——Y2型机器的可变现净值高于成本，也就是用该原材料生产的最终产品此时并没有发生价值减损，因此，B材料即使其账面成本已高于市场价格，也不应计提存货跌价准备，仍应按3 000万元列示在2019年12月31日的资产负债表的存货项目之中。

2. 如果材料价格的下降表明产成品的可变现净值低于生产成本，则该材料应当按可变现净值计量

【例3-26】2019年12月31日，××股份有限公司库存原材料——C材料的账面成本为600万元，单位成本为6万元/件，数量为100件，可用于生产100台Y3型机器。C材料的市场销售价格为5万元/件。C材料市场销售价格下跌，导致用C材料生产的Y3型机器的市场销售价格也下跌，由此造成Y3型机器的市场销售价格由15万元/台降为13.5万元/台，但生产成本仍为14万元/台。将每件C材料加工成Y3型机器尚需投入8万元，估计发生运杂费等销售费用0.5万元/台。根据上述资料，企业可按照以下步骤确定C材料的可变现净值。

首先，计算用该原材料所生产的产成品的可变现净值。

Y3型机器的可变现净值＝Y3型机器估计售价－估计销售费用－估计相关税费

$$=13.5×100-0.5×100=1\ 300（万元）$$

其次，将用该原材料所生产的产成品的可变现净值与其成本进行比较。

Y3型机器的可变现净值1 300万元小于其成本1 400万元，即C材料价格的下降表明Y3型机器的可变现净值低于成本，因此，C材料应当按可变现净值计量。

最后，计算该原材料的可变现净值。

C材料的可变现净值＝Y3型机器的售价总额－将C材料加工成Y3型机器尚需投入的成本－估计销售费用－估计相关税费＝13.5×100－8×100－0.5×100＝500（万元）

C材料的可变现净值500万元小于其成本600万元，因此，C材料的期末价值应为其可变现净值500万元，即C材料应按500万元列示在2019年12月31日资产负债表的存货项目之中。

四、存货跌价准备的计提方法

企业应当定期对存货进行全面检查，如果由于存货毁损、全部或部分陈旧过时或销售价格低于成本等原因，存货可变现净值低于其成本，企业就应按可变现净值低于成本的部分，计提存货跌价准备。

（一）存货跌价准备的计提和转回

企业通常应当按照单个存货项目计提存货跌价准备，即应当将每一存货项目的成本与可变现净值分别进行比较，按每一存货项目可变现净值低于成本的差额作为计提各该存货项目跌价准备的依据。但在某些特殊情况下，企业也可以合并计提存货跌价准备。此外，对于数量繁多、单价较低的存货，企业也可以按存货类别计提存货跌价准备。

资产负债表日，企业计提存货跌价准备时，首先应确定本期存货的减值金额，即本期存货可变现净值低于成本的差额；然后将本期存货的减值金额与"存货跌价准备"科目原有的余额进行比较（同坏账准备），按下列公式计算确定本期应计提的存货跌价准备金额。

应计提跌价准备＝当期可变现净值低于成本差额－存货跌价准备原有余额

根据上述公式，如果计提存货跌价准备前，"存货跌价准备"科目无余额，则企业应按本期可变现净值低于成本的差额计提存货跌价准备；如果本期存货可变现净值低于成本的差额大于"存货跌价准备"科目原有的贷方余额，则企业应按二者之差补提存货跌价准备；如果本期存货可变现净值低于成本的差额与"存货跌价准备"科目原有的贷方余额相等，则企业不需要计提存货跌价准备；如果本期存货可变现净值低于成本的差额小于"存货跌价准备"科目原有的贷方余额，表明以前引起存货减值的影响因素已经部分消失，存货的价值又得以部分恢复，则企业应当相应地恢复存货的账面价值，即按二者之差冲减已计提的存货跌价准备；如果本期存货可变现净值高于成本，表明以前引起存货减值的影响因素已经完全消失，存货的价值全部得以恢复，则企业应将存货的账面价值恢复至账面成本，即应将已计提的存货跌价准备全部转回。

【例3-27】2018年12月31日，××股份有限公司Y4型机器的账面成本为500万元。但由于Y4型机器的市场价格下跌，预计可变现净值为400万元，因此计提存货跌价准备100万元。假定：

（1）2019年6月30日，Y4型机器的账面成本仍为500万元，但由于Y4型机器市场价格有所上升，Y4型机器的预计可变现净值变为475万元；

（2）2019年12月31日，Y4型机器的账面成本仍为500万元，由于Y4型机器的市场价格进一步上升，预计Y4型机器的可变现净值为555万元。

本例中，计算并作会计分录如下。

（1）2019年6月30日，由于Y4型机器市场价格上升，Y4型机器的可变现净值有所恢复，应计提的存货跌价准备为25万元（500万－475万），则当期应冲减已计提的存货跌价准备75万元（100万－25万）且小于已计提的存货跌价准备（100万元），因此，应转回的存货跌价准备为75万元。

借：存货跌价准备　　　　　　　　　　　　750 000
　　贷：资产减值损失——存货减值损失　　　　750 000

（2）2019年12月31日，Y4型机器的可变现净值又有所恢复，应冲减存货跌价准备为55万元（500万－555万），但是对Y4型机器已计提的存货跌价准备的余额为25万元,因此,当期应转回的存货跌价准备为25万元而不是55万元(即以将对Y4型机器已计提的"存货跌价准备"余额冲减至零为限)。

　　　借:存货跌价准备　　　　　　　　　　　　　250 000
　　　　贷:资产减值损失——存货减值损失　　　　　　　　250 000

(二)存货跌价准备的结转

已经计提了跌价准备的存货,在生产经营领用、销售或其他原因转出时,企业应当根据不同情况,对已计提的存货跌价准备进行适当的会计处理。

1.生产经营领用的存货

该存货领用时一般可不结转相应的存货跌价准备,待期末计提存货跌价准备时一并调整。如需要同时结转已计提的存货跌价准备,则应作如下会计分录。

　　　借:存货跌价准备
　　　　贷:生产成本

2.销售等原因转出的存货

对于该存货,在结转销售成本的同时,应结转相应的存货跌价准备,同时作如下会计分录。

　　　借:存货跌价准备
　　　　贷:主营业务成本/其他业务成本

3.可变现净值为零的存货

企业应当将其账面余额全部转销,同时转销相应的存货跌价准备。当存货存在以下情况之一时,表明存货的可变现净值为零:

(1)已霉烂变质的存货;

(2)已过期且无转让价值的存货;

(3)生产中已不再需要,并且已无使用价值和转让价值的存货;

(4)其他足以证明已无使用价值和转让价值的存货。

此种情况下,应作如下会计分录:

　　　借:管理费用
　　　　存货跌价准备
　　　　贷:库存商品/原材料

如果存货是按类别计提跌价准备的,在销售以及债务重组等转出存货时,应按比例同时结转相应的存货跌价准备。

【例3-28】××股份有限公司的库存D商品已过保质期,不可再使用或销售。D商品账面成本为20 000元,已计提存货跌价准备12 000元。

　　　借:管理费用——计提的存货跌价准备　　　　　　8 000
　　　　存货跌价准备　　　　　　　　　　　　　　　12 000
　　　　贷:库存商品——D商品　　　　　　　　　　　　20 000

第五节 存货清查

一、存货清查的意义与方法

为了加强对存货的控制,维护存货的安全完整,企业应当定期或不定期对存货的实物进行盘点和抽查,并与账面记录进行核对,确保存货账实相符。

企业至少应当在编制年度财务会计报告之前,对存货进行一次全面的清查盘点。存货清查采用实地盘点、账实核对的方法。

二、存货盘盈与盘亏的会计处理

(一)存货盘盈

存货盘盈是指存货的实存数量超过账面结存数量的差额。存货发生盘盈,应按照同类或类似存货的市场价格作为实际成本及时登记入账,借记"原材料"等存货科目,贷记"待处理财产损溢——待处流动资产损溢"科目;待查明原因,报经批准处理后,冲减当期管理费用。

【例3-29】××股份有限公司在存货清查中发现盘盈一批A材料,市场价格为5 000元。

(1)发现盘盈。
  借:原材料   5 000
    贷:待处理财产损溢——待处理流动资产损溢 5 000

(2)报经批准处理。
  借:待处理财产损溢——待处理流动资产损溢 5 000
    贷:管理费用   5 000

(二)存货盘亏

存货盘亏是指存货的实存数量少于账面结存数量的差额。存货发生盘亏,应将其账面成本及时转销,借记"待处理财产损溢——待处理流动资产损溢"科目,贷记"原材料"等存货科目;因非常损失而造成的存货毁损,还应将不能抵扣的增值税进项税额——并转出,借记"待处理财产损溢——待处理流动资产损溢"科目,贷记"应交税费——应交增值税(进项税额转出)"科目。待查明原因,报经批准处理后,根据造成盘亏的原因,分别按以下情况进行会计处理。

其一,属于定额内自然损耗和收发计量差错造成的存货短缺,直接计入管理费用。

其二,属于管理不善等原因造成的短缺或毁损,在减去过失人或者保险公司等赔款和残料价值之后,将净损失计入管理费用。

其三,属于自然灾害或意外事故造成的毁损,在减去保险公司赔款和残料价值之后,将净损失计入营业外支出。

【例3-30】××股份有限公司在存货清查中发现盘亏一批B材料,账面成本为10 000元。

(1) 发现盘亏。

　　借:待处理财产损溢——待处理流动资产损溢　　10 000
　　　　贷:原材料　　　　　　　　　　　　　　　　　　10 000

(2) 查明原因,报经批准处理。

①假定属于收发计量差错造成的存货短缺。

　　借:管理费用　　　　　　　　　　　　　　　　　10 000
　　　　贷:待处理财产损溢——待处理流动资产损溢　　10 000

②假定属于管理不善造成存货霉烂变质,由过失人赔偿部分损失8 000元。

　　借:银行存款　　　　　　　　　　　　　　　　　8 000
　　　　管理费用　　　　　　　　　　　　　　　　　3 300
　　　　贷:待处理财产损溢——待处理流动资产损溢　　10 000
　　　　　　应交税费——应交增值税(进项税额转出)　 1 300

③假定属于自然灾害造成的毁损,应收保险公司赔款8 000元。

　　借:其他应收款——保险赔款　　　　　　　　　　8 000
　　　　营业外支出　　　　　　　　　　　　　　　　2 000
　　　　贷:待处理财产损溢——待处理流动资产损溢　　10 000

如果盘盈或盘亏的存货在期末结账前尚未经批准,在对外提供财务会计报告时,企业应先按上述方法进行会计处理,并在会计报表附注中作出说明。如果其后批准处理的金额与已处理的金额不一致,企业应当调整当期会计报表相关项目的年初数。

课后习题

第四章 固定资产

第一节 固定资产概述

一、固定资产的定义以及特征

（一）固定资产的定义

固定资产是指企业为生产产品、提供劳务、出租或经营管理而持有的，使用寿命超过1年的有形资产。企业的固定资产包括：房屋、建筑物、机器、机械、运输工具、设备、器具、工具等。

企业购置计算机硬件所附带的、未单独计价的软件，也通过固定资产核算。企业临时租入的固定资产，应另设备查簿进行登记，不在固定资产核算。

企业根据实际情况设置"固定资产登记簿"和"固定资产卡片"。

（二）固定资产的特征

固定资产的特征主要来自于其定义，综合来说主要有如下特征。

1.固定资产是有形的长期资产

固定资产有一个实体的存在，能够看得见、摸得着，这一特征与无形资产以及应收账款没有实物形态明显不同。此外，固定资产可以长期为企业带来经济利益的流入，其使用寿命超过1个会计年度，这点与存货等流动资产显著不同。

2.固定资产不以销售为目的

房屋、建筑物本身不能界定为固定资产，如房地产开发公司的开发的商品房也属于房屋的范畴，但是因为这房屋是用于销售的，所以不能作为固定资产核算。一项资产分类为流动资产还是非流动资产与其自身性质没有关系，主要取决于其用途。

3.未来经济利益流入的可确定性

未来经济利益的流入需要人为估计，但是固定资产相比无形资产来说，其未来经济利益流入的确定性能够更合理地估计。

二、固定资产的分类

（一）固定资产按经济用途的分类

按经济用途可以将固定资产分为经营用固定资产和非经营用固定资产两大类。

1.经营用固定资产

经营用固定资产是指直接参加或直接服务于生产经营过程的各种固定资产，如用于企业生产经营的房屋、机器设备、运输工具等。

2.非经营用固定资产

非经营用固定资产是指不直接服务于生产经营过程的各种固定资产,如用于职工文化娱乐、卫生保健等方面的房屋和建筑物等。

(二)固定资产按使用情况的分类

1.使用中的固定资产

使用中的固定资产,是指企业在经营中正在使用的固定资产和非经营用固定资产。企业的房屋和建筑物无论是否在实际使用,都应视为使用中的固定资产。

2.未使用的固定资产

未使用固定资产,是指已经购建完成但尚未交付使用的新增固定资产以及进行改建、扩建等暂时脱离生产经营过程的固定资产。

3.出租的固定资产

出租的固定资产,是指企业根据租赁合同的规定,出租给其他企业临时使用的固定资产。如果是房屋对外出租则应该划为投资性房地产。

4.不需要用的固定资产

不需要用的固定资产,是指本企业多余或不适用、待处置的固定资产。比如,生产某产品的专用设备,若现产品停产,则该专用设备就成为了不需要用的固定资产。

除了以上分类标准之外,固定资产还可以按其他标准进行分类,比如按来源渠道分类可以分为外购的固定资产、自行建造的固定资产、接受投资者投入的固定资产、接受捐赠取得的固定资产、非货币性资产交换取得的固定资产、债务重组取得的固定资产、融资租入的固定资产以及盘盈的固定资产等。企业应当结合固定资产的定义,结合本企业的具体情况进行分类。

三、固定资产的确认

固定资产的确认是指企业在什么时候和以多少金额将固定资产作为企业所拥有或控制的资源进行反映。一般来讲,固定资产只有在同时满足以下两个条件时,才能加以确认。

(1)该固定资产包含的经济利益很可能流入企业。这要求企业必须要有一定的证据,对所确认固定资产未来经济利益流入企业的确认程度作出可靠的估计,只有在企业确认通过该项资产很可能获得报酬时才确认为企业的固定资产。这个条件实质上涉及固定资产的所有权问题。如果一个企业对某项固定资产拥有所有权,说明与该项资产所有权相关的风险和报酬已经转归企业,该项资产在未来所能带来的经济利益也是应该流入企业的。但在实务上,有时即使企业对该项固定资产没有所有权,由于与资产相关的风险和报酬发生了转移,企业能够控制该项资产带来的经济利益,使之能够流入企业,则该项固定资产也应作为企业的固定资产予以确认,如企业租入的可供企业长期使用具有融资性质的固定资产。

（2）该固定资产的成本能够可靠地计量。这是资产确认的一个基本条件，也就是确定资产价值量的问题。如果企业对固定资产能够拥有和控制，那么其价值量在大多数情况下的确定并不是一件很困难的事情。例如，外购固定资产，在交易时就确定了它的大部分价值。从取得固定资产的角度而言，固定资产成本的计量就是以货币为计量单位计算固定资产的价值额，包括企业最初取得固定资产的成本——原始价值，以及在以后某个时点上重新取得同样固定资产的成本——重置完全价值。

企业在对固定资产进行确认时，应当按照固定资产的定义和确认条件，考虑企业的具体情形加以判断。例如，企业的环保设备和安全设备等资产，虽然不符合固定资产定义的要求（即不能直接为企业带来经济利益），但这类资产却有助于企业从其他相关资产上获得经济利益，因此，也应当确认为固定资产。另外，一项资产是否应当单独作为一项固定资产予以确认也是值得考虑的问题。例如，在某些情况下，将某项资产的总支出分配给各组成部分并对每个组成部分单独进行核算也是必要的，而且由于资产的各组成部分具有不同的使用寿命或以不同的方式为企业提供经济利益，因而采用的折旧率和折旧方法也有所不同，这种情况下就需要将它们各自作为单独的固定资产来确认。

第二节 固定资产的初始计量

固定资产的初始计量是指固定资产初始取得时的入账价值的确定。固定资产取得方式不同决定了其包含的经济内容不同，取得方式相同还要考虑相关税法的规定，税法的规定可能会导致相同来源的资产存在不同的成本结构。

一、外购的固定资产

外购方式是企业取得固定资产的重要途径和主要方式。企业外购的固定资产，其成本包括实际支付的买价、进口关税和其他税费，以及使固定资产达到预定可使用状态前所发生的可归属于该项资产的费用，如场地整理费、运输费、保险费、装卸费、安装费和专业人员服务费等。我国从2009年1月1日起对增值税的管理实行了生产型向消费型的转变。征收增值税时，允许企业将外购固定资产所含的增值税进项税额一次性全部扣除，企业外购固定资产增值税专用发票所列应交增值税税额不能计入固定资产价值，而应作为进项税额单独核算。

企业外购的固定资产，在投入使用前，有的需要安装，有的则不需要安装。

第四章 固定资产

（一）外购不需要安装的固定资产

不需要安装的固定资产，企业可以立即投入使用，因此会计处理比较简单。购入不需要安装的固定资产，达到预定可使用状态的，企业应按确认的入账价值直接增加企业的固定资产。

（二）外购需要安装的固定资产

购入需要安装的固定资产，从固定资产抵达企业到交付使用，尚需经过安装和调试工程，并会发生安装调试成本。因此，企业应先通过"在建工程"科目归集工程成本，待固定资产达到预定可使用状态时，再将"在建工程"科目归集的固定资产成本一次转入"固定资产"科目。

【例4-1】2019年5月1日，××股份有限公司用银行存款购入一台需要安装的设备，增值税专用发票上注明的设备买价为200 000元，增值税额为26 000元，支付运杂费12 000元，支付安装费40 000元，该企业为增值税一般纳税人。则该公司应编制如下会计分录。

（1）购入设备时。

  借：工程物资   212 000
    应交税费——应交增值税（进项税额） 26 000
   贷：银行存款   238 000

（2）领用工程物资进行安装时。

  借：在建工程   212 000
   贷：工程物资   212 000

（3）支付安装费时。

  借：在建工程   40 000
   贷：银行存款   40 000

（4）设备安装完毕交付使用时。

确定的固定资产成本＝212 000＋40 000＝25 2000（元）

  借：固定资产   252 000
   贷：在建工程   252 000

二、自行建造的固定资产

自行建造固定资产的成本，由建造该项资产达到预定可使用状态前所发生的所有支出构成。

小企业会计准则下为了减轻小企业会计核算的职业判断要求所采用的标准是由在竣工决算前发生的支出（含相关的借款费用）构成。

自行建造的固定资产按照营建方式不同，可分为自营工程和出包工程。

（一）自营工程

自营工程是指企业利用自身的生产能力进行的固定资产建造工程，因此，固定资产的建造成本往往很难与产品的生产成本完全划分清楚。为了简化核算，企业通常将固定资产建造工程中所发生的直接支出计入工程成本，至于一些间接支出，如制造费用等并不分配计入固定资产建造工程成本。

在确定自营工程成本时还需要注意以下几个方面的问题。

（1）自营工程购入工程物资如果用于生产经营所用设备的建造，支付的增值税税额不应计入工程成本，应作为进项税额单独列示，从销项税额中抵扣；如果用于企业职工集体福利设施工程，则支付的增值税税额不得抵扣，应计入工程成本。

（2）自营工程领用外购存货，应按成本转出，计入工程成本。如果领用外购存货用于企业职工集体福利设施工程，则支付的增值税税额不能从销项税额中抵扣，而应转出计入工程成本。

（3）自营工程领用自制半成品和产成品，应按其生产成本，计入自营工程成本。若自营工程属于企业职工集体福利设施工程，领用自制半成品、产成品应视同企业销售货物，按适用税率计算销项税额，并计入自营工程成本。

（4）自营在建工程达到预定用途前发生的借款利息，满足资本化条件的，根据借款费用准则的规定计算出应资本化的金额，借记"在建工程"科目，贷记"应付利息"等科目。达到预定用途后发生的利息费用，计提利息费用时，借记"财务费用"科目，贷记"应付利息"等科目。

（5）在建工程在试运转过程中发生的支出，借记"在建工程"科目，贷记"银行存款"等科目；形成的产品或者副产品对外销售或转为库存商品的，借记"银行存款""库存商品"等科目，贷记"在建工程"科目。

（6）自营工程达到预定用途，借记"固定资产"科目，贷记"在建工程"。

【例4-2】××股份有限公司属于增值税一般纳税人，适用增值税税率为13%。2019年5月1日，××股份有限公司计划自行建造一套机器设备，为此购入工程物资一批，价款为600 000元，支付的增值税进项税额为78 000元，款项以银行存款支付，全部为工程领用；领用生产用原材料一批，账面余额为20 000元，购进该批原材料时支付的增值税进项税额为2 600元；计提工程人员工资80 000；11月1日，试生产过程中取得收入10 000元，已经收到款项并存入银行；12月1日，工程竣工决算并交付使用。假定不考虑其他相关税费。××股份有限公司的会计处理如下：

（1）购入工程物资时。

借：工程物资　　　　　　　　　　　　　　　　600 000
　　应交税费——应交增值税（进项税额）　　　　78 000
　　贷：银行存款　　　　　　　　　　　　　　　　　　678 000

（2）领用工程物资时。

借：在建工程　　　　　　　　　　　　　　　　600 000
　　贷：工程物资　　　　　　　　　　　　　　　　　　600 000

（3）领用生产用原材料时。
　　借：在建工程　　　　　　　　　　　　　　20 000
　　　　贷：原材料　　　　　　　　　　　　　　　　20 000
（4）计提工程人员工资。
　　借：在建工程　　　　　　　　　　　　　　80 000
　　　　贷：应付职工薪酬　　　　　　　　　　　　80 000
（5）计算试生产收入。
　　借：银行存款　　　　　　　　　　　　　　10 000
　　　　贷：在建工程　　　　　　　　　　　　　　10 000
（6）工程竣工并交付使用。
固定资产的入账金额＝600 000＋20 000＋80 000－10 000＝690 000（元）
　　借：固定资产　　　　　　　　　　　　　　690 000
　　　　贷：在建工程　　　　　　　　　　　　　　690 000

（二）出包工程

出包工程是指企业委托建筑公司等其他单位进行的固定资产建造工程。企业以出包方式建造固定资产，其成本由建造该项固定资产达到预定可使用状态前所发生的必要支出构成。固定资产的原始价值主要由企业按合同规定根据工程的进度预付的工程款和最终结算的工程款构成。

出包工程，按照工程进度和合同规定结算的工程价款，借记"在建工程"科目，贷记"银行存款""预付账款"等科目。

工程完工收到承包单位提供的账单后，借记"固定资产"科目，贷记"在建工程"。

【例4-3】××股份有限公司将一幢厂房的建造工程出包由丙公司承建，合同签订当日预付工程款200 000元，期末按合理估计的发包工程进度和合同规定向丙公司结算进度款700 000元；工程完工后，收到丙公司有关工程结算单据，补付工程款300 000元，工程完工并达到预定可使用状态。××股份有限公司应编制如下会计分录。

（1）预付工程款时。
　　借：预付账款　　　　　　　　　　　　　　200 000
　　　　贷：银行存款　　　　　　　　　　　　　　200 000
（2）按合理估计的发包工程进度和合同规定向丙公司结算进度款时。
　　借：在建工程　　　　　　　　　　　　　　700 000
　　　　贷：银行存款　　　　　　　　　　　　　　500 000
　　　　　　预付账款　　　　　　　　　　　　　　200 000
（3）补付工程款时。
　　借：在建工程　　　　　　　　　　　　　　300 000
　　　　贷：银行存款　　　　　　　　　　　　　　300 000

(4) 工程完工并达到预定可使用状态时。

借：固定资产　　　　　　　　　　　　　　　1 000 000
　　贷：在建工程　　　　　　　　　　　　　　　1 000 000

三、投资者投入的固定资产

投资者投入固定资产的成本，按投资各方签订的合同或协议约定的价值和相关税费，作为固定资产的入账价值计价入账。合同或协议约定的价值不公允的除外。投资者投入固定资产时，企业应借记"固定资产"科目，贷记"实收资本"或"股本"科目。

【例4-4】2019年5月1日，××股份有限公司根据投资各方达成的协议，按合同约定的价值作为投资各方投入资本价值确认的标准。在各方的投资中，A股东以一座厂房作为投资投入该公司，该厂房经合同约定确认价值为1 200 000元，按协议可折换成每股面值为1元、数量为1 000 000股股票的股权；B股东以一台设备作为投资投入该公司，该设备按合同约定确认价值为200 000元，应交增值税26 000元，按协议可折换成每股面值为1元、数量为160 000股股票的股权，此项设备需要安装才能使用，公司支付设备安装成本3 000元。××股份有限公司应编制如下会计分录。

(1) A股东投入厂房。

借：固定资产　　　　　　　　　　　　　　　1 200 000
　　贷：股本——A股东　　　　　　　　　　　　1 000 000
　　　　资本公积　　　　　　　　　　　　　　　200 000

(2) B股东投入设备，设备运抵企业，等待安装。

借：工程物资　　　　　　　　　　　　　　　　200 000
　　应交税费——应交增值税（进项税额）　　　　26 000
　　贷：股本——B股东　　　　　　　　　　　　　160 000
　　　　资本公积　　　　　　　　　　　　　　　　66 000

(3) 设备投入安装。

借：在建工程　　　　　　　　　　　　　　　　200 000
　　贷：工程物资　　　　　　　　　　　　　　　200 000

(4) 用银行存款支付安装成本。

借：在建工程　　　　　　　　　　　　　　　　　3 000
　　贷：银行存款　　　　　　　　　　　　　　　　3 000

(5) 设备安装完毕，计算并结转工程成本。

借：固定资产　　　　　　　　　　　　　　　　203 000
　　贷：在建工程　　　　　　　　　　　　　　　203 000

四、接受捐赠的固定资产

接受捐赠的固定资产应该根据具体情况合理确定其入账价值,一般分为以下两种情况。

(1)捐赠方提供了有关凭据的,按照凭据上注明的金额加上应该支付的相关税费,作为入账价值。

(2)捐赠方没有提供有关凭据的按如下顺序:

①同类或类似固定资产存在活跃市场的,按同类或类似固定资产的市场价格估计的金额,加上应支付的相关税费,作为入账价值;

②同类或类似固定资产不存在活跃市场的,按该接受捐赠固定资产预计未来现金流量的现值,加上应支付的相关税费,作为入账价值。

企业接受捐赠的固定资产在按照上述会计规定入账价值以后,按接受捐赠金额,计入营业外收入。

【例4-5】2019年5月1日,××股份有限公司接受一台全新专用设备的捐赠,捐赠者提供的有关价值凭证上标明的价格为100 000元,应交增值税13 000元,办理产权过户手续时支付相关税费2 000元。则××股份有限公司的会计处理如下。

借:固定资产　　　　　　　　　　　　　　　　102 000
　　应交税费——应交增值税(进项税额)　　　 13 000
　　贷:营业外收入——捐赠利得　　　　　　　　113 000
　　　　银行存款　　　　　　　　　　　　　　　2 000

第三节 固定资产的后续计量

经过初始计量的固定资产,在其后期存续的过程中由于受到自然力的作用、正常的使用和其所面临的外部环境因素的影响,其价值也在发生变化。固定资产的后续计量是指固定资产在其后期存续过程中变化的价值金额以及最终价值额的确定,主要包括固定资产折旧的计提、后续支出的计量以及减值损失的确定三项业务。

一、固定资产折旧

(一)固定资产折旧概述

1.固定资产折旧及其实质

固定资产折旧是指在固定资产使用寿命内,按照确定的方法对应计折旧额进行系统分摊,其实质就是将固定资产的取得成本在固定资产的经济使用年限内进行合理分配的过程。应计折旧额是指应当计提折旧的固定资产的原价扣除其预计净残值后的金额。已计提减值准备的固定资产,还应当扣除已计提的固定资产减值准备累计金额。

2. 影响固定资产折旧的因素

影响固定资产折旧计算的因素主要有以下几个方面。

(1) 固定资产原价。

固定资产原价是指固定资产的实际取得成本,就折旧计算而言,也称之为"折旧基数"。以原价作为折旧基数,可以使折旧建立在客观的基础上,不容易受会计人员主观因素的影响。

(2) 预计净残值。

预计净残值是指假定固定资产预计使用寿命已满并处于使用寿命终了时的预期状态,企业目前从该项资产处置中获得的扣除预计处置费用后的金额。固定资产预计的净残值是建立在主观估计的基础上,实务中一般以原价为基础确定一个残值的百分比。

(3) 固定资产减值准备。

由于折旧的实质是成本分配,当固定资产的账面价值高于可收回金额时表明固定资产减值了,计提了减值准备的部分就不能再计提折旧,否则会导致固定资产账面价值出现负数。

(4) 固定资产预计使用年限。

固定资产预计使用年限是指企业使用固定资产的预计期间,也称"折旧年限"。折旧年限通常应当短于固定资产的物质使用年限。确定固定资产使用年限还应当考虑固定资产所能生产产品或提供劳务的数量,以及固定资产有形损耗和无形损耗。

3. 计提固定资产折旧的范围

除以下情况外,企业应当对所有固定资产计提折旧:

(1) 已提足折旧仍继续使用的固定资产;

(2) 单独计价作为固定资产入账的土地。

在确定计提折旧的范围时,还应注意以下几点。

第一,固定资产应当按月计提折旧,当月增加的固定资产,当月不计提折旧,从下月起计提折旧;当月减少的固定资产,当月仍计提折旧,从下月起停止计提折旧。

第二,固定资产提足折旧后,不论能否继续使用,均不再计提折旧;提前报废的固定资产,也不再补提折旧。所谓"提足折旧",是指已经提足该项固定资产的应计折旧额。

第三,已达到预定可使用状态但尚未办理竣工决算的固定资产,应当按照估计价值确定其成本,并计提折旧;待办理竣工决算后,再按实际成本调整原来的暂估价值,但不需要调整原已计提的折旧额。

企业至少应当于每年年度终了,对固定资产的使用寿命、预计净残值和折旧方法进行复核;使用寿命预计数与原先估计数有差异的,应当调整固定资产使用寿命;预计净残值预计数与原先估计数有差异的,应当调整预计净残值;与固定资产有关的经济利益预期实现方式有重大改变的,应当改变固定资产折旧方法。

固定资产使用寿命、预计净残值和折旧方法的改变应当作为会计估计变更。

4.固定资产的折旧方法

企业应当根据与固定资产有关的经济利益的预期实现方式,合理选择固定资产的折旧方法。折旧方法的选择直接影响应提折旧总额在固定资产各使用年限之间的分配结果,从而影响各年的净收益和所得税,但是无论选择何种折旧方法都不影响应计折旧总额。固定资产折旧方法一经确定,不得随意变更,如需变更,应按规定的程序报经批准后备案,并在财务报表附注中予以说明。可选用的折旧方法包括年限平均法(又称直线法)、工作量法、双倍余额递减法和年数总和法等。

(1)年限平均法。

年限平均法也称"直线法",是以固定资产预计使用年限为分摊标准,将固定资产的应提折旧总额平均分摊到使用各年的一种折旧方法。其计算公式为:

年折旧额=(原价-预计净残值)÷预计使用年限

=原价×(1-预计净残值/原价)÷预计使用年限

=原价×(1-预计净残率)÷预计使用年限

=原价×年折旧率

注:预计净残值率=预计净残值/原价×100%

年限平均法的优点:计算过程简单,容易理解,是会计实务中应用最为广泛的一种方法。

年限平均法的缺点:只注重使用时间,忽视使用状况,无论磨损何种程度都计提相同的折旧额,同时会导致固定资产各年使用成本不均衡。

(2)工作量法。

工作量法是以固定资产预计可完成的工作总量为分摊标准,根据各年实际完成的工作量计算折旧的一种方法。工作量法计算折旧的原理和年限平均法相同,只是将分配的标准由使用年限改成了工作量。其计算公式为:

单位工作量折旧额=固定资产原价×(1-预计净残值率)÷预计总工作量

某项固定资产月折旧额=该项固定资产当月工作量×单位工作量折旧额

工作量法的优点和年限平均法相同,即计算简单易懂,同时工作量法把计提折旧的金额与固定资产使用程度相结合体现了收入和费用相配比的会计原则。

但是工作量法的缺点也是显而易见的,它将固定资产的有形损耗看作引起固定资产折旧的唯一因素,固定资产不使用就不提折旧,事实上固定资产的无形损耗也是客观存在的,即使不使用也应该计提折旧。所以,工作量法主要适用于季节性比较明显的大型机器设备、大型施工机械等固定资产的折旧。

(3)双倍余额递减法。

双倍余额递减法是加速折旧法中的一种。加速折旧法又"称递减折旧法",是指固定资产在使用早期提得折旧费用较多,在使用后期提得折旧费用较少,以使固定资产大部分成本在使用早期尽快得到补偿,从而相对加快折旧速度的折旧方法。加速法与年限平均法和工作量法相比的优点是使固定资产使用成本各年大致相同,且不仅可以合理配备收入和费用,还可以降低无形损耗的风险。

双倍余额递减法中的"双倍"指的是折旧率是平均年限法的两倍,"余额"指的是每年折旧的基数是在变化的,以"原价－累计折旧"的余额为基础。其计算公式为:

年折旧率＝2/预计使用年限×100%(不考虑残值直线法折旧率的两倍)

折旧额＝期初固定资产账面净值×折旧率

在固定资产折旧年限到期的前2年内,将固定资产的账面净值扣除预计净残值后的净值平均摊销。

每年各月折旧额根据年折旧额除以12来计算。需要提醒注意的是,按照现行准则的要求各月的折旧额也是递减的。

【例4-6】××股份有限公司的一项固定资产的原价为1 000 000元,预计使用年限为5年,预计净残值为4 000元,按双倍余额递减法计提折旧,每年的折旧额计算如下。

年折旧率＝2/5×100%＝40%

第1年应提的折旧额＝1 000 000×40%＝400 000(元)

第2年应提的折旧额＝(1 000 000－400 000)×40%＝240 000(元)

第3年应提的折旧额＝(1 000 000－400 000－240 000)×40%＝144 000(元)

从第4年起改用年限平均法(直线法)计提折旧

第4年、第5年的折旧额＝[(1 000 000－400 000－240 000－144 000)－4 000]/2
＝106 000(元)

(4)年数总和法。

年限总和法也是加速折旧法的一种,也称为"年限积数法",是先以计算折旧当年年初固定资产尚可使用年数作为分子,以各年年初固定资产尚可使用年数的总和作为分母,分别确定各年折旧率,然后用各年折旧率乘以应提折旧总额计算每年折旧额的一种方法。双倍余额递减法各年折旧金额递减是由于折旧计算的基数每年递减,折旧率不变(除了最后2年),而年数总和法的折旧额逐年递减是由于折旧率逐年递减,折旧的基数始终保持不变。其计算公式为:

年折旧率＝尚可使用年限/预计使用年限的年数总和×100%

年折旧额＝(固定资产原值－预计净残值)×折旧率

已计提减值准备的固定资产,应当按照该项资产的账面价值(固定资产账面余额扣减累计折旧和累计减值准备后的金额)以及尚可使用寿命重新计算确定折旧率和折旧额。

【例4-7】××股份有限公司购入一台生产用设备,原价302万元,预计使用年限为5年,预计净残值为2万元,采用年数总和法提折旧,每年的折旧额计算如下。

第1年应提的折旧额＝(302－2)×5/15＝100(万元)

第2年应提的折旧额＝(302－2)×4/15＝80(万元)

第3年应提的折旧额＝(302－2)×3/15＝60(万元)

第4年应提的折旧额＝(302－2)×2/15＝40(万元)

第5年应提的折旧额＝(302－2)×1/15＝20(万元)

（二）计提折旧的账务处理

计提折旧应该计入的借方科目取决于固定资产服务的对象，比如车间用固定资产计提折旧计入"制造费用"科目，行政管理用固定资产计提折旧计入"管理费用"科目，专设销售机构用固定资产计提折旧计入"销售费用"，在建工程用固定资产计提折旧计入"在建工程"科目，用于无形资产研发的固定资产计提折旧一般计入"研发支出"，对外经营性出租的固定资产计提折旧计入"其他业务成本"等科目。

【例4-8】××股份有限公司采用年限平均法对固定资产计提折旧，2019年5月份根据"固定资产折旧计算表"，确定的各车间及厂部管理部门应分配的折旧额为：一车间200 000元，二车间60 000元，厂管理部门50 000元，对外出租设备30 000元。该企业应编制如下会计分录。

借：制造费用——一车间　　　　　　　　　　200 000
　　　　　　——二车间　　　　　　　　　　 60 000
　　管理费用　　　　　　　　　　　　　　　 50 000
　　其他业务成本　　　　　　　　　　　　　 30 000
　　贷：累计折旧　　　　　　　　　　　　　340 000

二、固定资产的后续支出

（一）固定资产的后续支出确认原则

固定资产的后续支出是指固定资产在投入使用以后所发生的与固定资产的使用直接相关的各种支出，如固定资产的改良、换新、修理等业务所发生的支出。

后续发生的支出该如何进行确认要遵循固定资产准则的规定，后续支出确认的原则是：满足资本化条件的固定资产后续支出计入固定资产成本，不满足资本化条件的计入当期损益；固定资产资本化的支出一般指的是支出的发生能够显著改善固定资产的性能或者延长使用寿命。

（二）固定资产资本化支出的核算

1.改扩建支出

在对固定资产进行改扩建时发生可资本化的后续支出后，企业应将固定资产的原价、已计提的累计折旧和减值准备转销，将固定资产的账面价值计入"在建工程"科目。固定资产发生的可资本化的后续支出，通过"在建工程"科目核算。在固定资产发生的后续支出完工并达到预定可使用状态时，从"在建工程"科目转入"固定资产"科目。

【例4-9】××股份有限公司因生产产品的需要，将一生产流水线设备交付扩建，以增加产量。该流水线设备的原价为260 000元，累计折旧100 000元。在扩建过程中，共发生扩建支出45 000元，均通过银行支付，厂房拆除部分的残料作价3 000元。

其会计处理如下。

(1) 生产流水线设备转入扩建,注销固定资产原价、累计折旧。

借:在建工程　　　　　　　　　160 000
　　累计折旧　　　　　　　　　100 000
　　贷:固定资产　　　　　　　　　　260 000

(2) 支付扩建支出,增加扩建工程成本。

借:在建工程　　　　　　　　　　45 000
　　贷:银行存款　　　　　　　　　　45 000

(3) 残料作价入库,冲减扩建工程成本。

借:原材料　　　　　　　　　　　3 000
　　贷:在建工程　　　　　　　　　　3 000

(4) 扩建工程完工,固定资产已达到使用状态。

借:固定资产　　　　　　　　　202 000
　　贷:在建工程　　　　　　　　　202 000

从上面的例子,我们可以看出,生产流水线设备经过扩建后,由于对扩建净支出的资本化,生产流水线设备的原始价值发生了变化,达到202 000元。

扩建后达到预定可使用状态的固定资产,其影响折旧计算的因素需重新确定。假定该固定资产扩建后预计使用寿命是15年,预计净残值率是重新确定的原价的3%,折旧方法仍然采用年限平均法,则固定资产的年折旧率是6.47%[(1−3%)/15×100%],月折旧率是0.54%(6.47%÷12),年折旧额是13 069元(202 000×6.47%),月折旧额是1 089元。

2.资产单元替换

资产单元是指附属于一个固定资产项目,但具有相对独立性并具有可单独辨认其成本的某些结构、装置,如冰箱的压缩机等。对资产单元换新,应当将替换下来的旧资产单元价值从有关资产中减除,代之以新资产单元的成本。

【例4-10】××股份有限公司于2017年12月份购入一台冰箱花费8 000元(含压缩机),压缩机当时的购价为2 000元。××股份有限公司未将压缩机单独作为一项固定资产进行核算。冰箱的预计使用寿命为5年,假定无残值,按年限平均法提折旧。2019年12月压缩机毁坏导致冰箱不制冷,更换压缩机以后冰箱尚可使用4年,××股份有限公司决定更换压缩机,新压缩机的成本为2 500元,另需支付安装费用500元。替换下的老压缩机报废且无残值收入,××股份有限公司应编制如下会计分录。

(1) 2019年12月冰箱的累计折旧金额=8 000×20%×2=3 200(元),将固定资产转入在建工程。

借:在建工程　　　　　　　　　　4 800
　　累计折旧　　　　　　　　　　3 200
　　贷:固定资产　　　　　　　　　　8 000

（2）安装新压缩机。
　　借：在建工程　　　　　　　　　　　　3 000
　　　　贷：工程物资　　　　　　　　　　　　2 500
　　　　　　银行存款　　　　　　　　　　　　500
（3）2019年12月老压缩机的账面价值＝2 000－2 000×20%×2＝1 200（元），终止确认老压缩机的账面价值。
　　借：营业外支出　　　　　　　　　　　　1 200
　　　　贷：在建工程　　　　　　　　　　　　1 200
（4）2019年12月压缩机安装完毕，投入使用。
　　固定资产的入账价值＝4 800＋3 000－1 200＝6 600（元）
　　借：固定资产　　　　　　　　　　　　　6 600
　　　　贷：在建工程　　　　　　　　　　　　6 600
由于替换新的压缩机以后冰箱的尚可使用寿命发生了变化，在折旧方法保持不变的情况下每年的折旧额发生了变化。
替换新的压缩机以后每年冰箱的折旧额＝6 600÷4＝1 650（元）

（三）固定资产费用化支出的核算

企业生产车间（部门）和行政管理部门等发生的固定资产修理费用等后续支出，借记"管理费用"等科目，贷记"银行存款"等科目；企业发生的与专设销售机构相关的固定资产修理费用等后续支出，借记"销售费用"科目，贷记"银行存款"等科目。

【例4-11】2019年5月1日，××股份有限公司对生产车间使用的设备进行日常修理，发生维修费10 000元。××股份有限公司应编制如下会计分录。
　　借：管理费用　　　　　　　　　　　　　10 000
　　　　贷：银行存款　　　　　　　　　　　　10 000

第四节　固定资产的处置

一、固定资产处置的含义及业务内容

固定资产处置是指由于各种原因使企业固定资产退出生产经营过程所作的处理活动。在企业固定资产的使用过程中，有时会出现固定资产退出生产经营过程的情况，如固定资产的出售、报废、毁损、对外投资、转为待售、非货币性资产交换、债务重组转出等。本节只阐述固定资产的出售、报废、毁损等固定资产的处置问题。

二、固定资产处置的核算

如果企业的固定资产未被划分为持有待售类别而被出售、报废、毁损而处置固定资产，发生的损益应通过"固定资产清理"科目核算。

"固定资产清理"科目的借方用来核算清理时固定资产的账面价值、清理应该支付的相关税费以及结转清理的净收益；贷方用来核算清理时的收入以及结转清理的净损失。清理结束期末没有余额，如果会计期末清理尚未完成既可能是借方余额又可能是贷方余额，贷方余额填列到资产负债表时用"—"表示。

固定资产转入清理时，应按固定资产账面价值，借记"固定资产清理"科目，按已计提的累计折旧，借记"累计折旧"科目，按已计提的减值准备，借记"固定资产减值准备"科目，按固定资产账面余额，贷记"固定资产"科目。固定资产清理过程中发生整理、拆卸、搬运等费用时，应借记"固定资产清理"科目，贷记"银行存款"科目。企业收回出售固定资产的价款、残料价值和变价收入等时，应冲减清理支出，按实际收到的出售价款以及残料变价收入等，借记"银行存款""原材料"等科目，贷记"固定资产清理""应交税费"等科目。企业计算或收到的应由保险公司或过失人赔偿的损失时，应冲减清理支出，借记"其他应收款""银行存款"等科目，贷记"固定资产清理"科目。

（一）固定资产报废或毁损

固定资产报废或毁损是指固定资产已经不能为企业带来经济利益的流入，又可以分为正常报废或毁损和提前报废或毁损。正常报废或毁损和提前报废或毁损的会计核算原理基本没有区别，提前报废或毁损折旧没有提足，一般损失要比正常报废或毁损大，正常报废或毁损可能会有净收益，而非正常报废或毁损基本都是净损失。造成固定资产报废或毁损的原因有许多，比如固定资产丧失使用功能，发生自然灾害等。因固定资产报废或毁损终止确认时，通过"固定资产清理"科目归集的损益，若属于丧失使用功能正常报废产生的利得或损失，作为非流动资产报废损失，结转时应借记或贷记"营业外支出——非流动资产报废"科目，贷记或借记"固定资产清理"科目；若属于自然灾害等非正常原因产生的利得或损失，作为非常损失，结转时应借记或贷记"营业外支出——非常损失"科目，贷记或借记"固定资产清理"科目。

【例4-12】××股份有限公司因遭受水灾而毁损一座仓库，该仓库原价为4 000 000元，已计提折旧1 000 000元，未计提减值准备，其残料估计价值为50 000元，残料已办理入库，发生的清理费用为20 000元，以现金支付。经保险公司核定应赔偿损失1 500 000元，尚未收到赔款，假定不考虑相关税费。××股份有限公司应编制如下会计分录。

(1) 将毁损的仓库转入清理时。

借：固定资产清理　　　　　　　　　　　　　3 000 000
　　累计折旧　　　　　　　　　　　　　　　1 000 000
　　贷：固定资产　　　　　　　　　　　　　　　　　4 000 000

（2）残料入库时。
　　借：原材料　　　　　　　　　　　　　　　50 000
　　　　贷：固定资产清理　　　　　　　　　　　　　　50 000
（3）支付清理费用时。
　　借：固定资产清理　　　　　　　　　　　　20 000
　　　　贷：库存现金　　　　　　　　　　　　　　　　20 000
（4）确定应由保险公司理赔的损失时。
　　借：其他应收款　　　　　　　　　　　　1 500 000
　　　　贷：固定资产清理　　　　　　　　　　　　　1 500 000
（5）结转毁损固定资产发生的损失时。
　　借：营业外支出——非常损失　　　　　　1 470 000
　　　　贷：固定资产清理　　　　　　　　　　　　　1 470 000

（二）固定资产出售

企业对多余闲置或不再需用的固定资产，如果未被划分为持有待售类别，可出售给其他需要该项固定资产的企业，以收回资金，避免资源的浪费。出售固定资产的损益是指出售固定资产取得的价款与固定资产账面价值、发生的清理费用之间的差额。通过"固定资产清理"科目归集的出售固定资产损益，期末应将余额转入"资产处置损益"科目。"资产处置损益"科目核算企业出售划分为持有待售的非流动资产（金融工具、长期股权投资和投资性房地产除外）或处置组（子公司和业务除外）时确认的处置利得或损失，以及处置未划分为持有待售的固定资产、在建工程、生产性生物资产及无形资产而产生的处置利得或损失。

对于企业已使用过的固定资产在出售时，应根据税法的具体规定缴纳增值税。

【例4-13】××股份有限公司为增值税一般纳税人，适用增值税税率为13%。因经营管理的需要，××股份有限公司2019年5月将一台2018年3月购入的设备出售，出售价款为500 000元，应交增值税为65 000元，价税款收存银行并开具增值税专用发票。发生清理费用1 200元。该设备原始价值为530 000元，累计折旧40 000元。其会计处理过程如下。

(1)注销固定资产原价及累计折旧。
　　借：固定资产清理　　　　　　　　　　　　490 000
　　　　累计折旧　　　　　　　　　　　　　　 40 000
　　　　贷：固定资产　　　　　　　　　　　　　　　530 000
(2)支付清理费用1200元。
　　借：固定资产清理　　　　　　　　　　　　 1 200
　　　　贷：银行存款　　　　　　　　　　　　　　　　1 200

(3) 收回出售固定资产的价款时。
借：银行存款　　　　　　　　　　　　　　565 000
　　贷：固定资产清理　　　　　　　　　　　　500 000
　　　　应交税费——应交增值税（销项税额）　 65 000
(4) 结转出售固定资产净损益。
借：固定资产清理　　　　　　　　　　　　 8 800
　　贷：资产处置损益　　　　　　　　　　　　 8 800

（三）持有待售固定资产

1.持有待售类别资产及其划分条件

企业非流动资产或处置组如果不是通过持续使用而主要是出售（包括具有商业实质的非货币性资产交换）收回资产账面价值的，应当将其划分为持有待售类别。这里的非流动资产包括固定资产、无形资产、长期股权投资等，但不包括递延所得税资产、金融工具相关会计准则规范的金融资产、以公允价值模式进行后续计量的投资性房地产、以公允价值减去出售费用后的净额计量的生物资产和由保险合同相关会计准则规范的保险合同所产生的权利。处置组是指一项交易中作为整体通过出售或其他方式一并处置的一组资产，以及在该交易中转让的与这些资产直接相关的负债。也就是处置组可能包含企业的任何资产和负债，如流动资产、流动负债、非流动资产和非流动负债，以及按合理方式分摊至该资产组的商誉。

企业将非流动资产或处置组划分为持有待售类别，应当同时满足以下两个条件。

一是可立即出售，即按照惯例，在类似交易中出售此类资产或处置组，在当前状况下即可立即进行。具体表现为企业具有在当前状态下出售该类资产的意图和能力，符合交易惯例的要求，企业应当在出售前做好相关准备。

二是出售极可能发生，即企业已经就一项出售计划作出决议且获得确定的购买承诺，预计出售将在一年内完成。企业该项资产出售决议一般需要由企业相应级别的管理层作出，有关规定要求企业相关权力机构或者监管部门批准后方可出售的，应当已经获得批准；确定的购买承诺，是指企业与其他方签订的具有法律约束力的购买协议，该协议包含交易价格、时间和足够严厉的违约惩罚等重要条款，使协议出现重大调整或者撤销的可能性极小；该项资产出售交易自资产划分为持有待售类别起1年内能够完成。

企业对于符合持有待售类别划分条件但仍在使用的非流动资产或资产组，如果通过该资产或资产组使用收回的价值相对于通过出售收回的价值微不足道，资产的账面价值仍然主要通过出售收回，企业则不应当因持有待售的非流动资产或资产组仍在产生零星收入而不将其划分为持有待售类别。

2.持有待售固定资产的会计处理

固定资产从被划分为持有待售类别至按照协议出售期间，包括划分日初始计量、后续资产负债表日重新计量、持有待售固定资产出售三个环节所涉业务。

(1) 划分日初始计量。

企业的固定资产被划分为持有待售类别时,其初始计量的规定是:分类前账面价值高于公允价值减去出售费用后净额的,应当将账面价值减计至公允价值减去出售费用后的净额,减记的金额确认为资产减值损失,计入当期损益,同时计提持有待售资产减值准备;如果分类前账面价值低于公允价值减去出售费用后净额的,则不需要对账面价值进行调整。企业已经获得确定的购买承诺,公允价值应当参考交易价格确定;如果企业尚未获得确定的购买承诺,公允价值应优先使用市场报价等可观察输入值进行估计。出售费用是指可以直接归属于出售资产的增量费用,包括为出售发生的特定法律服务、评估咨询等中介费用,以及相关的消费税、城市维护建设税、土地增值税、印花税等。企业取得日划分为持有待售类别固定资产的,应当在初始计量时比较假定其不划分为持有待售类别情况下的初始计量金额和公允价值减去出售费用后的净额,以两者孰低计量。除企业合并中取得的非流动资产或处置组外,由非流动资产或处置组以公允价值减去出售费用后的净额作为初始计量金额而产生的差额,应当计入当期损益。企业的固定资产被划分为持有待售类别时,按固定资产账面价值,借记"持有待售资产"科目,按已计提的累计折旧,借记"累计折旧"科目,按计提的减值准备,借记"固定资产减值准备"科目,按固定资产账面余额,贷记"固定资产"科目;划分日按减值的金额,借记"资产减值损失"科目,贷记"持有待售资产减值准备"科目。

【例4-14】××股份有限公司为增值税一般纳税人,适用增值税税率为13%。××股份有限公司2017年12月15日购买一台设备,原始价值为1 250 000元,预计使用10年,净残值率为4%,按年限平均法计提折旧。2019年3月10日××股份有限公司由于转产,此设备不再使用,遂与甲公司签订不可撤销销售协议,约定在2019年年底将此设备转售给甲公司。2019年3月10日甲公司出价1 000 000元,预计处置费用30 000元,假定不考虑相关税费。2019年3月10日该项设备应转为待售固定资产。

××股份有限公司2019年3月10日会计处理如下。

(1) 固定资产转为持有待售时。

固定资产月折旧额=1 250 000×(1-4%)÷(10×12)=10 000(元)

固定资产账面价值=1 250 000-10 000×15=1 100 000元

借:持有待售资产　　　　　　　　　　　　1 100 000
　　累计折旧　　　　　　　　　　　　　　　150 000
　　贷:固定资产　　　　　　　　　　　　　　　　1 250 000

(2) 计算减值额时。

计提减值准备=1 100 000-(1 000 000-30 000)=130 000(元)

借:资产减值损失　　　　　　　　　　　　　130 000
　　贷:持有待售资产减值准备　　　　　　　　　　130 000

(2) 后续资产负债表日重新计量。

后续资产负债表日持有待售固定资产账面价值高于公允价值减去出售费用后的净

额，如预计出售费用发生增加，应当将账面价值减记至公允价值减去出售费用后的净额，减记的金额确认为资产减值损失，计入当期损益，同时计提持有待售资产减值准备。

后续资产负债表日持有待售固定资产的公允价值减去出售费用后的净额增加的，如预计出售费用发生减少，以前减记的金额应当予以恢复，并在划分为持有待售类别后确认的减值损失金额内转回，转回金额计入当期损益。划分为持有待售类别前确认的资产减值损失不得转回。

假如【例4-15】中，在某一后续资产负债表日，出售费用由于相关因素变化预计会发生金额为40 000元，则减记金额应调整增加10 000元。

  借：资产减值损失   10 000
    贷：持有待售资产减值准备   10 000

持有待售固定资产在持有期间不得计提折旧。这样做的理由是：当固定资产转为持有待售产以后，其在未来为全业带来经济利益的方式和企业拥有的其他普通固定资产已经不同，即企业不再通过使用这项固定资产而实现其经济利益，而是通过以相当确定的金额出售给其他企业而带来经济利益。如果继续计提折旧会减少持有待售固定资产账面价值，这样会使固定资产账面价值低于其将来能为企业带来的经济利益，使固定资产账面价值的反映不真实，影响会计信息的可靠性。

持有待售固定资产因不再满足持有待售类别的划分条件而不再继续划分为持有待售类别时，应当按照以下两者孰低计量：划分为持有待售类别前的账面价值，按照假定不划分为持有待售类别情况下本应确认的折旧或减值等进行调整后的金额；可收回金额。

（3）持有待售固定资产出售。

持有待售固定资产出售时，借记"银行存款""持有待售资产减值准备"科目，贷记"持有待售资产""应交税费""资产处置损益"科目；支付出售费用时，借记"资产处置损益"科目，贷记"银行存款"科目。

【例4-16】接【例4-15】假定××股份有限公司如期于2019年年底按协议将此设备转售给甲公司，实际发生出售费用46 000元，其他条件不变。

××股份有限公司的会计处理如下。

（1）转出持有待售资产时。

  借：银行存款   1 130 000
    持有待售资产减值准备   130 000
    贷：持有待售资产   1 100 000
      应交税费——应交增值税（销项税额） 130 000
      资产处置损益   30 000

（2）支付出售费用时。

  借：资产处置损益   46 000
    贷：银行存款   46 000

（四）固定资产盘亏

企业应定期或者至少于每年年末对固定资产进行清查盘点，以保证固定资产核算的真实性，充分挖掘企业现有固定资产的潜力。在固定资产清查过程中，如果发现盘盈、盘亏的固定资产，应填制固定资产盘盈盘亏报告表。清查固定资产的损益，应及时查明原因，并按照规定程序报批处理。

企业在财产清查中盘亏的固定资产，在未报经批准处理前，按盘亏固定资产的账面价值，借记"待处理财产损溢——待处理固定资产损溢"科目，按已计提的累计折旧，借记"累计折旧"科目，按已计提的减值准备，借记"固定资产减值准备"科目，按固定资产的原价，贷记"固定资产"科目。按管理权限报经批准处理后，再按可收回的保险赔偿或过失人赔偿，借记"其他应收款"科目，按应计入营业外支出的金额，借记"营业外支出——盘亏损失"科目，贷记"待处理财产损溢——待处理固定资产损溢"科目。

【例4-17】××股份有限公司进行财产清查时发现短缺一台办公设备，原价为100 000元，已计提折旧60 000元，××股份有限公司应编制如下会计分录。

（1）盘亏固定资产时。

  借：待处理财产损溢——待处理固定资产损溢 40 000
    累计折旧   60 000
    贷：固定资产   100 000

（2）报经批准转销时。

  借：营业外支出——盘亏损失   40 000
    贷：待处理财产损溢——待处理固定资产损溢 40 000

课后习题

第五章

无形资产及其他长期资产

第一节 无形资产概述

一、无形资产定义及特征

无形资产是指企业拥有或者控制的没有实物形态的可辨认非货币资产,通常包括专利权、非专利技术、商标权、著作权、特许权、土地使用权等。无形资产具有以下特征。

(一)无形资产由企业拥有或者控制并能为其带来未来经济利益

无形资产作为一项资产,具有一般资产的本质特征,即由企业拥有或者控制并能为企业带来未来经济利益。但在某些情况下并不需要企业拥有其所有权,如果企业有权获得某项无形资产产生的未来经济利益,并能约束其他方获得这些经济利益,则表明企业控制了该无形资产。

(二)无形资产不具有实物形态

无形资产通常表现为某种权利、某项技术或者某种获取超额利润的综合能力,它们不具有实物形态,如土地使用权、非专利技术等。需要指出的是,某些无形资产的存在有赖于实物载体,比如,计算机软件需要存储在介质中,但这并不改变无形资产本身不具有实物形态的特征。在确定一项包含无形和有形要素的资产是属于固定资产,还是属于无形资产时,需要通过判断来加以确定,通常以哪个要素更重要作为判断的依据。例如,计算机控制的机械工具没有特定计算机软件就不能运行时,说明该软件是构成相关硬件不可缺少的组成部分,应作为固定资产处理;如果计算机软件不是相关硬件不可缺少的组成部分,则该软件应作为无形资产核算。

(三)无形资产具有可辨认性

作为无形资产核算的资产必须是能够区别于其他资产可单独辨认的,如企业持有的专利权、非专利技术、商标权、土地使用权、特许权等。满足下列条件之一的,应当认定为其具有可辨认性。

第一,能够从企业中分离或者划分出来,并能单独用于出售或转让等,而不需要同时处置在同一获利活动中的其他资产,说明无形资产可辨认。在某些情况下,无形资产可能需要与有关的合同一起用于出售转让等,此类无形资产也视为可辨认。

第二,源自合同性权利或其他法定权利,无论这些权利是否可以从企业或其他权利和义务中转移或者分离。例如,一方通过与另一方签订特许权合同而获得的特许使用权、通过法律程序申请获得的商标权和专利权等。商誉通常是与企业整体价值联系在一起的,无法与企业自身相分离而存在,不具有可辨认性,不属于本章所指的无形资产。

（四）无形资产属于非货币性资产

非货币性资产是指企业持有的货币资金和将以固定或可确定的金额收取的资产以外的其他资产。无形资产在持有过程中为企业带来未来经济利益的情况不确定，不属于以固定或可确定的金额收取的资产，属于非货币性资产。

二、无形资产的分类

（一）无形资产按取得来源不同分类

无形资产按取得来源不同，可分为外购的无形资产、自行开发的无形资产、投资者投入的无形资产、企业合并取得的无形资产、债务重组取得的无形资产、以非货币性资产交换取得的无形资产以及政府补助取得的无形资产等。

（二）无形资产按其使用寿命是否有期限分类

无形资产按其使用寿命是否有期限，可分为有期限无形资产和无期限无形资产。

无形资产的使用寿命是否有期限应在企业取得无形资产时就加以分析和判断，其中需要考虑的因素是很多的。这种分类的目的主要是正确地将无形资产的应摊销金额在无形资产的使用寿命内系统而合理地进行摊销，因为按照会计准则的规定，使用寿命有限的无形资产才存在价值的摊销问题，而使用寿命不能确定的无形资产，其价值是不能进行摊销的。

三、无形资产的确认

无形资产应当在符合定义的前提下，同时满足以下两个确认条件时，才能予以确认。

（一）与该无形资产有关的经济利益很可能流入企业

作为无形资产确认的项目，必须具备其生产的经济利益很可能流入企业这一条件。通常情况下，无形资产产生的未来经济利益可能包括在销售商品、提供劳务的收入中，或者在企业使用该无形资产而减少或节约的成本中，或体现在获得其他利益中。在会计实务中，要确定无形资产所创造的经济利益是否很可能流入企业，需要对无形资产在预计使用寿命内可能存在的各种经济因素作出合理估计，并且应当有明确的证据支持。同时，更为重要的是关注一些外界因素的影响，比如是否存在相关的新技术、新产品冲击与无形资产相关的技术或其生产的产品的市场等。

（二）该无形资产的成本能够可靠地计量

成本能够可靠地计量是资产确认的一项基本条件。比如，企业内部产生的品牌、报刊名等,因其成本无法可靠计量,不作为无形资产的确认。又比如,一些高新科技企业的科技人才,假定其与企业签订了服务合同,且合同规定其在一定期限内不能为其他企业提供服务。在这种情况下,虽然这些科技人才的知识在规定的期限内预期能够为企业创造经济利益,但由于这些技术人才的知识难以辨认,且形成这些知识所发生的支出难以计量,因而不能作为企业的无形资产加以确认。

第二节 无形资产的初始计量

无形资产通常按照实际成本进行初始计量,即以取得无形资产并使之达到预定用途而发生的全部支出作为无形资产的成本。对于不同来源取得的无形资产,其成本构成也不尽相同。

一、外购的无形资产的计价

外购无形资产的成本包括购买价款、相关税费以及直接归属于使该项资产达到预定用途所发生的其他支出。其中,直接归属于使该项资产达到预定用途所发生的其他支出包括使无形资产达到预定用途所发生的专业服务费用、测试无形资产是否能够正常发挥作用的费用等,不包括为引入新产品进行宣传发生的广告费、管理费用及其他间接费用,也不包括在无形资产已经达到预定用途以后发生的费用。

购买无形资产的价款超过正常信用条件延期支付,实质上具有融资性质的,无形资产的成本应以购买价款的现值为基础确定。实际支付的价款与购买价款的现值之间的差额作为未确认融资费用,在付款期间内采用实际利率法进行摊销,摊销金额除满足借款费用资本化条件应当计入无形资产成本外,均应当在信用期间内确认为财务费用,计入当期损益。

【例5-1】××股份有限公司购入A公司的发明专利,该专利有望大幅度降低生产成本。该公司支付专利转让款180万元,另发生相关税费2万元,均用银行存款支付。其会计分录如下。

  借:无形资产   1 820 000
    贷:银行存款   1 820 000

二、自主研发的无形资产的计价

（一）研究与开发阶段的区分

对于企业自行进行的研究开发项目，应当区分研究阶段与开发阶段分别进行核算。在实际工作中，关于研究与开发阶段的具体划分，企业应当根据自身实际情况和相关信息加以判断。

1.研究阶段

研究，是指为获取并理解新的科学或技术知识等进行的具有独创性的和有计划的调查。研究活动包括：意在获取知识而进行的活动；研究成果或其他知识的应用研究、评价和最终选择；材料、设备、产品、工序、系统或服务替代品的研究以及新的或经改进的材料、设备、产品、工序、系统或服务的可能替代品的配制、设计、评价和最终选择等。研究阶段基本上是探索性的，是为进一步的开发活动进行资料及相关方面的准备，已经进行的研究活动将来是否会转入开发、开发后是否会形成无形资产等均具有较大的不确定性。这一阶段一般不会形成阶段性成果。

2.开发阶段

开发，是指在进行商业性生产或使用前，将研究成果或其他知识应用于某项计划或设计，以生产出新的或具有实质性改进的材料、装置、产品等。开发活动包括：生产前或使用前的原型和模型的设计、建造和测试；含新技术的工具、夹具、模具和冲模的设计；不具有商业性生产经济规模的试生产设施的设计、建造和运营；新的或经改造的材料、设备、产品、工序、系统或服务所选定的替代品的设计、建造和测试等。相对于研究阶段而言，开发阶段应当是已完成研究阶段的工作，在很大程度上具备了形成一项新产品或新技术的基本条件。

（二）研究与开发阶段支出的确认

1.研究阶段支出

考虑到研究阶段的探索性及其成果的不确定性，企业无法证明其能够带来未来经济利益的无形资产的存在，因此，对于企业内部研究开发项目，研究阶段的有关支出应当在发生时全部费用化，计入当期损益（管理费用）。

2.开发阶段支出

考虑到进入开发阶段的研发项目往往形成成果的可能性较大，因此，如果企业能够证明开发支出符合无形资产的定义及相关确认条件，则可将其确认为无形资产。具体来讲，对于企业内部研究开发项目，开发阶段的支出同时满足下列条件的才能资本化，计入无形资产成本，否则应当计入当期损益（管理费用）。

（1）企业完成该无形资产以使其能够使用或出售在技术上具有可行性。企业在判断无形资产的开发在技术上是否具有可行性时，应当以目前阶段的成果为基础，并提供相关证据和材料，证明企业进行开发所必需的技术条件等已经具备，不存在技术上的障碍或其他不确定性。

（2）企业具有完成该无形资产并使用或出售的意图。企业研发项目形成成果以后，是对外出售，还是供自己使用并从使用中获得经济利益，应当由企业管理层的意图而定。企业管理层应当说明其开发无形资产的目的，并具有完成该项无形资产开发并使其能够使用或出售的可能性。

（3）无形资产产生经济利益的方式，包括能够证明运用该无形资产生产的产品存在市场或无形资产自身存在市场；无形资产将在内部使用的，应当证明其有用性。如果有关的无形资产在形成以后，主要是用于生产新产品或新工艺的，企业应当对运用该无形资产生产的产品的市场情况进行可靠估计，证明所生产的产品存在市场，并能够带来经济利益的流入；如果有关的无形资产开发以后主要是用于对外出售的，则企业应当证明市场上存在对该类无形资产的需求，开发以后存在外在的市场可以出售并能够带来经济利益的流入。

（4）企业有足够的技术、财务资源和其他资源支持，以完成该无形资产的开发，并有能力使用或出售该无形资产。这一条件包括：其一，开发无形资产并使其形成成果在技术上具有可靠性，这是继续开发活动的关键，因此，必须有确凿证据证明企业有足够的技术支持和技术能力继续开发该项无形资产；其二，财务资源和其他资源支持，这是能够完成该项无形资产开发的经济基础，因此，企业必须能够说明为完成该项无形资产开发所需的财务和其他资源，是否能够足以支持完成该项无形资产的开发；其三，能够证明企业可以取得无形资产开发所必需的技术、财务和其他资源，以及获得这些资源的相关计划等；其四，有能力使用或出售该项无形资产以取得收益。

（5）归属于该无形资产开发阶段的支出能够可靠地计量。企业对于开发活动所发生的支出应单独核算，比如，直接发生的开发人员薪酬、材料费以及相关设备折旧费等。在企业同时从事多项开发活动的情况下，所发生的支出同时用于支持多项开发活动的，应按照合理的标准在各项开发活动之间进行分配；无法合理分配的，应予以费用化计入当期损益，不计入开发活动的成本。

3.无法区分研究阶段和开发阶段的支出

无法区分研究阶段和开发阶段的支出，应当在发生时费用化，计入当期损益（管理费用）。

（三）内部开发的无形资产的计量

内部开发活动发生的无形资产的成本，由可直接归属于该资产的创造、生产并使该资产能够以管理层预定的方式运作的所有必要支出组成。可直接归属成本包括：开发该无形资产时耗费的材料、劳务成本、注册费，在开发该无形资产过程中使用的其他专利权和特许权的摊销，按照借款费用的处理原则可以资本化的利息支出等。在开发无形资产过程中发生的，除上述可直接归属于无形资产开发活动之外的其他销售费用、管理费用等间接费用，无形资产达到预定用途前发生的可辨认的无效和初始运作损失，以及为运行该无形资产发生的培训支出等不构成无形资产的开发成本。

值得强调的是，内部开发无形资产的成本仅包括在满足资本化条件时至无形资产达到预定用途前发生的支出总和，对于同一项无形资产在开发过程中达到资本化条件之前已经费用化计入当期损益的支出不再进行调整。

（四）内部研究开发费用的会计处理

企业自行开发无形资产发生的研发支出，应按不满足资本化条件的金额，借记"研发支出——费用化支出"科目，按满足资本化条件的金额，借记"研发支出——资本化支出"科目，贷记"原材料""银行存款""应付职工薪酬"等科目。

企业以其他方式取得的正在进行中的研究开发项目，应按确定的金额，借记"研发支出——资本化支出"科目，贷记"银行存款"等科目。以后发生的研发支出，应当比照上述第一条原则进行处理。

研究开发项目达到预定用途形成无形资产的，应按"研发支出——资本化支出"科目的余额，借记"无形资产"科目，贷记"研发支出——资本化支出"科目。

期末，企业应将不符合资本化条件的研发支出转入当期管理费用，借记"管理费用"科目，贷记"研发支出——费用化支出"科目。新会计准则规定在期末利润表的编制过程中，将"研发费用"从"管理费用"中分拆出来，用来反映企业进行研究与开发过程中发生的费用化支出，以及计入管理费用的自行开发无形资产的摊销。将符合资本化条件但尚未完成的开发费用继续保留在"研发支出"科目中，待开发项目达到预定用途形成无形资产时，再将其发生的实际成本转入无形资产。

【例5-2】2019年1月1日，××股份有限公司经董事会批准研发某项新产品专利技术，该公司董事会认为，研发该项目具有可靠的技术和财务等资源的支持，并且一旦研发成功将降低该公司生产产品的生产成本。该公司在研究开发过程中发生材料费5 000万元、人工工资1 000万元以及其他费用4 000万元，总计10 000万元，其中，符合资本化条件的支出为6 000万元。2019年12月31日，该专利技术已经达到预定用途。

××股份有限公司的会计处理如下。

（1）发生研发支出。

借：研发支出——费用化支出　　　　　　40 000 000
　　　　　　——资本化支出　　　　　　　60 000 000
　贷：原材料　　　　　　　　　　　　　　50 000 000
　　　应付职工薪酬　　　　　　　　　　　10 000 000
　　　银行存款　　　　　　　　　　　　　40 000 000

（2）2019年12月31日，该专利技术已经达到预定用途。

借：管理费用　　　　　　　　　　　　　　40 000 000
　　无形资产　　　　　　　　　　　　　　60 000 000
　贷：研发支出——费用化支出　　　　　　40 000 000
　　　　　　——资本化支出　　　　　　　60 000 000

三、接受投资取得的无形资产的计价

投资者投入无形资产的成本,应当按照投资合同或协议约定的价值确定,但合同或协议约定价值不公允的除外。

【例5-3】因甲公司创立的商标已有较好的声誉,××股份有限公司预计使用甲公司商标后可使其未来利润增长30%。为此,××股份有限公司与甲公司协议商定,甲公司以其商标权投资于××股份有限公司,双方协议价格(等于公允价值)为500万元,××股份有限公司另支付印花税等相关税费2万元,款项已通过银行转账支付。

该商标权的初始计量,应当以取得时的成本为基础。取得时的成本为投资协议约定的价格500万元,加上支付的相关税费2万元。

××股份有限公司接受甲公司作为投资的商标权的成本=500+2=502(万元)

××股份有限公司的会计处理如下。

借:无形资产——商标权　　　　　　　　5 020 000
　　贷:实收资本(或股本)　　　　　　　　5 000 000
　　　　银行存款　　　　　　　　　　　　　 20 000

四、通过非货币性资产交换、债务重组、政府补助和企业合并取得的无形资产的计价

企业通过上述方式取得的无形资产,应分别按照《企业会计准则第7号—非货币性资产交换》《企业会计准则第12号—债务重组》《企业会计准则第16号—政府补助》和《企业会计准则第20号—企业合并》确定。

五、土地使用权的处理

企业取得的土地使用权,通常应当按照取得时所支付的价款及相关税费确认为无形资产。但属于投资性房地产的土地使用权,应当按投资性房地产进行会计处理。

土地使用权用于自行开发建造厂房等地上建筑物时,土地使用权的账面价值不与地上建筑物合并计算其成本,而仍作为无形资产进行核算,土地使用权与地上建筑物分别进行摊销和计提折旧,但下列情况除外。

第一,房地产开发企业取得的土地使用权用于建造对外出售的房屋建筑物,相关的土地使用权应计入所建造的房屋建筑物成本。

第二,企业外购房屋建筑物所支付的价款中包括土地使用权和建筑物的价值的,应当对实际支付的价款按照合理的方法(例如,公允价值相对比例)在土地使用权与地上建筑物之间进行分配。如果确实无法在土地使用权与地上建筑物之间进行合理分配的,应当全部作为固定资产,按照固定资产确认和计量的原则进行会计处理。

企业改变土地使用权的用途，停止自用土地使用权而用于赚取租金或资本增值时，应将其转为投资性房地产。

【例5-4】2019年1月1日，××股份有限公司购入一块土地的使用权，以银行存款转账支付8 000万元，并在该土地上自行建造厂房等工程，发生材料支出12 000万元，工资费用8 000万元，其他相关费用10 000万元等。该工程已经完工并达到预定可使用状态。假定土地使用权的使用年限为50年，该厂房的使用年限为25年，两者都没有净残值，都采用直线法进行摊销和计提折旧。为简化核算，不考虑其他相关税费。

××股份有限公司购入土地使用权，使用年限为50年，表明它属于使用寿命有限的无形资产。在该土地上自行建造厂房，应将土地使用权和地上建筑物分别作为无形资产和固定资产进行核算，并分别摊销和计提折旧。

××股份有限公司的会计处理如下。

（1）支付转让价款。
  借：无形资产——土地使用权 80 000 000
    贷：银行存款 80 000 000

（2）在土地上自行建造厂房。
  借：在建工程 300 000 000
    贷：工程物资 120 000 000
      应付职工薪酬 80 000 000
      银行存款 100 000 000

（3）厂房达到预定可使用状态。
  借：固定资产 300 000 000
    贷：在建工程 300 000 000

（4）每年分期摊销土地使用权和对厂房计提折旧。
  借：管理费用 1 600 000
    制造费用 12 000 000
    贷：累计摊销 1 600 000
      累计折旧 12 000 000

第三节 无形资产的后续计量

一、无形资产后续计量的原则

无形资产初始确认和计价后,在其后使用该项无形资产期间内应以成本减去累计摊销和累计减值损失后的余额计量。要确定无形资产在使用过程中的累计摊销额,基础是估计其使用寿命,而使用寿命有限的无形资产才需要在估计使用寿命内采用系统合理的方法进行摊销,使用寿命不确定的无形资产则不需要进行摊销。

(一)估计无形资产的使用寿命

无形资产的使用寿命包括法定寿命和经济寿命两个方面:有些无形资产的使用寿命受法律、规章或合同的限制,称为"法定寿命";经济寿命则是指无形资产可以为企业带来经济利益的年限。在估计无形资产的使用寿命时,应当综合考虑各方面相关因素的影响,其中通常应当考虑的因素有:

运用该资产生产的产品通常的寿命周期、可获得的类似资产使用寿命的信息;

技术、工艺等方面的现实情况及对未来发展的估计;

以该资产生产的产品或提供的服务的市场需求情况;

现在或潜在的竞争者预期将采取的行动;

为维持该资产产生未来经济利益的能力预期的维护支出,以及企业预计支付有关支出的能力;

对该资产的控制期限,以及对该资产使用的法律或类似限制,如特许使用期间、租赁期等;

与企业持有的其他资产使用寿命的关联性等。

(二)无形资产使用寿命的确定

第一,源自合同性权利或其他法定权利取得的无形资产,其使用寿命通常不应超过合同性权利或其他法定权利的期限。例如,企业以支付土地出让金方式取得一块土地50年的使用权,如果企业准备持续持有,在50年期间内没有计划出售,该项土地使用权预期为企业带来未来经济利益的期间为50年。

第二,没有明确的合同或法律规定无形资产的使用寿命的,企业应当综合各方面因素判断。例如,企业经过努力,聘请相关专家进行论证、与同行业的情况进行比较以及参考企业的历史经验等,来确定无形资产为企业带来未来经济利益的期限。

第三,经过上述努力仍确实无法合理确定无形资产为企业带来经济利益的期限的,才能将其作为使用寿命不确定的无形资产。

(三)无形资产使用寿命的复核

企业至少应于每年年度终了,对使用寿命有限的无形资产的使用寿命进行复核。如果有证据表明无形资产的使用寿命与以前估计的不同,应当改变其摊销期限,并按照会计估计变更进行处理。例如,企业使用的某项专利权,原预计使用寿命为10年,使用至第3年年末时,该企业计划再使用2年即不再使用,为此,在第3年年末,企业应当变更该项无形资产的使用寿命,并作为会计估计变更进行处理。又例如,某项无形资产计提了减值准备,这可能表明企业原估计的摊销期限需要作出变更。

企业应当在每个会计期间对使用寿命不确定的无形资产的使用寿命进行复核。如果有证据表明该无形资产的使用寿命是有限的,应当按照《企业会计准则第28号——会计政策、会计估计变更和差错更正》进行处理,并按照使用寿命有限的无形资产的处理原则进行会计处理。

二、使用寿命有限的无形资产摊销

(一)无形资产的摊销方法

可供企业选择的无形资产的摊销方法有很多,如直线法、余额递减法和产量法等。目前,国际上普遍采用的主要是直线法。企业选择的无形资产摊销方法,应当能够反映与该项无形资产有关的经济利益的预期实现方式,并一致运用于不同会计期间。例如,受技术陈旧因素影响较大的专利权和专有技术等无形资产,可采用类似固定资产加速折旧的方法进行摊销;有特定产量限制的特许经营权或专利权,可采用产量法进行摊销。无法可靠确定其预期实现方式的,应当采用直线法进行摊销。

企业至少应于每年年度终了,对使用寿命有限的无形资产的使用寿命及摊销方法进行复核,如果有证据表明无形资产的使用寿命及摊销方法与以前估计不同的,应当改变其摊销年限和摊销方法,并按照会计估计变更进行会计处理。

无形资产的摊销期自其可供使用(即其达到预定用途)时起至终止确认时止。即无形资产摊销的起始和停止日期为:当月增加的无形资产,当月开始摊销;当月减少的无形资产,当月不再摊销。

(二)无形资产应摊销的金额

无形资产的应摊销金额,是指其成本扣除预计残值后的金额。已计提减值准备的无形资产,还应扣除已计提的无形资产减值准备累计金额。无形资产的残值一般为零,但下列情况除外。

第一,有第三承诺在无形资产使用寿命结束时购买该无形资产。

第二,可以根据活跃市场得到预计残值信息,并且从目前情况看,该市场在无形资产使用寿命结束时还可能存在。无形资产的残值意味着,在其经济寿命结束之前,企业预计将会处置该无形资产,并且从该处置中获得利益。估计无形资产的残值应以资产处置时的可收回金额为基础,此时的可收回金额是指在预计出售日,出售一项使用寿命已满且处于类似使用状况下,同类无形资产预计的处置价格(扣除相关税费)。残值确定以后,在持有无形资产的期间内,企业至少应于每年年末进行复核,预计其残值与原估计金额不同的,应按照会计估计变更进行处理。如果无形资产的残值重新估计以后高于其账面价值的,则无形资产不再摊销,直至残值降至低于账面价值时再恢复摊销。

(三)无形资产摊销的会计处理

无形资产的摊销金额一般应当计入当期损益,但如果某项无形资产是专门用于生产某种产品或其他资产的,其包含的经济利益是通过转入所生产的产品或其他资产中实现的,则该无形资产的摊销金额应当计入相关资产的成本。

【例5-5】2019年1月1日,××股份有限公司从外单位购得一项新专利技术用于产品生产,支付价款75 000 000元,款项已支付。该项专利技术的法律保护期间为15年,公司预计运用该专利生产的产品在未来10年内会为公司带来经济利益。假定这项无形资产的净残值均为零,并按年采用直线法摊销。

本例中,××股份有限公司外购的专利技术的预计使用期限(10年)短于法律保护期间(15年),则应当按照企业预期使用期限确定其使用寿命,同时这也就表明该项专利技术是使用寿命有限的无形资产,且该项无形资产用于产品生产,因此,应当将其摊销金额计入相关产品的成本。

××股份有限公司的会计处理如下。

(1)取得无形资产时。

借:无形资产——专利权　　　　　　　　　　75 000 000
　　贷:银行存款　　　　　　　　　　　　　75 000 000

(2)按年摊销时。

借:制造费用——专利权摊销　　　　　　　　7 500 000
　　贷:累计摊销　　　　　　　　　　　　　7 500 000

2021年1月1日,就上述专利技术,第三方向××股份有限公司承诺在3年内以其最初取得公允价值的60%购买该专利技术,从公司管理层目前的持有计划来看,准备在3年内将其出售给第三方。为此,××股份有限公司应当在2021年变更该项专利技术的估计使用寿命为3年,变更净残值为45 000 000元(75 000 000×60%),并按会计估计变更进行处理。

2021年该项无形资产的摊销金额为5 000 000元[(75 000 000-7 500 000×2-45 000 000)÷3]。

××股份有限公司2021年对该项专利技术按年摊销的会计处理为如下。

借:制造费用——专利权摊销　　　　　　　　5 000 000
　　贷:累计摊销　　　　　　　　　　　　　5 000 000

三、使用寿命不确定无形资产减值测试

根据可获得的相关信息判断，有确凿证据表明无法合理估计其使用寿命的无形资产，才能作为使用寿命不确定的无形资产。企业对于使用寿命不确定的无形资产，在持有期间内不需要进行摊销，但应当至少在每年年度终了按照《企业会计准则第8号——资产减值》的有关规定进行减值测试。如经减值测试表明已发生减值，则需要计提相应的减值准备，具体账务处理为：借记"资产减值损失"科目，贷记"无形资产减值准备"科目。

【例5-6】2019年1月1日，××股份有限公司自行研发的某项非专利技术已经达到预定可使用状态，累计研究支出为800 000元，累计开发支出为2 500 000元（其中符合资本化条件的支出为2 000 000元）。有关调查表明，根据产品生命周期、市场竞争等方面情况综合判断，该非专利技术将在不确定的期间内为企业带来经济利益。

由此，该非专利技术可视为使用寿命不确定的无形资产，在持有期间内不需要进行摊销。

2020年年底，××股份有限公司对该项非专利技术按照资产减值的原则进行减值测试，经测试表明其已发生减值。2020年年底，该非专利技术的可收回金额为1 800 000元。

××股份有限公司对该项非专利技术的会计处理如下。

（1）2019年1月1日，非专利技术达到预定用途。

  借：无形资产——非专利技术   2 000 000
    贷：研发支出——资本化支出   2 000 000

（2）2020年12月31日，非专利技术发生减值。

  借：资产减值损失——非专利技术（2 000 000-1 800 000） 200 000
    贷：无形资产减值准备——非专利技术   200 000

第四节 无形资产的处置

无形资产的处置，主要是指无形资产对外出租、出售，或是在其无法为企业带来未来经济利益时，应予转销并终止确认。

一、无形资产出租

企业在让渡无形资产使用权并收取租金时，在满足收入确认条件的情况下，应确

认相关的收入和费用。企业出租无形资产取得租金收入时，借记"银行存款"等科目，贷记"其他业务收入"等科目；摊销出租无形资产的成本和发生与转让有关的各种费用支出时，借记"其他业务成本"等科目，贷记"累计摊销""应交税费"等科目。

【例5-7】2019年1月1日，××股份有限公司将某商标权出租给乙公司使用，租期为4年，每年收取租金150 000元，××股份有限公司在出租期间内不再使用该商标权。该商标权系××股份有限公司2018年1月1日购入的，初始入账价值为1 800 000元，预计使用年限为15年，采用直线法摊销，假定不考虑其他税费并按年摊销。

××股份有限公司的会计处理如下。

（1）每年取得租金时。

借：银行存款　　　　　　　　　　　　　　150 000
　　贷：其他业务收入——出租商标权　　　　　　150 000

（2）按年对该商标权进行摊销时。

借：其他业务成本——商标权摊销　　　　　　120 000
　　贷：累计摊销　　　　　　　　　　　　　　120 000（1 800 000/15）

二、无形资产出售

企业出售无形资产，表明企业放弃该无形资产的所有权，应将出售取得的价款与该无形资产账面价值的差额作为资产处置利得或损失，计入当期损益。值得注意的是，企业出售无形资产确认其利得的时点，应按照收入确认中的相关原则进行确定。

企业出售无形资产时，应按实际收到的金额等，借记"银行存款"等科目，按已计提的累计摊销额，借记"累计摊销"科目，按原已计提减值准备的金额，借记"无形资产减值准备"科目；按应支付的相关税费及其他费用，贷记"应交税费""银行存款"等科目，按其账面余额，贷记"无形资产"科目；按其差额，借记或贷记"资产处置损益"科目。

【例5-8】××股份有限公司出售一项商标权，所得价款为1 200 000元（不含增值税），假定应缴纳增值税税率为6%。（不考虑其他税费）。该商标权成本为3 000 000元，出售时已摊销金额为1 800 000元，已计提的减值准备为300 000元。

××股份有限公司的会计处理如下。

借：银行存款　　　　　　　　　　　　　　1 272 000
　　累计摊销　　　　　　　　　　　　　　1 800 000
　　无形资产减值准备——商标权　　　　　　300 000
　　贷：无形资产——商标权　　　　　　　　　3 000 000
　　　　应交税费——应交增值税（销项）　　　72 000
　　　　资产处置损益　　　　　　　　　　　　300 000

三、无形资产报废

如果无形资产预期不能为企业带来未来经济利益,比如,某无形资产已被其他新技术所替代或超过法律保护期,不能再为企业带来经济利益的,则不再符合无形资产的定义,应将其报废并予以转销,其账面价值转作当期损益。转销时,应按已计提的累计摊销额,借记"累计摊销"科目,按已计提的减值准备,借记"无形资产减值准备"科目,按无形资产账面余额,贷记"无形资产"科目,按其差额,借记"营业外支出"科目。

【例5-9】××股份有限公司原拥有一项非专利技术,采用直线法进行摊销,预计使用期限为10年。现该项非专利技术已被内部研发成功的新技术所替代,并且根据市场调查,用该非专利技术生产的产品已没有市场,预期不能再为企业带来任何经济利益,故应当予以转销。转销时,该项非专利技术的成本为9 000 000元,已摊销6年,累计计提减值准备为2 400 000元,残值为0。假定不考虑其他相关因素。

××股份有限公司的会计处理如下。

借:累计摊销　　　　　　　　　　　　　　5 400 000
　　无形资产减值准备——专利权　　　　　2 400 000
　　营业外支出　　　　　　　　　　　　　1 200 000
　　贷:无形资产——专利权　　　　　　　　　　9 000 000

第五节 长期待摊费用与其他非流动资产

一、长期待摊费用的概念和范围

长期待摊费用是指企业已经支出,但是摊销期在1年以上(不含1年)的各项费用,包括租入固定资产的改良支出以及摊销期限在1年以上的其他待摊费用。

二、长期待摊费用的会计处理

长期待摊费用应根据配比原则,在受益期内进行分摊,转记为费用。摊销采用直线法。在尚未摊销完毕时,若可以肯定长期待摊费用已经不具有经济价值的,应予以注销。长期待摊费用余额应在会计报表中列示。

企业应设置"长期待摊费用"科目对此类项目进行核算,借记"长期待摊费用"科目,贷记"原材料""银行存款"等科目;摊销长期待摊费用时,借记"管理费用""销售费用"等科目,贷记"长期待摊费用"科目。"长期待摊费用"科目期末借方余额,反映企业尚未摊销完毕的长期待摊费用。

【例5-10】2019年4月1日,××股份有限公司对其办公楼进行装修,发生以下有关支出:领用生产原材料56.5万元;辅助生产车间为该装修工程提供的劳务支出为20万元;有关人员工资等职工薪酬为43.5万元。2019年12月1日,该办公楼装修完工,达到预定可使用状态并交付使用,并按租赁期10年开始进行摊销。假定不考虑其他因素,××股份有限公司应作如下会计处理。

(1)装修领用原材料时。

  借:长期待摊费用   565 000
   贷:原材料   565 000

(2)辅助生产车间为装修工程提供劳务时。

  借:长期待摊费用   200 000
   贷:生产成本——辅助生产成本 200 000

(3)确认工程人员职工薪酬时。

  借:长期待摊费用   435 000
   贷:应付职工薪酬   435 000

(4)2019年摊销装修支出时。

  借:管理费用   1 000
   贷:长期待摊费用   1 000

三、其他非流动资产

其他非流动资产是指不能归入以上各项资产项目以外的长期资产,如国家特许储存的特种储备物资、由法院管理的封存物资、冻结银行存款、诉讼中财产等。其他非流动资产的特点是企业拥有其所有权,但不参加企业正常的生产经营周转,无须摊销其价值。

第六章
投资性房地产

第一节 投资性房地产概述

一、投资性房地产的定义及特征

随着我国房地产市场的日益活跃，企业持有的房地产除了用作自身管理、生产经营活动场所和对外销售外，还用于赚取租金或增值收益。其中，用于赚取租金或增值收益的房地产就属于投资性房地产。确切地说，投资性房地产是指为赚取租金或资本增值而持有的房地产。

投资性房地产主要具有以下特征。

（一）投资性房地产是一种经营性活动

投资性房地产主要形式是通过出租建筑物和土地使用权来获得经营性收入，即让渡资产使用权。所获得的租金就是让渡资产使用权取得的使用费收入，也是企业为完成其经营目标所从事的经营性活动以及与之相关的其他活动形成的经济利益的总流入。投资性房地产的另一种形式是持有并准备增值后转让的土地使用权，尽管其增值收益通常与市场供求、经济发展等因素相关，但目的是将房地产增值后转让以赚取增值收益。该收益也是企业为完成其经营目标所从事的经营性活动以及与之相关的其他活动形成的经济利益的总流入。根据税法规定，企业房地产出租、国有土地使用权增值后转让均属于经营活动，其取得的房地产租金收入或国有土地使用权转让收益应当缴纳增值税等。因此，出租建筑物和土地使用权以及持有土地使用权并准备增值后转让属于企业的日常活动，所获得的经济利益总流入构成企业的收入。

（二）投资性房地产在用途、状态等方面区别于作为生产经营场所的房地产和用于销售的房地产

企业持有的房地产除了用作自身管理、生产经营活动场所和对外销售，还用于赚取租金或增值收益，甚至是个别企业的主营业务。这就需要将投资性房地产单独作为一项资产核算和反映，与企业自用的厂房、办公楼等房地产和作为存货（已建完工商品房）的房地产加以区别，从而更加清晰地反映企业持有房地产的构成情况和盈利能力。

二、投资性房地产的范围

（一）属于投资性房地产的项目

投资性房地产的范围包括：已出租的土地使用权、持有并准备增值后转让的土地

使用权、已出租的建筑物。

1. 已出租的土地使用权

已出租的土地使用权是指企业通过出让或转让方式取得的、以经营租赁方式出租的土地使用权。企业取得的土地使用权通常包括在一级市场上以缴纳土地出让金方式取得的土地使用权，也包括从二级市场上接受其他单位转让的土地使用权。

企业计划出租但尚未出租的土地使用权不属于投资性房地产；对于以经营租赁方式租入土地使用权再转租给其他单位的，不能确认为投资性房地产。

2. 持有并准备增值后转让的土地使用权

根据我国对土地的使用规定，企业首先要按国家相关政策的规定进行"三通一平"（即水通、电通、路通、场地平整）后才可进行开发或增值。只有在符合国家有关土地政策后并拟用于出租和增值的土地才可定为投资性房地产。例如，企业发生转产或厂址搬迁，部分土地使用权停止自用，管理层决定继续持有这部分土地使用权，待其增值后转让以赚取增值收益，该土地使用权属于投资性房地产。

按照国家有关规定认定的闲置土地，不属于持有并准备增值后转让的土地使用权，也就不属于投资性房地产。

3. 已出租的建筑物

已出租的建筑物是指企业拥有产权的，以经营租赁方式出租的建筑物，包括自行建造或开发活动完成后用于出租的建筑物，以及正在建造或开发过程中将来用于出租的建筑物。企业在判断和确认已出租的建筑物时，应把握以下要点：

（1）用于出租的建筑物是指企业拥有产权的建筑物，而企业以经营租赁方式租入再转租的建筑物不属于投资性房地产；

（2）已出租的建筑物是指企业已经与其他方签订了租赁协议，约定以经营租赁方式出租的建筑物。

（二）不属于投资性房地产的项目

1. 自用房地产

自用房地产即为生产商品、提供劳务或者经营管理而持有的房地产。自用房地产的特征是服务于企业自身的生产经营活动，其价值将随着房地产的使用而逐渐转移到企业的产品或服务中去，通过销售产品或提供服务为企业带来经济利益，在产生现金流量的过程中与企业持有的其他资产密切相关。例如，企业出租给本企业职工居住的房屋，企业用于自身经营的土地使用权，企业拥有并自行经营的旅馆饭店，企业自用的办公楼、生产车间及厂房等，这些资产应列入企业的"固定资产"或"无形资产"科目核算。

2. 作为存货的房地产

作为存货的房地产是指房地产开发企业在正常经营过程中销售的或为销售而正在开发的商品房和土地。这部分房地产属于房地产开发企业的存货，不属于投资性房地产。如果某项房地产部分用于赚取租金或资本增值,部分用于生产商品、提供劳务或经营管理,能够单独计量和出售的、用于赚取租金或资本增值的部分,应当确认为投资性房地产,不能够单独计量和出售的、用于赚取租金或资本增值的部分,不确认为投资性房地产。该项房地产自用的部分以及不能够单独计量和出售的、用于赚取租金或资本增值的部分,应当确认为固定资产或无形资产。

三、投资性房地产的确认条件

投资性房地产只有在符合定义的前提下,同时满足下列条件的,才能予以确认:
与该投资性房地产有关的经济利益很可能流入企业;
该投资性房地产的成本能够可靠地计量。

对于已出租的土地使用权和已出租的建筑物,确认为投资性房地产的时点一般为租赁开始日,即土地使用权和建筑物已进入出租状态、开始赚取租金的日期,但企业持有以备经营出租、可视为投资性房地产的空置建筑物或在建建筑物,确认为投资性房地产的时点是企业董事会或类似机构就该事项作出正式书面决议的日期。对于持有并准备增值后转让的土地使用权,确认为投资性房地产的时点是企业将自用土地使用权停止自用,准备增值后转让的日期。

四、投资性房地产的后续计量模式

投资性房地产的后续计量模式有成本模式和公允价值模式两种,通常采用成本模式进行后续计量,满足特定条件时也可以采用公允价值模式计量。但是,同一企业只能采用一种模式对所有投资性房地产进行后续计量,不得同时采用两种计量模式。

为保证会计信息的可比性,企业对投资性房地产的计量模式一经确定,不得随意变更。只有在房地产市场比较成熟,能够满足采用公允价值模式条件的情况下,才允许企业对投资性房地产从成本模式计量变更为公允价值模式计量。成本模式转为公允价值模式的,应当作为会计政策变更处理,将计量模式变更时公允价值与账面价值的差额,调整期初留存收益。已采用公允价值模式计量的投资性房地产,不得从公允价值模式转为成本模式。

第二节 投资性房地产的初始计量

投资性房地产无论采用哪一种后续计量模式,取得时均应当按照成本进行初始计量。投资性房地产的成本一般应当包括取得投资性房地产时和直至使该投资性房地产达到预定可使用状态前所实际发生的各项必要的、合理的支出。

一、外购的投资性房地产

企业外购的房地产，只有在购入的同时开始对外出租或用于资本增值时，才能作为投资性房地产确认。企业外购投资性房地产时，应当按照取得时的实际成本进行初始计量。取得时的实际成本包括购买价款、相关税费和可直接归属于该资产的其他支出。

在采用成本模式计量下，对于外购的土地使用权和建筑物，企业应按照取得时的实际成本进行初始计量，借记"投资性房地产"科目，贷记"银行存款"等科目。

在采用公允价值模式计量下，企业应当在购入投资性房地产时，借记"投资性房地产——成本"科目，贷记"银行存款"等科目。

【例6-1】2019年5月10日，××股份有限公司购入土地使用权用于出租，价款为7 856万元，款项以银行存款转账支付，并且签订了租赁合同，约定自购买日起将该土地使用权出租给A公司。假定不考虑其他相关税费。××公司的会计处理如下。

（1）假定××股份有限公司对投资性房地产采用成本模式进行后续计量。

　　借：投资性房地产——土地使用权　　　7 856 0000
　　　　贷：银行存款　　　　　　　　　　　　　　7 856 0000

（2）假定××股份有限公司对投资性房地产采用公允价值模式进行后续计量。

　　借：投资性房地产——土地使用权（成本）　7 856 0000
　　　　贷：银行存款　　　　　　　　　　　　　　7 856 0000

二、自建的投资性房地产

企业自行建造的房地产，只有在自行建造活动完成（即达到预定可使用状态）的同时开始对外出租或用于资本增值时，才能将自行建造的房地产确认为投资性房地产。自行建造的投资性房地产，其成本由建造该项资产达到预定可使用状态前发生的必要支出构成，包括土地开发费、建筑成本、安装成本、应予以资本化的借款费用、支付的其他费用和分摊的间接费用等。建造过程中发生的非正常性损失，直接计入当期损益，不计入建造成本。

在采用成本模式计量下，企业应按照建造过程中发生的成本，借记"投资性房地产"科目，贷记"银行存款"等科目。

在采用公允价值模式计量下，企业应按照建造过程中发生的成本，借记"投资性房地产——成本"科目，贷记"银行存款"等科目。

【例6-2】××股份有限公司在拥有使用权的一块土地上自行建造一幢办公楼，准备用于出租。工程期间投入工程物资6 800万元，发生人工费400万元，假定无相关税费。现工程完工达到预定可使用状态并开始出租。该土地使用权成本为4 800万元,则该公司应作会计处理如下。

(1) 工程领用物资时。

　　借:在建工程　　　　　　　　　　　　　　68 000 000
　　　贷:工程物资　　　　　　　　　　　　　　68 000 000

(2) 发生工程人员薪酬时。

　　借:在建工程　　　　　　　　　　　　　　4 000 000
　　　贷:应付职工薪酬　　　　　　　　　　　　4 000 000

(3) 工程完工并出租时。

①假定××股份有限公司对投资性房地产采用成本模式进行后续计量。

　　借:投资性房地产——办公楼　　　　　　　　72 000 000
　　　贷:在建工程　　　　　　　　　　　　　　72 000 000
　　借:投资性房地产——土地使用权　　　　　　48 000 000
　　　贷:无形资产　　　　　　　　　　　　　　48 000 000

②假定××股份有限公司对投资性房地产采用公允价值模式进行后续计量。

　　借:投资性房地产——办公楼(成本)　　　　72 000 000
　　　贷:在建工程　　　　　　　　　　　　　　72 000 000
　　借:投资性房地产——土地使用权(成本)　　48 000 000
　　　贷:无形资产　　　　　　　　　　　　　　48 000 000

三、以其他方式增加的投资性房地产

以其他方式增加的投资性房地产主要是接受投资、捐赠等方式下取得的投资性房地产。在这些情况下,企业应该按双方协议的价格确定增加的投资性房地产的价值,借记"投资性房地产"科目,贷记"实收资本""股本""资本公积"等科目。

【例6-3】××股份有限公司2019年5月1日接受丁公司投入的土地使用权,该资产在丁公司的账面价值为4 000万元,双方协议以评估价为投资价值确认标准,经评估,其公允价值为5 000万元。××股份有限公司取得该地皮后,拟于适当时机转让,其会计处理如下。

(1) 假定××股份有限公司对投资性房地产采用成本模式进行后续计量。

　　借:投资性房地产——土地使用权　　　　　　50 000 000
　　　贷:股本　　　　　　　　　　　　　　　　50 000 000

(2) 假定××股份有限公司对投资性房地产采用公允价值模式进行后续计量。

　　借:投资性房地产——土地使用权(成本)　　50 000 000
　　　贷:股本　　　　　　　　　　　　　　　　50 000 000

第三节 投资性房地产的后续计量

一、采用成本模式计量的投资性房地产

采用成本模式计量的建筑物的后续计量，适用《企业会计准则第4号——固定资产》；采用成本模式计量的土地使用权的后续计量，适用《企业会计准则第6号——无形资产》；存在减值迹象的，适用《企业会计准则第8号——资产减值》。

企业设置"投资性房地产"科目核算成本模式下的投资性房地产的成本，该科目可按投资性房地产类别和项目进行明细核算。采用成本模式计量的投资性房地产的累计折旧或累计摊销，可以单独设置"投资性房地产累计折旧""投资性房地产累计摊销"科目，比照"累计折旧""累计摊销"等科目进行处理。采用成本模式计量的投资性房地产发生减值的，可以单独设置"投资性房地产减值准备"科目，比照"固定资产减值准备""无形资产减值准备"等科目进行处理。

计提的折旧或摊销的成本计入其他业务成本，取得的租金收入计入其他业务收入。

【例6-4】××股份有限公司将一栋写字楼出租给乙公司使用，确认为投资性房地产，采用成本模式进行后续计量。假设这栋办公楼的成本为7 200万元，按照年限平均法计提折旧，使用寿命为20年，预计净残值为零。经营租赁合同约定，乙公司每月等额支付××股份有限公司租金40万元。

××股份有限公司的会计处理如下。

（1）每月计提折旧。

每月计提的折旧＝（72 000 000÷20）÷12＝300 000（元）

借：其他业务成本——出租写字楼折旧　　　　　　300 000
　　贷：投资性房地产累计折旧　　　　　　　　　　　　300 000

（2）每月确认租金收入。

借：银行存款（或其他应收款）　　　　　　　　　400 000
　　贷：其他业务收入——出租写字楼租金收入　　　　　400 000

二、采用公允价值模式计量的投资性房地产

只有在存在确凿证据表明投资性房地产的公允价值能够持续可靠取得的情况下，企业才可以采用公允价值模式对投资性房地产进行后续计量。企业一旦选择采用公允价值模式，就应当对其所有投资性房地产均采用公允价值模式进行后续计量。

（一）采用公允价值模式进行后续计量的投资性房地产，应当同时满足以下两个前提条件

第一，投资性房地产所在地有活跃的房地产交易市场。所在地，通常是指投资性房地产所在的城市。大中型城市应当为投资性房地产所在的城区。

第二，企业能够从活跃的房地产交易市场上取得同类或类似房地产的市场价格及其他信息，从而对投资性房地产的公允价值作出合理的估计。投资性房地产的公允价值是指在公平交易中，熟悉情况的当事人之间自愿进行房地产交换的价格。确定房地产的公允价值时，应当参照活跃市场上同类或类似房地产的现行市场价格（市场公开报价）；无法取得同类或类似房地产现行市场价格的，应当参照活跃市场上同类或类似房地产的最近交易价格，并考虑交易情况、交易日期、所在区域等因素，从而对投资性房地产的公允价值作出合理的估计；也可以基于未来获得的租金收益和相关现金流量的现值予以计量。

（二）采用公允价值模式进行后续计量的投资性房地产，应当遵循以下会计处理规定

不对投资性房地产计提折旧或摊销，应该以资产负债表日的公允价值计量。资产负债表日，投资性房地产的公允价值高于其账面余额的差额，借记"投资性房地产——公允价值变动"科目，贷记"公允价值变动损益"科目；公允价值低于其账面余额的差额作相反的会计分录。

【例6-5】2019年9月，××股份有限公司与乙公司签订租赁协议，约定将××股份有限公司新建造的一栋写字楼租赁给乙公司使用，租赁期为10年。2019年12月1日，该写字楼开始起租，写字楼的工程造价为80 000 000元，公允价值也为相同金额。该写字楼所在区域有活跃的房地产交易市场，且能够从房地产交易市场上取得同类房地产的市场报价，××股份有限公司决定采用公允价值模式对该项出租的房地产进行后续计量。在确定该投资性房地产的公允价值时，××股份有限公司选取了与该处房产所处地区相近、结构及用途相同的房地产，参照公司所在地房地产交易市场上平均销售价格，结合周边市场信息和自有房产的特点。2019年12月31日，该写字楼的公允价值为84 000 000元。

××股份有限公司的会计处理如下。

（1）2019年12月1日，××股份有限公司出租写字楼。

  借：投资性房地产——写字楼（成本）   80 000 000
    贷：固定资产——写字楼   80 000 000

（2）2019年12月31日，按照公允价值调整其账面价值，公允价值与原账面价值之间的差额计入当期损益。

  借：投资性房地产——写字楼（公允价值变动） 4 000 000
    贷：公允价值变动损益   4 000 000

三、投资性房地产后续计量模式的变更

企业对投资性房地产的计量模式一经确定，不得随意变更。只有在房地产市场比较成熟、能够满足采用公允价值模式条件的情况下，才允许企业对投资性房地产从成本模式计量变更为公允价值模式计量。成本模式转为公允价值模式的，应当作为会计政策变更，按照《企业会计准则第28号——会计政策、会计估计变更和差错更正》处理。企业变更投资性房地产计量模式，符合《企业会计准则第3号——投资性房地产》规定的，应当按照计量模式变更日投资性房地产的公允价值，借记"投资性房地产——成本"科目，按照已计提的折旧或摊销，借记"投资性房地产累计折旧（摊销）"科目，原已计提减值准备的，借记"投资性房地产减值准备"科目，按照原账面余额，贷记"投资性房地产"科目，按照公允价值与其账面价值之间的差额，贷记或借记"利润分配——未分配利润""盈余公积"等科目。

已采用公允价值模式计量的投资性房地产，不得从公允价值模式转为成本模式，如下图所示。

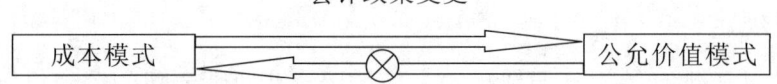

四、投资性房地产的后续支出

（一）资本化的后续支出

与投资性房地产有关的后续支出，满足投资性房地产确认条件的，应当计入投资性房地产成本。例如，企业为了提高投资性房地产的使用效能，往往需要对投资性房地产进行改建、扩建而使其更加坚固耐用，或者通过装修而改善其室内装潢，改扩建或装修支出满足确认条件的，应当将其资本化。企业对某项投资性房地产改扩建等再开发且将来仍作为投资性房地产的，在再开发期间应继续将其作为投资性房地产，再开发期间不计提折旧或摊销。

【例6-6】2019年5月，××股份有限公司与乙企业的一项厂房经营租赁合同即将到期。该厂房按照成本模式进行后续计量，原价为2 000万元，已计提折旧600万元。为了提高厂房的租金收入，××股份有限公司决定在租赁期满后对厂房进行改扩建，并与丙企业签订了经营租赁合同，约定自改扩建完工时将厂房出租给丙企业。5月15日，与乙企业的租赁合同到期，厂房随即进入改扩建工程。12月10日，厂房改扩建工程完工，共发生支出150万元，即日按照租赁合同出租给丙企业。假设××股份有限公司采用成本计量模式。

本例中，改扩建支出属于资本化的后续支出，应当记入投资性房地产的成本。

××股份有限公司的会计处理如下。

(1) 2019年5月15日，投资性房地产转入改扩建工程。

　　借：投资性房地产——厂房（在建）　　14 000 000
　　　　投资性房地产累计折旧　　　　　　 6 000 000
　　　　贷：投资性房地产——厂房　　　　　　20 000 000

(2) 2019年5月15日至12月10日。

　　借：投资性房地产——厂房（在建）　　 1 500 000
　　　　贷：银行存款　　　　　　　　　　　 1 500 000

(3) 2019年12月10日，改扩建工程完工。

　　借：投资性房地产——厂房　　　　　　15 500 000
　　　　贷：投资性房地产——厂房（在建）　　15 500 000

【例6-7】2019年5月，××股份有限公司与乙企业的一项厂房经营租赁合同即将到期。为了提高厂房的租金收入，××股份有限公司决定在租赁期满后对厂房进行改扩建，并与丙企业签订了经营租赁合同，约定自改扩建完工时将厂房出租给丙企业。5月15日，与乙企业的租赁合同到期，厂房随即进入改扩建工程。11月10日，厂房改扩建工程完工，共发生支出150万元，即日起按照租赁合同出租给丙企业。5月15日，厂房账面余额为1 200万元，其中成本为1 000万元，累积公允价值变动为200万元。假设××股份有限公司采用公允价值计量模式。

××股份有限公司的会计处理如下。

(1) 2019年5月15日，投资性房地产转入改扩建工程。

　　借：投资性房地产——厂房（在建）　　12 000 000
　　　　贷：投资性房地产——厂房（成本）　　10 000 000
　　　　　　　　　　　　——公允价值变动　　 2 000 000

(2) 2019年5月15日至11月10日。

　　借：投资性房地产——厂房（在建）　　 1 500 000
　　　　贷：银行存款　　　　　　　　　　　 1 500 000

(3) 2019年11月10日，改扩建工程完工。

　　借：投资性房地产——厂房（成本）　　13 500 000
　　　　贷：投资性房地产——厂房（在建）　　13 500 000

● **(二) 费用化的后续支出**

与投资性房地产有关的后续支出，不满足投资性房地产确认条件的，应当在发生时计入当期损益。例如，企业对投资性房地产进行日常维护发生一些支出。企业在发生投资性房地产费用化的后续支出时，借记"其他业务成本"等科目，贷记"银行存款"等科目。

第四节 投资性房地产的转换

一、投资性房地产的转换形式和转换日

房地产的转换是因房地产用途发生改变而对房地产进行的重新分类。这里所说的房地产转换是针对房地产用途发生改变而言的，而不是后续计量模式的转变。企业有确凿证据表明房地产用途发生改变且满足下列条件之一的，应当将投资性房地产转换为其他资产或者将其他资产转换为投资性房地产。

（一）投资性房地产开始自用

投资性房地产转为自用房地产。在此种情况下，转换日为房地产达到自用状态，企业开始将房地产用于生产商品、提供劳务或者经营管理的日期。

（二）作为存货的房地产改为出租

房地产开发企业将其持有的开发产品以经营租赁的方式出租，存货相应地转换为投资性房地产。在此种情况下，转换日为房地产的租赁期开始日。租赁期开始日是指承租人有权行使其使用租赁资产权利的日期。

（三）自用建筑物或土地使用权停止自用，改为出租

企业将原本用于生产商品、提供劳务或者经营管理的房地产改用于出租，固定资产或土地使用权相应地转换为投资性房地产。在此种情况下，转换日为租赁期开始日。

（四）自用土地使用权停止自用，改用于资本增值

企业将原本用于生产商品、提供劳务或者经营管理的土地使用权改用于资本增值，土地使用权相应地转换为投资性房地产。在此种情况下，转换日为自用土地使用权停止自用后确定用于资本增值的日期。

（五）投资性房地产改为存货

房地产开发企业将用于经营租出的房地产重新开发用于对外销售。在这种情况下，转换日为租赁期届满、企业董事会或类似机构作出书面决议明确表明将其重新开发用于对外销售的日期。

二、非投资性房地产转为投资性房地产

（一）成本模式下的转换

1.作为存货的房地产转换为投资性房地产

作为存货的房地产转换为投资性房地产，通常指房地产开发企业将其持有的开发产品以经营租赁的方式出租，存货相应地转换为投资性房地产。

企业将作为存货的房地产转换为采用成本模式计量的投资性房地产，应当按该项存货在转换日的账面价值，借记"投资性房地产"科目，原已计提跌价准备的，借记"存货跌价准备"科目，按其账面余额，贷记"开发产品"等科目。

【例6-8】××股份有限公司是从事房地产开发的企业，2019年4月10日，公司董事会就将其开发的一栋写字楼不再出售改用作出租形成了书面决议。××股份有限公司遂与乙公司签订了租赁协议，将此写字楼整体出租给乙公司使用，租赁期开始日为2019年5月1日，租赁期为5年。2019年5月1日，该写字楼的账面余额为500 000 000元，未计提存货跌价准备，转换后采用成本模式进行后续计量。

××股份有限公司2019年5月1日的会计处理如下。

  借：投资性房地产——写字楼   500 000 000
    贷：开发产品   500 000 000

2.自用房地产转换为投资性房地产

企业将原本用于日常生产商品、提供劳务或者经营管理的房地产改用于出租，通常应该于租赁期开始日，按照固定资产或无形资产的账面价值，将固定资产或无形资产相应地转换为投资性房地产。

企业将自用土地使用权或建筑物转换为以成本模式计量的投资性房地产时，应当按该项建筑物或土地使用权在转换日的原价、累计折旧（摊销）、减值准备等，分别转入"投资性房地产""投资性房地产累计折旧（摊销）"科目，按其账面余额借记"投资性房地产"科目，贷记"固定资产"或"无形资产"科目，按已计提的折旧或摊销，借记"累计折旧"或"累计摊销"科目，贷记"投资性房地产累计折旧（摊销）"，原已计提减值准备的，借记"固定资产减值准备"或"无形资产减值准备"科目，贷记"投资性房地产减值准备"科目。

【例6-9】××股份有限公司拥有一栋本公司总部办公使用的办公楼，公司董事会就将该栋办公楼用于出租形成了书面决议。2019年4月10日，××股份有限公司与乙公司签订了经营租赁协议，将这栋办公楼整体出租给乙公司使用，租赁期开始日为2019年5月1日，租期为5年。2019年5月1日，这栋办公楼的账面余额为500 000 000元，已计提折旧5 000 000元。假设××股份有限公司所在城市不存在活跃的房地产交易市场。

××股份有限公司2019年5月1日的会计处理如下。

  借：投资性房地产——办公楼   500 000 000
    累计折旧   5 000 000

贷：固定资产——办公楼　　　　　　　　　500 000 000
　　投资性房地产累计折旧　　　　　　　　　5 000 000

（二）公允价值模式下的转换

1.作为存货的房地产转换为投资性房地产

企业将作为存货的房地产转换为采用公允价值模式计量的投资性房地产，应当按该项房地产在转换日的公允价值入账，借记"投资性房地产——成本"科目，原已计提跌价准备的，借记"存货跌价准备"科目，按其账面余额，贷记"开发产品"等科目。同时，转换日的公允价值小于账面价值的，按其差额，借记"公允价值变动损益"科目；转换日的公允价值大于账面价值的，按其差额，贷记"其他综合收益"科目。当该项投资性房地产处置时，因转换计入其他综合收益的部分应转入当期损益。

【例6-10】××股份有限公司是一家房地产开发公司，2019年5月10日与乙企业签订了租赁协议，将其开发的一栋写字楼出租给乙企业使用，租赁期开始日为2019年6月15日。2019年6月15日，该写字楼的账面余额为45 000万元，公允价值为47 000万元。2019年12月31日，该项投资性房地产的公允价值为48 000万元。

××股份有限公司的会计处理如下。

（1）2019年6月15日。

借：投资性房地产——成本　　　　　　　　470 000 000
　　贷：开发产品　　　　　　　　　　　　　450 000 000
　　　　其他综合收益　　　　　　　　　　　20 000 000

（2）2019年12月31日。

借：投资性房地产——公允价值变动　　　　10 000 000
　　贷：公允价值变动损益　　　　　　　　　10 000 000

2.自用房地产转换为投资性房地产

企业将自用房地产转换为采用公允价值模式计量的投资性房地产，应当按该项土地使用权或建筑物在转换日的公允价值，借记"投资性房地产——成本"科目，按已计提的累计摊销或累计折旧，借记"累计摊销"或"累计折旧"科目；原已计提减值准备的，借记"无形资产减值准备""固定资产减值准备"科目；按其账面余额，贷记"固定资产"或"无形资产"科目。同时，转换日的公允价值小于账面价值的，按其差额，借记"公允价值变动损益"科目；转换日的公允价值大于账面价值的，按其差额，贷记"其他综合收益"科目。当该项投资性房地产处置时，因转换计入其他综合收益的部分应转入当期损益。

【例6-11】2019年6月，××股份有限公司打算搬迁至新建办公楼，由于原办公楼处于商业繁华地段，××股份有限公司准备将其出租，以赚取租金收入。2019年10月30日，××股份有限公司完成了搬迁工作，原办公楼停止自用，并与乙企业签订了租赁协议，将其原办公楼租赁给乙企业使用，租赁期开始日为2019年10月30日，租赁期限为3年。2019年10月30日，该办公楼原价为5亿元，已提折旧14 250万元，公允价值为35 000万元。假设××股份有限公司对投资性房地产采用公允价值模式计量。

××股份有限公司的会计处理如下。

借：投资性房地产——成本　　　　　　　　350 000 000
　　公允价值变动损益　　　　　　　　　　　7 500 000
　　累计折旧　　　　　　　　　　　　　　142 500 000
　　贷：固定资产　　　　　　　　　　　　500 000 000

三、投资性房地产转为非投资性房地产

（一）成本模式下的转换

1.投资性房地产转换为自用房地产

企业将原本赚取租金或资本增值的房地产改用于生产商品、提供劳务或者经营管理，投资性房地产相应地转换为固定资产或无形资产。例如，企业将出租的厂房收回，并用于生产本企业的产品。在此情况下，转换日为房地产达到自用状态，企业开始将房地产用于生产商品、提供劳务或者经营管理的日期。

企业将投资性房地产转换为自用房地产，应当按该项投资性房地产在转换日的账面余额、累计折旧或摊销、减值准备等，分别计入"固定资产""累计折旧""固定资产减值准备"等科目；按投资性房地产的账面余额，借记"固定资产"或"无形资产"科目，贷记"投资性房地产"科目；按已计提的折旧或摊销，借记"投资性房地产累计折旧（摊销）"科目，贷记"累计折旧"或"累计摊销"科目；原已计提减值准备的，借记"投资性房地产减值准备"科目，贷记"固定资产减值准备"或"无形资产减值准备"科目。

【例6-12】2019年8月1日，××股份有限公司将出租在外的厂房收回，开始用于本企业生产商品。该项房地产账面价值为3 765万元，其中，原价5 000万元，累计已提折旧1 235万元。假设××股份有限公司采用成本计量模式计量。

××股份有限公司的会计处理如下。

借：固定资产　　　　　　　　　　　　　　50 000 000
　　投资性房地产累计折旧　　　　　　　　12 350 000
　　贷：投资性房地产　　　　　　　　　　50 000 000
　　　　累计折旧　　　　　　　　　　　　12 350 000

2.投资性房地产转换为存货

房地产开发企业将用于经营出租的房地产重新开发用于对外销售，从投资性房地产相应地转换为存货。

企业将投资性房地产转换为存货时，应当按该项房地产在转换日的账面价值，借记"开发产品"科目，按已计提的折旧或摊销，借记"投资性房地产累计折旧（摊销）"科目，原已计提减值准备的，借记"投资性房地产减值准备"科目，按其账面

余额，贷记"投资性房地产"科目。

（二）公允价值模式下的转换

1. 投资性房地产转换为自用房地产

企业将采用公允价值模式计量的投资性房地产转换为自用房地产时，应当以其转换当日的公允价值作为自用房地产的账面价值，公允价值与原账面价值的差额计入当期损益。

企业应按该项投资性房地产转换日的公允价值，借记"固定资产"或"无形资产"科目，按该项投资性房地产的成本，贷记"投资性房地产——成本"科目，按该项投资性房地产的累计公允价值变动，贷记或借记"投资性房地产——公允价值变动"科目，按其差额，贷记或借记"公允价值变动损益"科目。

【例6-13】2019年10月15日，××股份有限公司因租赁期满，将出租的写字楼收回，开始作为办公楼用于本企业的行政管理。2019年10月15日，该写字楼的公允价值为4 800万元。该项房地产在转换前采用公允价值模式计量，原账面价值为4 750万元，其中，成本为4 500万元，公允价值变动为增值250万元。

××股份有限公司的会计处理如下。

借：固定资产　　　　　　　　　　　　　　48 000 000
　　贷：投资性房地产——成本　　　　　　　　　45 000 000
　　　　　　　　　　——公允价值变动　　　　　2 500 000
　　　　公允价值变动损益　　　　　　　　　　　　500 000

2. 投资性房地产转换为存货

企业将采用公允价值模式计量的投资性房地产转换为存货时，应当以其转换当日的公允价值作为存货的账面价值，公允价值与原账面价值的差额计入当期损益。

企业应按该项投资性房地产转换日的公允价值，借记"开发产品"等科目，按该项投资性房地产的成本，贷记"投资性房地产——成本"科目，按该项投资性房地产的累计公允价值变动，贷记或借记"投资性房地产——公允价值变动"科目，按其差额，贷记或借记"公允价值变动损益"科目。

【例6-14】××股份有限公司作为一家房地产开发公司，将其开发的部分写字楼用于对外经营租赁。2019年10月15日，因租赁期满，××股份有限公司将出租的写字楼收回，并作出书面决议，将该写字楼重新开发用于对外销售，即由投资性房地产转换为存货，当日的公允价值为5 800万元。该项房地产在转换前采用公允价值模式计量，原账面价值为5 600万元，其中，成本为5 000万元，公允价值增值为600万元。

××股份有限公司的会计处理如下。

借：开发产品　　　　　　　　　　　　　　58 000 000
　　贷：投资性房地产——成本　　　　　　　　　50 000 000
　　　　　　　　　　——公允价值变动　　　　　6 000 000
　　　　公允价值变动损益　　　　　　　　　　　2 000 000

第五节 投资性房地产的处置

当投资性房地产被处置，或者永久退出使用且预计不能从其处置中取得经济利益时，应当终止确认该项投资性房地产。企业出售、转让、报废投资性房地产或者发生投资性房地产毁损，应当将处置收入扣除其账面价值和相关税费后的金额计入当期损益。

一、成本计量模式下投资性房地产的处置

企业在处置采用成本模式进行后续计量的投资性房地产时，应当按实际收到的金额，借记"银行存款"等科目，贷记"其他业务收入"科目；按该项投资性房地产的账面价值，借记"其他业务成本"科目，按其账面余额，贷记"投资性房地产"科目，按照已计提的折旧或摊销，借记"投资性房地产累计折旧（摊销）"科目，原已计提减值准备的，借记"投资性房地产减值准备"科目。

【例6-15】××股份有限公司将其出租的一栋写字楼确认为投资性房地产。租赁期届满后，××股份有限公司将该栋写字楼出售给乙公司，合同价款为200 000 000元，乙公司已用银行存款付清。假设这栋写字楼原采用成本模式计量。出售时，该栋写字楼的成本为180 000 000元，已计提折旧20 000 000元，不考虑相关税费。

××股份有限公司的会计处理如下。

借：银行存款　　　　　　　　　　　　　　200 000 000
　　贷：其他业务收入　　　　　　　　　　　200 000 000
借：其他业务成本　　　　　　　　　　　　160 000 000
　　投资性房地产累计折旧　　　　　　　　　20 000 000
　　贷：投资性房地产——写字楼　　　　　　180 000 000

二、公允价值计量模式下投资性房地产的处置

企业在处置采用公允价值模式计量的投资性房地产时，应当按实际收到的金额，借记"银行存款"等科目，贷记"其他业务收入"科目；按该项投资性房地产的账面余额，借记"其他业务成本"科目，按其成本，贷记"投资性房地产——成本"科目，按其累计公允价值变动，贷记或借记"投资性房地产——公允价值变动"科目。同时，企业应将投资性房地产累计公允价值变动，借记或贷记"公允价值变动损益"科目，贷记或借记"其他业务成本"科目。若存在原转换日计入其他综合收益的金额，则也需一并转入其他业务成本，借记"其他综合收益"科目，贷记"其他业务成本"科目。

【例6-16】 ××股份有限公司为一家房地产开发企业。2018年3月10日,××股份有限公司与乙企业签订了租赁协议,将其开发的一栋写字楼出租给乙企业使用,租赁期开始日为2018年4月15日。2018年4月15日,该写字楼的账面余额为45 000万元,公允价值为47 000万元。2018年12月31日,该项投资性房地产的公允价值为48 000万元。2019年6月租赁期届满,企业收回该项投资性房地产,并以55 000万元出售,出售款项已收讫。××股份有限公司采用公允价值模式计量。

××股份有限公司的会计处理如下。

(1) 2018年4月15日,存货转换为投资性房地产。

借:投资性房地产——成本	470 000 000
贷:开发产品	450 000 000
其他综合收益	20 000 000

(2) 2018年12月31日,公允价值变动。

借:投资性房地产——公允价值变动	10 000 000
贷:公允价值变动损益	10 000 000

(3) 2019年6月,出售投资性房地产:

借:银行存款	550 000 000
公允价值变动损益	10 000 000
其他综合收益	20 000 000
其他业务成本	450 000 000
贷:投资性房地产——成本	470 000 000
——公允价值变动	10 000 000
其他业务收入	550 000 000

或:

借:银行存款	550 000 000
贷:其他业务收入	550 000 000
借:其他业务成本	480 000 000
贷:投资性房地产——成本	470 000 000
——公允价值变动	10 000 000
借:公允价值变动损益	10 000 000
其他综合收益	20 000 000
贷:其他业务成本	30 000 000

课后习题

第七章

金融资产

第一节 金融资产概述

一、金融资产的内容

按照《企业会计准则第22号——金融工具确认和计量》（2017）限定的金融资产的范围，金融资产是指企业持有的现金、其他方的权益工具以及符合下列条件之一的资产：从其他方收取现金或其他金融资产的合同权利；在潜在有利条件下，与其他方交换金融资产或金融负债的合同权利，如企业持有的看涨期权或看跌期权等；将来须用或可用企业自身权益工具进行结算的非衍生工具合同，且企业根据该合同将收到可变数量的自身权益工具；将来须用或可用企业自身权益工具进行结算的衍生工具合同，但以固定数量的自身权益工具交换固定金额的现金或其他金融资产的衍生工具合同除外。

本章所讲述的金融资产为《企业会计准则第22号——金融工具确认和计量》（2017）所规范的金融资产范围，不包括长期股权投资（即企业对外能够形成控制、共同控制和重大影响的股权投资）、货币资金（即现金、银行存款、其他货币资金）。

二、金融资产的分类

《企业会计准则第22号——金融工具确认和计量》（2017）规定，企业应根据其管理金融资产的业务模式和金融资产的合同现金流量特征，基于后续计量视角将金融资产分为以摊余成本计量的金融资产、以公允价值计量且其变动计入其他综合收益的金融资产和以公允价值计量且其变动计入当期损益的金融资产三类。

（一）企业管理金融资产的业务模式

1. 业务模式评估

企业管理金融资产的业务模式是指企业如何管理其金融资产以产生现金流量。业务模式决定企业所管理金融资产现金流量的来源是收取合同现金流量、出售金融资产还是两者兼有。

一个企业可能会采用多个业务模式管理其金融资产。例如，企业持有一组以收取合同现金流量为目标的投资组合，同时还持有另一组既以收取合同现金流量为目标又以出售该金融资产为目标的投资组合。

2.企业管理金融资产业务模式的类型

（1）以收取合同现金流量为目标的业务模式。

在以收取合同现金流量为目标的业务模式下，企业管理金融资产旨在通过在金融资产存续期内收取合同付款来实现现金流量，而不是通过持有并出售金融资产产生整体回报。例如，企业购买某公司的债券，企业将通过持有该债券并在存续期内收取合同利息和到期收回债券本金来实现现金流量。

（2）以收取合同现金流量和出售金融资产为目标的业务模式。

在以收取合同现金流量和出售金融资产为目标的业务模式下，企业的关键管理人员认为收取合同现金流量和出售金融资产对于实现其管理目标而言都是不可或缺的。例如，企业购买某公司的债券，企业高度关注该债券投资的组合回报，组合回报包括收取合同利息和出售债券投资的利得和损失。

（3）其他业务模式。

如果企业管理金融资产的业务模式不是以收取合同现金流量为目标，也不是以收取合同现金流量和出售金融资产为目标，该金融资产应当分类为以公允价值计量且其变动计入当期损益的金融资产。在这种情况下，企业管理金融资产的目标是通过出售金融资产以实现现金流量。

（二）金融资产的合同现金流量特征

金融资产的合同现金流量特征是指金融工具合同约定的、反映相关金融资产经济特征的现金流量属性。企业分类为以摊余成本计量的金融资产和以公允价值计量且其变动计入其他综合收益的金融资产，其合同现金流量特征应当与基本借贷安排相一致。即相关金融资产在特定日期产生的合同现金流量仅为对本金和以未偿付本金金额为基础的利息的支付。

下面具体说明《企业会计准则第22号——金融工具确认和计量》（2017）关于金融资产的分类。

1.以摊余成本计量的金融资产

该类金融资产应同时符合两个条件：一是企业管理该金融资产的业务模式以收取合同现金流量为目标；二是该金融资产的合同条款规定，在特定日期产生的现金流量仅为本金和以未偿付本金金额为基础的利息。

2.以公允价值计量且其变动计入其他综合收益的金融资产

该类金融资产应同时符合两个条件：一是企业管理金融资产的业务模式既以收取合同现金流量为目标，又以出售该金融资产为目标；二是该金融资产的合同条款规定，在特定日期产生的现金流量，仅为对本金和以未偿付本金为基础的利息。

另外，企业会计准则允许企业将持有的非交易性权益工具投资指定为以公允价值计量且其变动计入其他综合收益的金融资产；指定一经作出，不得撤销。

3.以公允价值计量且其变动计入当期损益的金融资产

企业会计准则规定，不属于以摊余成本计量，也不属于以公允价值计量且其变动计入其他综合收益的金融资产，应归类为以公允价值计量且其变动计入当期损益的金融资产。

第二节 交易性金融资产

前已述及，以公允价值计量且其变动计入当期损益的金融资产主要是按照企业会计准则的规定，除以摊余成本计量的金融资产和以公允价值计量且其变动计入其他综合收益的金融资产以外的金融资产。它主要包括以交易为目的的债券、股票、基金和权证等。

形成以公允价值计量且其变动计入当期损益的金融资产的方式主要有两种：一是购入；二是重分类，即将一项以摊余成本计量的金融资产或以公允价值计量且其变动计入其他综合收益的金融资产重分类为以公允价值计量且其变动计入当期损益的金融资产。本部分仅就购入方式的会计处理进行说明。

为核算以公允价值计量且其变动计入当期损益的金融资产，企业应设置"交易性金融资产"和"公允价值变动损益"科目，其中"交易性金融资产"下设"成本"和"公允价值变动"两个明细科目："成本"明细科目用来核算以公允价值计量且其变动计入当期损益的金融资产的初始确认金额；"公允价值变动"明细科目用来核算以公允价值计量且其变动计入当期损益的金融资产在持有期间的公允价值变动金额。"公允价值变动损益"科目用来核算以公允价值计量且其变动计入当期损益的金融资产等在持有期间的公允价值变动产生的损益。

一、交易性金融资产的初始计量

企业会计准则要求，企业初始确认金融资产，应当按照公允价值计量。企业取得交易性金融资产，应按其公允价值，借记"交易性金融资产——成本"科目，按发生的交易费用，借记"投资收益"科目，按实际支付的价款中所包含的已到付息期但尚未领取的利息或已宣告但尚未发放的现金股利，借记"应收利息"或"应收股利"科目，按实际支付的金额，贷记"银行存款"等科目。

二、交易性金融资产持有收益的确认

交易性金融资产持有期间被投资单位宣告发放的现金股利，或在资产负债表日按分期付息、一次还本债券的票面利率计算的利息，应借记"应收股利"或"应收利息"科目，贷记"投资收益"科目。

三、交易性金融资产的期末计量

资产负债表日，交易性金融资产应按公允价值计量，公允价值与账面余额之间的差额通过"公允价值变动损益"科目核算，计入当期损益。期末公允价值高于其账面余额的差额，借记"交易性金融资产——公允价值变动"科目，贷记"公允价值变动损益"科目；期末公允价值低于其账面余额的差额应作相反的会计分录。

四、交易性金融资产的处置

企业出售交易性金融资产时，应按实际收到的金额，借记"银行存款"等科目，按该金融资产的账面余额，贷记"交易性金融资产"科目，按其差额，贷记或借记"投资收益"科目。同时，企业应将原计入该金融资产的公允价值变动转出，借记或贷记"公允价值变动损益"科目，贷记或借记"投资收益"科目。

【例7-1】2018年1月1日，××股份有限公司从二级市场购入甲公司债券，支付价款合计1 020 000元（含已到付息期但尚未领取的利息20 000元），另发生交易费用20 000元。该债券面值为1 000 000元，剩余期限为2年，票面年利率为4%，每半年付息一次。××股份有限公司根据其管理该债券的业务模式和该债券的合同现金流量特征，将该债券分类为以公允价值计量且其变动计入当期损益的金融资产。其他资料如下：

2018年1月5日，收到甲公司债券2017年下半年利息20 000元；
2018年6月30日，甲公司债券的公允价值为1 150 000元（不含利息）；
2018年7月5日，收到甲公司债券2018年上半年利息；
2018年12月31日，甲公司债券的公允价值为1 100 000元（不含利息）；
2019年1月5日，收到甲公司债券2018年下半年利息；
2019年6月20日，通过二级市场出售甲公司债券，取得价款1 180 000元（含1季度利息10 000元）。

假定不考虑其他因素，××股份有限公司的会计处理如下（金额单位：元）。
（1）2018年1月1日，从二级市场购入甲公司债券。

借：交易性金融资产——成本　　　　　　　　　　1 000 000
　　应收利息　　　　　　　　　　　　　　　　　　　20 000
　　投资收益　　　　　　　　　　　　　　　　　　　20 000
　贷：银行存款　　　　　　　　　　　　　　　　　1 040 000

(2) 2018年1月5日，收到该债券2017年下半年利息20 000元。
　　借：银行存款　　　　　　　　　　　　　　　　20 000
　　　　贷：应收利息　　　　　　　　　　　　　　　　　20 000

(3) 2018年6月30日，确认甲公司债券公允值变动和投资收益。
　　借：交易性金融资产——公允价值变动　　　　　150 000
　　　　贷：公允价值变动损益　　　　　　　　　　　　　150 000
　　借：应收利息　　　　　　　　　　　　　　　　20 000
　　　　贷：投资收益　　　　　　　　　　　　　　　　　20 000

(4) 2018年7月5日，收到甲公司债券2018年上半年利息。
　　借：银行存款　　　　　　　　　　　　　　　　20 000
　　　　贷：应收利息　　　　　　　　　　　　　　　　　20 000

(5) 2018年12月31日，确认甲公司债券公允价值变动和投资收益。
　　借：公允价值动损益　　　　　　　　　　　　　50 000
　　　　贷：交易性金融资产——公允价值变动　　　　　　50 000
　　借：应收利息　　　　　　　　　　　　　　　　20 000
　　　　贷：投资收益　　　　　　　　　　　　　　　　　20 000

(6) 2019年1月5日，收到甲公司债券2018年下半年利息。
　　借：银行存款　　　　　　　　　　　　　　　　20 000
　　　　贷：应收利息　　　　　　　　　　　　　　　　　20 000

(7) 2019年6月20日，通过二级市场出售甲公司债券。
　　借：银行存款　　　　　　　　　　　　　　　1 180 000
　　　　贷：交易性金融资产——成本　　　　　　　　　1 000 000
　　　　　　　　　　　　　　——公允价值变动　　　　100 000
　　　　　　投资收益　　　　　　　　　　　　　　　　80 000

(8) 同时。
　　借：公允价值动损益　　　　　　　　　　　　　100 000
　　　　贷：投资收益　　　　　　　　　　　　　　　　　100 000

【例7-2】2018年5月6日，××股份有限公司支付价款1 016万元（含交易费用1万元和已宣告尚未发放现金股利15万元），购入甲公司发行的股票200万股，占甲公司有表决权股份的0.5%。××股份有限公司根据其管理甲公司股票的业务模式和甲公司股票的合同现金流量特征，将甲公司股票分类为以公允价值计量且其变动计入当期损益的金融资产。

2018年5月10日，××股份有限公司收到甲公司发放的现金股利15万元。

2018年6月30日，该股票市价为每股5.2元。

2018年12月31日，××股份有限公司仍持有该股票；当日，该股票市价为每股4.8元。

2019年5月9日，甲公司宣告发放股利4 000万元。

2019年5月13日,××股份有限公司收到甲公司发放的现金股利。

2019年5月20日,××股份有限公司由于某特殊原因,以每股4.9元的价格将股票全部转让。

假定不考虑其他因素,××股份有限公司的会计处理如下(金额单位:元)。

(1) 2018年5月6日,购入股票。

  借:应收股利   150 000
    交易性金融资产——成本   10 000 000
    投资收益   10 000
    贷:银行存款   10 160 000

(2) 2018年5月10日,收到现金股利。

  借:银行存款   150 000
    贷:应收股利   150 000

(3) 2018年6月30日,确认股票价格变动。

  借:交易性金融资产——公允价值变动   400 000
    贷:公允价值变动损益   400 000

(4) 2018年12月31日,确认股票价格变动。

  借:公允价值变动损益   800 000
    贷:交易性金融资产——公允价值变动   800 000

注:公允价值变动=200×(4.8−5.2)=−80(万元)

(5) 2019年5月9日,确认应收现金股利。

  借:应收股利   200 000
    贷:投资收益   200 000

(6) 2019年5月13日,收到现金股利。

  借:银行存款   200 000
    贷:应收股利   200 000

(7) 2019年5月20日,出售股票。

  借:银行存款   9 800 000
    交易性金融资产——公允价值变动   400 000
    贷:交易性金融资产——成本   10 000 000
      投资收益   200 000

(8) 同时。

  借:投资收益   400 000
    贷:公允价值变动损益   400 000

第三节 债权投资

以摊余成本计量的金融资产（债券投资）的会计处理，主要包括金融资产实际利率的计算、摊余成本的确定、持有期间利息收益的确认和处置时损益的处理。为了核算以摊余成本计量的金融资产（债券投资），企业应设置"债权投资"科目，下设"成本""利息调整""应计利息"三个明细科目。其中"成本"明细科目用来核算企业取得债券投资的面值；"利息调整"明细科目用来核算企业取得债券投资时产生的利息调整的金额及其摊销的金额；"应计利息"明细科目用来核算企业取得的到期一次付息债券的利息。企业取得的分期付息债券的利息不通过该明细科目核算，而应另设"应收利息"科目进行核算。

一、债权投资的初始计量

债权投资初始确认时，应当按照公允价值和相关交易费用之和作为初始计量金额。实际支付的价款中包含的已到付息期但尚未领取的债券利息，应单独确认为应收项目（应收利息）。

二、债权投资利息收入的确认

（一）确认利息收入的方法

1.债权投资的账面余额与摊余成本

以摊余成本计量的债权投资的账面余额，是指"债权投资"科目的账面实际余额，即债权投资的初始入账金额加上（初始入账金额低于面值时）或减去（初始入账金额高于面值时）利息调整的累计摊销额后的余额，或者债权投资的面值加上（初始入账金额高于面值时）或减去（初始入账金额低于面值时）利息调整的摊余金额。

需要注意的是，如果债权投资为到期一次还本付息的债券，其账面余额还应当包括应计未付的债券利息；如果债权投资提前收回了部分本金，其账面余额还应当扣除已偿还的本金。

债权投资的摊余成本，是指金融资产的初始入账金额经下列调整后的结果：

（1）扣除已偿还的本金；

（2）加上或减去采用实际利率法将该初始确认金额与到期日金额之间的差额进行摊销形成的累计摊销额；

（3）扣除累计计提的损失准备（仅适用于金融资产）。

在会计处理上，以摊余成本计量的债权投资计提的损失准备是通过专门设置的"债权投资减值准备"科目单独核算的。

如果债权投资没有计提损失准备，其摊余成本等于账面余额。

2.实际利率法

实际利率法是指以实际利率为基础计算确定金融资产的账面余额（或摊余成本）以及将利息收入分摊计入各会计期间的方法。对于未发生信用减值的债权投资，采用实际利率法确认利息收入并确定账面余额的程序如下：

（1）以债权投资的面值乘以票面利率计算确定应收利息；

（2）以债权投资的期初账面余额乘以实际利率计算确定利息收入（总额法）；

（3）以应收利息与利息收入的差额作为当期利息调整摊销额；

（4）以债权投资的期初账面余额加上（初始入账金额低于面值时）或减去（初始入账金额高于面值时）当期利息调整的摊销额作为期末账面余额。

（二）分期付息债券利息收入的确认

以摊余成本计量的债权投资如为分期付息、一次还本的债券，企业应当于付息日或资产负债表日计提债券利息，计提的利息通过"应收利息"科目核算，同时确认利息收入。付息日或资产负债表日，企业应按以债权投资的面值和票面利率计算确定的应收利息，借记"应收利息"科目，按照以债权投资的账面余额和实际利率计算确定的利息收入，贷记"投资收益"科目，按其差额，借记或贷记"债权投资——利息调整"科目。企业收到上列应计未收的利息时，应借记"银行存款"科目，贷记"应收利息"科目。

企业一般应当采用实际利率计算确认利息收入，但若实际利率与票面利率差别较小，也可按票面利率计算确认利息收入，即付息日或资产负债表日，企业应按照以债权投资的面值和票面利率计算确定的应收利息，借记"应收利息"科目，按照以债权投资的账面余额和票面利率计算确定的利息收入，贷记"投资收益"科目，按其差额，借记或贷记"债权投资——利息调整"科目。

（三）到期一次还本付息债券利息收入的确认

以摊余成本计量的债权投资如为到期一次还本付息的债券，企业应当于资产负债表日计提债券利息，计提的利息通过"债权投资——应计利息"科目核算，同时按实际利率法确认利息收入并摊销利息调整。资产负债表日，企业应按照以债权投资的面值和票面利率计算确定的应收利息，借记"债权投资——应计利息"科目，按照以债权投资的账面余额和实际利率计算确定的利息收入，贷记"投资收益"科目，按其差额，借记或贷记"债权投资——利息调整"科目。

三、债权投资的处置

企业出售债权投资时，应按实际收到的金额，借记"银行存款"等科目，按其账面余额，贷记"债权投资——成本、应计利息"或"应收利息"科目，贷记或借记"债权投资——利息调整"科目,按其差额,贷记或借记"投资收益"科目。已计提减值准备的,还应同时结转减值准备。

【例7-3】2019年1月1日,××股份有限公司支付价款1 000万元(含交易费用)从上海证券交易所购入甲公司同日发行的5年期公司债券12 500份,债券票面价值总额为1 250万元,票面年利率为4.72%,于年末支付本年度债券利息,本金在债券到期时一次性偿还。合同约定,该债券的发行方在遇到特定情况时可以将债券赎回,且不需要为提前赎回支付额外款项。××股份有限公司在购买该债券时,预计发行方不会提前赎回。××股份有限公司根据其管理该债券的业务模式和该债券的合同现金流量特征,将该债券分类为以摊余成本计量的金融资产。

假定不考虑所得税、减值损失等因素,计算该债券的实际利率r。

59×(P/A,r,5)+1 250×(P/F,r,5)=1 000(万元)

采用插值法,计算得出r≈10%。

表7-1 利息收入与摊余成本计算表
(实际利率法)
金额单位:元

日期	期初摊余成本A	投资收益B=A×10%	应收利息C	期末摊余成本D=A+B-C
2019年	10 000 000	1 000 000	590 000	10 410 000
2020年	10 410 000	1 041 000	590 000	10 861 000
2021年	10 861 000	1 086 100	590 000	11 357 100
2022年	11 357 100	1 135 710	590 000	11 902 810
2023年	11 902 810	1 187 190①	12 500 000+590 000	0

××股份有限公司的有关账务处理如下(金额单位:元)。

(1)2019年1月1日,购入甲公司债券。

借:债权投资——成本　　　　　　　　　　　　　12 500 000
　　贷:银行存款　　　　　　　　　　　　　　　　10 000 000
　　　　债权投资——利息调整　　　　　　　　　　 2 500 000

(2)2019年12月31日,确认甲公司债券实际利息收入、收到债券利息。

借:应收利息　　　　　　　　　　　　　　　　　　　590 000
　　债权投资——利息调整　　　　　　　　　　　　　410 000
　　贷:投资收益　　　　　　　　　　　　　　　　 1 000 000
借:银行存款　　　　　　　　　　　　　　　　　　　590 000
　　贷:应收利息　　　　　　　　　　　　　　　　　590 000

(3)2020年12月31日,确认甲公司债券实际利息收入、收到债券利息。

借:应收利息　　　　　　　　　　　　　　　　　　　590 000
　　债权投资——利息调整　　　　　　　　　　　　　451 000

---

① 尾数调整 12 500 000 + 590 000 - 11 902 810 = 1 187 190

    贷：投资收益   1 041 000
  借：银行存款   590 000
    贷：应收利息   590 000

（4）2021年12月31日，确认甲公司债券实际利息收入、收到债券利息。

  借：应收利息   590 000
    债权投资——利息调整   496 100
    贷：投资收益   1 086 100
  借：银行存款   590 000
    贷：应收利息   590 000

（5）2022年12月31日，确认甲公司债券实际利息收入、收到债券利息。

  借：应收利息   590 000
    债权投资——利息调整   545 710
    贷：投资收益   1 135 710
  借：银行存款   590 000
    贷：应收利息   590 000

（6）2023年12月31日，确认甲公司债券实际利息收入、收到债券利息和本金。

  借：应收利息   590 000
    债权投资——利息调整   597 190
    贷：投资收益   1 187 190

利息调整的余额＝2 500 000－410 000－451 000－496 100－545 710＝597 190（元）

  借：银行存款   590 000
    贷：应收利息   590 000
  借：银行存款   12 500 000
    贷：债权投资——成本   12 500 000

第四节 应收款项

一、应收款项概述

  应收款项同时符合下列两个条件：企业管理该金融资产的业务模式是以收取合同现金流量为目标；该金融资产的合同条款规定，在特定日期产生的现金流量，仅为对本金和以未偿付本金金额为基础的利息的支付。因此，应当将其作为以摊余成本计量的金融资产。

应收款项会计核算应遵守下列规定:一般企业对外销售商品或提供劳务形成的应收债权,通常应按从购货方应收的合同或协议价款作为初始确认金额;企业收回应收款项时,应将取得的价款与应收款项账面价值之间的差额计入当期损益。

一般企业的应收款项,通常应设置"应收票据""应收账款""其他应收款"等科目核算。

(一)应收票据

应收票据是指企业因销售商品、提供劳务等而收到的尚未到期兑付的商业汇票。

商业汇票是一种由出票人签发的,委托付款人在指定日期无条件支付确定金额给收款人或者持票人的票据。商业汇票的付款期限,最长不得超过6个月。符合条件的商业汇票的持票人,可以持未到期的商业汇票连同贴现凭证向银行贴现。

商业汇票根据承兑人的不同,可分为商业承兑汇票和银行承兑汇票。商业汇票按是否计息可分为不带息商业汇票和带息商业汇票。

应收票据的计价,就是要确定应收票据的入账价值。按现行会计准则规定,企业收到承兑的汇票,无论是否带息,一律按其票面金额计价入账,即企业收到票据时,应按照票据的票面价值入账。但对于带息的票据,如果收款期是跨年度的,应于年末按应收票据的票面金额和约定的利率计算利息并增加应收票据的账面价值。

会计实务上一般不对应收票据计提坏账准备。但是,在资产负债表日对应收票据的账面价值进行检查,企业持有的未到期应收票据,如有确凿证据证明不能收回或收回的可能性不大时,应确认其资产减值损失,计提坏账准备。

(二)应收账款

应收账款是指企业因销售商品、产品或提供劳务等经营活动,应向购货单位或接受劳务单位收取的款项,主要包括应向有关债务人收取的货物价款、增值税及代购货单位垫付的运杂费、包装费等。

在现实经济生活中,企业为了促销或尽快收回货款,往往会实行折扣的办法。因此,在确认应收账款的入账价值时,还要考虑折扣因素。折扣包括商业折扣和现金折扣。

1.商业折扣

商业折扣是指企业为促进商品销售而在商品标价上给予的价格扣除。例如,企业为鼓励客户多买商品,可能规定购买10件以上商品给予客户10%的折扣,或客户每买10件送1件等;此外,企业为了尽快出售一些残次、陈旧、冷背的商品,也可能降价(即打折)出售。商业折扣作为企业的一种促销手段,有利于扩大销路。

商业折扣在销售时即已发生,并不构成最终成交价格的一部分。因此,企业销售商品涉及商业折扣的,应当按照扣除商业折扣后的金额来确定销售商品收入金额和应收账款金额。

2.现金折扣

现金折扣是指债权人为鼓励债务人在规定的期限内付款而向债务人提供的债务折扣,一般用符号"折扣率/付款期"表示。例如,"2/10,1/20,n/30"表示:销货方允许客户最长的付款期限为30天,如果客户在10天内付款,销货方可给予客户2%的折扣;如果客户在20天内付款,销货方可给予客户1%的折扣;如果客户在21天至30天内付款,将不能享受现金折扣。

现金折扣发生在企业销售商品之后,销售商品后现金折扣是否发生以及发生多少要视买方的付款情况而定,企业在确认销售商品收入时不能确定现金折扣金额。因此,企业销售商品涉及现金折扣的,应当按照未扣除现金折扣前的金额确定应收账款金额。现金折扣实际上是企业为了尽快回笼资金而发生的理财费用,应在实际发生时计入当期财务费用。

企业在计算现金折扣时,还应注意销售方是按不包含增值税的价款提供现金折扣,还是按包含增值税的价款提供现金折扣,两种情况下购买方享有的折扣金额不同。

(三)其他应收款

其他应收款是指除应收票据、应收账款、预付账款以外的其他各种应收及暂付款项。其主要内容包括:应收的各种赔款、罚款,如企业财产等遭受意外损失而应向有关保险公司收取的赔款等;应收的出租包装物租金;应向职工收取的各种垫付款,如为职工垫付的水电费、应由职工负担的医药费、房租费等;存出保证金,如租入包装物支付的押金;其他各种应收、暂付款项。

(四)预付账款

预付账款不属于金融资产,指企业按照合同规定预付的款项。预付账款是企业暂时被供应单位占有的资金。企业预付货款后有权要求供货方按照购货合同规定发货。预付账款必须以购销双方签定的购货合同为条件,按照规定的程序和方法进行核算。

二、应收款项的会计处理

(一)应收票据

为了反映应收票据的取得、票款收回等经济业务,企业应当设置"应收票据"科目,借方登记取得的应收票据面值和票据利息,贷方登记到期收回票款或到期前向银行贴现的应收票据的票面余额,期末余额在借方,反映企业持有的商业汇票的面值和利息。本科目可按照开出、承兑商业汇票的单位设户进行明细核算,并设置"应收票据备查簿",逐笔登记商业汇票的种类、号数和出票日期、票面金额、交易合同号和付款人、承兑人、背书人的姓名或单位名称、到期日、背书转让日、贴现日、贴现率和贴现净额以及收款日和收回金额、退票情况等资料。商业汇票到期结清票款或退票后,在备查簿中应予注销。

1.不带息应收票据的核算

应收票据取得的原因不同,其会计处理亦有区别。对于因债务人抵偿前欠货款而取得的应收票据,借记"应收票据"科目,贷记"应收账款"科目;对于因企业销售、提供劳务等收到的商业汇票,借记"应收票据"科目,贷记"主营业务收入""应交税费——应交增值税(销项税额)"等科目。应收票据到期收回款项时,企业应按实际收到的金额,借记"银行存款"科目,贷记"应收票据"科目。商业承兑汇票到期,承兑人违约拒付或无力支付票款,企业收到银行退回的商业承兑汇票、委托收款凭证、未付票款通知书或拒绝付款证明等时,应借记"应收账款"科目,贷记"应收票据"科目。

【例7-4】××股份有限公司2019年5月1日向甲公司销售一批产品,货款为100 000元,适用增值税率为13%。合同约定3个月以后付款,甲公司交给××股份有限公司一张不带息3个月到期的商业承兑汇票,面值为117 000元。2019年8月1日甲公司如期承兑汇票款。该公司编制会计分录如下。

(1) 2019年5月1日收到商业承兑汇票时。

借:应收票据——甲公司　　　　　　　　　　113 000
　　贷:主营业务收入　　　　　　　　　　　　100 000
　　　　应交税费——应交增值税(销项税额)　　13 000

(2) 2019年8月1日收到汇票款时。

借:银行存款　　　　　　　　　　　　　　　113 000
　　贷:应收票据——甲公司　　　　　　　　　113 000

(3) 如果该票据到期,甲公司无力偿还票款,××股份有限公司应将到期票据的票面金额转入"应收账款"科目。则应编制会计分录如下。

借:应收账款——甲公司　　　　　　　　　　113 000
　　贷:应收票据——甲公司　　　　　　　　　113 000

(4) 如果企业收到的商业汇票是对方用来抵偿前欠货款的,则应借记"应收票据"科目,贷记"应收账款"科目。

2.带息应收票据的核算

企业收到的带息应收票据,除按照上述原则进行核算外,还应于期末计提票据利息,借记"应收票据"科目,贷记"财务费用"科目。到期不能收回的带息应收票据,转入"应收账款"科目核算后,期末不再计提利息,其所包含的利息,在有关备查簿中进行登记,待实际收到时再冲减收到当期的财务费用。票据利息的计算公式为:

票据利息=应收票据票面金额×票面利率×期限

带息应收票据到期收回款项时,企业应按收到的本息,借记"银行存款"科目,按账面余额,贷记"应收票据"科目,按其差额(未计提利息部分),贷记"财务费用"科目。

【例7-5】××股份有限公司2019年10月1日销售一批产品给甲公司,货已发出,增值税专用发票上注明的价款为200 000元,增值税额为26 000元。××股份有限公司收到甲公司交来的商业承兑汇票一张，期限为6个月，票面利率为6%。该公司编制会计分录如下。

（1）2019年10月1日销售产品收到票据时。

借：应收票据——甲公司　　　　　　　　　226 000
　　贷：主营业务收入　　　　　　　　　　　　200 000
　　　　应交税费——应交增值税（销项税额）　26 000

（2）2019年12月31日计提票据利息时。

票据利息＝226 000×6%×3/12＝3 390（元）

借：应收票据——甲公司　　　　　　　　　3 390
　　贷：财务费用　　　　　　　　　　　　　3 390

（3）2020年4月1日票据到期收回款项时。

收款金额＝226 000×（1＋6%×6/12）＝232 780（元）

2020年未计提的票据利息＝226 000×6%×3/12＝3 390（元）

借：银行存款　　　　　　　　　　　　　232 780
　　贷：应收票据——甲公司　　　　　　　　229 390
　　　　财务费用　　　　　　　　　　　　　3 390

3.应收票据的背书转让

企业可以将自己持有的商业汇票背书转让。背书是指在票据背面或粘贴单上记载有关事项并签章的票据行为。票据被拒绝承兑、拒绝付款或者超过付款提示期限的，不得背书转让。背书转让的，背书人应当承担票据责任。企业将持有的商业汇票背书转让以取得所需物资时，按应计入取得物资成本的金额，借记"材料采购"或"原材料""库存商品"等科目，按增值税专用发票上注明的可抵扣的增值税额，借记"应交税费——应交增值税（进项税额）"科目，按商业汇票的票面金额，贷记"应收票据"科目，如有差额借记或贷记"银行存款"科目。

【例7-6】承接【例7-5】资料，假定××股份有限公司于2019年10月20日将上述应收票据背书转让，以取得生产经营所需的B材料，该材料的买价为200 000元，增值税额为26 000元。该材料已验收入库。该公司编制会计分录如下。

借：原材料——B材料　　　　　　　　　　200 000
　　应交税费——应交增值税（进项税额）　26 000
　　贷：应收票据——甲公司　　　　　　　　226 000

4.应收票据的贴现

企业收到商业汇票后，如果急需资金使用，可将未到期的票据背书后向银行申请贴现。应收票据的贴现通常是企业将未到期商业汇票经过背书后交给银行，银行同意后，从票据到期值中扣除按银行的贴现利率计算贴现息后，将余额付给贴现企业。在贴现中，企业付给银行的利息称为"贴现利息"，银行计算贴现利息的利率称为"贴现利率"，票据到期值与贴现息之差为"贴现所得"。

对于不带息应收票据，到期值就是面值；而对于带息应收票据，到期值应该包含到期应收的利息。其有关计算公式如下：

票据到期值＝票面金额×（1＋票面利率×期限）

贴现利息＝票据到期值×贴现利率×贴现期

贴现所得＝票据到期值－贴现利息

【例7-7】××股份有限公司于2019年5月1日出售给A企业一批原材料，货款总计100 000元，适用的增值税税率为16%。A企业交来一张出票日为2019年5月10日的不带息商业承兑汇票，该汇票面值为116 000元，期限为3个月。××股份有限公司2019年6月10日持票据到银行贴现，贴现率为8%。该公司计算、编制会计分录如下。

（1）公司收到票据。

借：应收票据　　　　　　　　　　　　　　116 000
　贷：主营业务收入　　　　　　　　　　　　100 000
　　　应交税费——应交增值税（销项税额）　　16 000

（2）6月10日到银行贴现时，票据到期日为8月10日，贴现期为2个月。票据到期值即票据面值，价值为116 000元。

贴现息＝116 000×8%÷12×2＝1 546.67（元）

贴现额＝116 000－1 546.67＝114 453.33（元）

借：银行存款　　　　　　　　　　　　　　114 453.33
　　财务费用　　　　　　　　　　　　　　　1 546.67
　贷：应收票据　　　　　　　　　　　　　　116 000

（3）若此票据为带息票据，票据年利率为6%，其他条件不变，××股份有限公司于6月10日到银行贴现。

票据到期值＝116 000＋116 000×6%÷12×3＝117 740（元）

贴现息＝117 740×8%÷12×2＝1 569.87（元）

贴现额＝117 740－1 569.87＝116 170.13（元）

借：银行存款　　　　　　　　　　　　　　116 170.13
　贷：应收票据　　　　　　　　　　　　　　116 000
　　　财务费用　　　　　　　　　　　　　　　170.13

（4）8月10日，××股份有限公司已办理贴现的带息应收票据到期，若A公司无力向贴现银行支付票款，贴现银行将票据退回××股份有限公司并从其账户将票款划出。

票据到期值＝116 000＋116 000×6%÷12×3＝117 740（元）

借：应收账款——A企业　　　　　　　　　　117 740
　贷：银行存款　　　　　　　　　　　　　　117 740

（5）若××股份有限公司银行存款余额不足，则贴现银行将这笔款项作为逾期贷款通知该企业，××股份有限公司编制会计分录如下。

借：应收账款——A企业　　　　　　　　　　117 740
　贷：短期借款　　　　　　　　　　　　　　117 740

上述票据到期承兑人无力向贴现银行支付款项的情况，一般发生在商业承兑汇票方式,银行承兑汇票一般不会出现这种情况。这种由于承兑人无力付款而造成的申请贴现企业可能发生的负债,是或有负债的一种。

(二)应收账款

为了反映应收账款的增减变动及其结存情况,企业应设置"应收账款"科目,不单独设置"预收账款"科目的企业,预收的账款也在"应收账款"科目核算。"应收账款"科目的借方登记应收账款的增加,贷方登记应收账款的收回及确认的坏账损失,期末余额一般在借方,反映企业尚未收回的应收账款,如果期末余额在贷方,则反映企业预收的账款。该科目应按不同购货单位或接受劳务的单位设户进行明细核算,以便及时向债务人催收账款。

【例7-8】××股份有限公司采用托收承付结算方式向甲公司销售商品一批,货款为200 000元,增值税额为26 000元,以银行存款代垫运杂费5 000元,已办妥托收手续。该公司编制会计分录如下。

(1)商品发出并办妥托收手续时。

　　借:应收账款——甲公司　　　　　　　　　　231 000
　　　　贷:主营业务收入　　　　　　　　　　　　200 000
　　　　　　应交税费——应交增值税(销项税额)　26 000
　　　　　　银行存款　　　　　　　　　　　　　　5 000

(2)实际收到货款时。

　　借:银行存款　　　　　　　　　　　　　　　231 000
　　　　贷:应收账款——甲公司　　　　　　　　　231 000

【例7-9】××股份有限公司2019年3月10日向乙公司销售商品一批,货款为200 000元,增值税额为26 000元。由于是成批销售,××股份有限公司给予乙公司10%的商业折扣,并在销售合同中规定现金折扣条件为2/10,1/20,n/30。商品于2019年3月10日发出,乙公司于2019年3月18日付款。假设计算现金折扣时考虑增值税。

本例涉及商业折扣和现金折扣问题,首先需要计算确定销售商品收入的金额。根据销售商品收入金额确定的有关规定,销售商品收入的金额应是未扣除现金折扣但扣除商业折扣后的金额,现金折扣应在实际发生时计入当期财务费用。因此,甲公司应确认的销售收入为180 000(200 000-200 000×10%)元,增值税销项税额为23 400(180 000×13%)元。乙公司于销售实现后的10天内付款,享有的现金折扣为4 068[(180 000+23 400)×2%]元。该公司编制会计分录如下。

(1)2019年3月10日销售商品时。

　　借:应收账款——乙公司　　　　　　　　　　203 400
　　　　贷:主营业务收入　　　　　　　　　　　　180 000
　　　　　　应交税费——应交增值税(销项税额)　23 400

(2)2019年3月18日收到货款时。

借：银行存款	199 332	
财务费用	4 068	
贷：应收账款——乙公司		203 400

本例中，若乙公司于2019年3月25日付款，则享有的现金折扣为2 034（203 400×1%）元。若乙公司于2019年3月31日以后付款，则应按全额付款。

以上的4 068元为考虑增值税时的现金折扣，若计算现金折扣时不考虑增值税，则甲公司给予乙公司的现金折扣为3 600（180 000×2%）元。

（三）其他应收款

为了反映其他应收款的增减变动及其结存情况，企业应设置"其他应收款"科目对其进行核算。"其他应收款"科目的借方登记其他应收款的增加，贷方登记其他应收款的收回，期末余额一般在借方，反映企业尚未收回的其他应收款项。在"其他应收款"科目下，应按不同债务人设置明细科目，进行明细核算。

【例7-10】××股份有限公司租入包装物一批，以银行存款支付包装物押金3 000元。该公司编制会计分录如下。

（1）租入包装物支付包装物押金时。

　　借：其他应收款——存出保证金　　　　3 000
　　　贷：银行存款　　　　　　　　　　　　　3 000

（2）企业归还租入包装物，收到出租方退还的押金时。

　　借：银行存款　　　　　　　　　　　　3 000
　　　贷：其他应收款——存出保证　　　　　　3 000

【例7-11】××股份有限公司以银行存款代职工张兰垫付应由其个人负担的医药费2 400元，拟从其下月工资中扣回。该公司编制会计分录如下。

（1）垫付医药费时。

　　借：其他应收款——张兰　　　　　　　2 400
　　　贷：银行存款　　　　　　　　　　　　　2 400

（2）从下月工资中扣款时。

　　借：应付职工薪酬　　　　　　　　　　2 400
　　　贷：其他应收款——张兰　　　　　　　　2 400

【例7-12】××股份有限公司职工刘磊出差借差旅费1 000元，以现金支付。刘磊出差归来，报销差旅费850元，余款交回。该公司编制会计分录如下。

（1）预付差旅费时。

　　借：其他应收款——刘磊　　　　　　　1 000
　　　贷：库存现金　　　　　　　　　　　　　1 000

（2）刘磊出差归来，报销差旅费850元，余款交回。

　　借：管理费用　　　　　　　　　　　　850
　　　　库存现金　　　　　　　　　　　　150
　　　贷：其他应收款——刘磊　　　　　　　　1 000

企业应定期或至少于年度终了时，对其他应收款进行检查，预计其可能发生的损失，并计提坏账准备。对于不能收回的其他应收款应查明原因，追究责任。对确实无法收回的，按照企业的管理权限，经股东大会或董事会，或经理（厂长）会议或类似机构批准作为坏账损失，冲减提取的坏账准备。

期末，"其他应收款"项目应按减去已计提的坏账准备后的净额，在资产负债表上列示。

三、应收款项损失准备的会计处理

（一）坏账损失的确认

坏账是指企业无法收回或收回的可能性极小的应收款项。由于发生坏账而产生的损失，称为"坏账损失"。

企业应当在资产负债表日对应收款项的账面价值进行检查，有客观证据表明该应收款项发生减值的，应当确认减值损失，计提坏账准备。

现行会计准则规定，符合下列条件之一的应收款项，可确认为坏账：债务人破产或死亡，以其破产财产或遗产进行清偿后确实无法收回的部分；因债务单位撤销、资不抵债或现金流量严重不足，确实无法收回的部分；因发生严重的自然灾害等导致债务单位停产而在短时间内无法偿付债务，确实无法收回的部分；因债务人逾期未履行偿债义务超过3年，经核查确实无法收回的部分。

企业采用先提供商品或服务、后收款的方式，发生坏账损失是难以避免的。对已确认为坏账的应收款项，并不意味着企业就放弃追索权，一旦收回，就应及时入账。坏账损失会减少企业利润和现金流量，企业应加强对应收款项的管理，尽可能地减少坏账损失。

（二）坏账损失的计提和核算

坏账损失的核算方法有直接转销法和备抵法两种。我国现行会计准则规定，企业只能采用备抵法核算坏账损失。

备抵法是指按期估计坏账损失，形成坏账准备，当某一应收款项的全部或部分被确认为坏账时，应根据其金额冲减坏账准备，同时转销相应的应收款项金额的一种核算方法。采用备抵法，企业应当设置"坏账准备"科目，核算应收款项的坏账准备计提、转销等情况。企业当期计提的坏账准备应计入当期损益。"坏账准备"科目的贷方登记当期计提的坏账准备金额，借方登记实际发生的坏账损失金额和冲减的坏账准备金额，期末余额一般在贷方，反映企业已计提但尚未转销的坏账准备。计提坏账准备时，借记"信用减值损失——计提的坏账准备"科目，贷记"坏账准备"科目；冲减坏账准备时作相反的分录；发生坏账损失用坏账准备弥补时，借记"坏账准备"科目，贷记"应收账款""应收票据""预付账款""其他应收款"等科目。

企业已确认并转销的应收款项以后又收回的，应按实际收回的金额，借记"应收票据""应收账款""预付账款""其他应收款"等科目,贷记"坏账准备"科目;同时,借记"银行存款"科目,贷记"应收票据""应收账款""预付账款""其他应收款"等科目;也可以直接按实际收回的金额,借记"银行存款"科目,贷记"坏账准备"科目。

计提坏账准备的方法有应收款项余额百分比法、账龄分析法、销货百分比法等。

1. 应收款项余额百分比法

应收款项余额百分比法是根据会计期末应收款项的余额和估计的坏账率,估计坏账损失、计提坏账准备的方法。

【例7-13】××股份有限公司从2017年开始计提坏账准备。2017年末,××股份有限公司应收账款余额为850 000元,企业提取坏账准备的比例为5%。则该公司计算坏账准备并编制会计分录如下。

坏账准备提取额＝850 000×5%＝42 500(元)

  借:信用减值损失——计提的坏账准备 42 500
    贷:坏账准备   42 500

2018年5月,××股份有限公司发现有乙公司所欠货款12 000元无法收回,按有关规定确认为坏账损失。则该公司编制会计分录如下。

  借:坏账准备   12 000
    贷:应收账款——乙公司   12 000

2018年12月31日,××股份有限公司应收账款余额为1 500 000元。年末计提坏账准备前,"坏账准备"科目的贷方余额为30 500(42 500－12 000)元。则该公司计算坏账准备并编制会计分录如下。

1 500 000×5%－30 500＝44 500(元)

  借:信用减值损失——计提的坏账准备 44 500
    贷:坏账准备   44 500

2019年9月5日,接银行通知,公司上年已核销的12 000元坏账又收回,款项已存入银行。则该公司编制会计分录如下。

  借:应收账款   12 000
    贷:坏账准备   12 000

同时:

  借:银行存款   12 000
    贷:应收账款   12 000

2019年12月31日,公司应收账款余额为1 600 000元。计提坏账准备前的"坏账准备"科目的贷方余额为87 000(75 000＋12 000)元。则该公司计算坏账准备并编制会计分录如下。

1 600 000×5%－87 000＝－7 000(元)

  借:坏账准备   7 000
    贷:信用减值损失——计提的坏账准备 7 000

2.账龄分析法

账龄分析法是根据应收款项账龄的长短来估计坏账的方法。账龄指的是债务人所欠账款的时间。采用这种方法,企业利用账龄分析表所提供的信息,确定坏账准备金额。确定的方法是按各类账龄分别估计其可能成为坏账的部分。

【例7-14】××股份有限公司2019年12月31日"坏账准备"科目贷方余额16 000元,年末应收账款的账龄及估计坏账损失见表7—2。

表7-2　估计坏账损失表
2019年12月31日　　　　　　　　　　　　　　　　　　单位:元

应收账款账龄	应收账款金额	估计坏账率	估计损失金额
未到期	300 000	1%	3 000
逾期一年	120 000	5%	6 000
逾期二年	80 000	30%	24 000
逾期三年	10 000	80%	8 000
合计	510 000		41 000

该公司计算坏账准备并编制会计分录如下。

年末应提取的坏账准备额为41 000－16 000＝25 000(元)。

借:信用减值损失——计提的坏账准备　　　　25 000
　　贷:坏账准备　　　　　　　　　　　　　　　　　25 000

第五节　其他金融工具投资

一、其他债权投资

其他债权投资是指既可能持有至到期收取合同现金流量,又可能在到期之前出售的债券投资。企业取得其他债权投资,应将其划分为以公允价值计量且其变动计入其他综合收益的金融资产。采用实际利率法计算的利息应当计入当期损益,计入各期损益的金额应当与债权投资按摊余成本计量而计入各期损益的金额相等;该金融资产由于公允价值变动产生的所有利得或损失,应当计入其他综合收益;该金融资产发生的减值损失或利得,应计入当期损益;该金融资产终止确认时,之前计入其他综合收益的累计利得或损失,应当从其他综合收益中转出,计入当期损益。

为了反映其他债权投资的取得、处置、公允价值变动等情况,企业应当设置"其他债权投资"科目,并设置"成本""利息调整""应计利息""公允价值变动"明细科目。

（一）其他债权投资的取得

企业取得的债券若划分为其他债权投资，应按该债券的公允价值和相关交易费用之和作为该金融资产的入账价值，分别借记"其他债权投资——成本""其他债权投资——应计利息""应收利息"科目，借记或贷记"其他债权投资——利息调整"科目；根据实际支付的价款，贷记"银行存款"等科目。

（二）其他债权投资的收益

企业若将债权投资划分为其他债权投资，应按照债券的摊余成本和初始确认的实际利率确定投资收益，根据应收的票面利息，借记"其他债权投资——应计利息"或"应收利息"等科目；根据以实际利率计算的实际利息收入，贷记"投资收益"科目；根据两者的差额，借记或贷记"其他债权投资——利息调整"科目。

（三）其他债权投资的期末计价

在资产负债表日，其他债权投资应当按照公允价值计量。按照我国企业会计准则的规定，其他债权投资公允价值与账面价值的差额，即公允价值的变动，不得计入当期损益，而应作为所有者权益变动，计入其他综合收益，借记或贷记"其他债权投资——公允价值变动"科目，贷记或借记"其他综合收益——其他债权投资公允价值变动"科目。

（四）其他债权投资的出售

企业出售其他债权投资，应终止确认该金融资产，将实际收到的金额与其账面价值的差额确认为投资收益，同时，将原累计计入其他综合收益的公允价值变动转为投资收益。企业应按实际收到的出售价款，借记"银行存款"等科目，根据其账面价值，贷记"其他债权投资"科目，按其差额，贷记或借记"投资收益"科目；同时，按累计公允价值变动原计入其他综合收益的金额，借记或贷记"其他综合收益——其他债权投资公允价值变动"科目，贷记或借记"投资收益"科目。

【例7-15】2019年1月1日，××股份有限公司支付价款1 000万元（含交易费用）从上海证券交易所购入A公司同日发行的5年期公司债券12 500份，债券票面价值总额为1 250万元，票面年利率为4.72%，于年末支付本年度债券利息，本金在债券到期时一次性偿还。合同约定，该债券的发行方在遇到特定情况时可以将债券赎回，且不需要为提前赎回支付额外款项。××股份有限公司在购买该债券时，预计发行方不会提前赎回。××股份有限公司根据其管理该债券的业务模式和该债券的合同现金流量特征，将该债券分类为以公允价值计量且其变动计入其他综合收益的金融资产。

其他资料如下：
2019年12月31日，A公司债券的公允价值为1 200万元（不含利息）；
2020年12月31日，A公司债券的公允价值为1 300万元（不含利息）；
2021年12月31日，A公司债券的公允价值为1 250万元（不含利息）；

2022年12月31日，A公司债券的公允价值为1 200万元（不含利息）；

2023年1月20日，通过上海证券交易所出售了A公司债券12 500份，取得价款1 260万元。

假定不考虑所得税、减值损失等因素，计算该债券的实际利率r。

59×（P/A，r，5）+1 250×（P/F，r，5）=1 000（万元）

采用插值法，计算得出r≈10%。

××股份有限公司的有关会计处理如下（金额单位：元）。

（1）2019年1月1日，购入A公司债券。

借：其他债权投资——成本　　　　　　　　　　　12 500 000
　　贷：银行存款　　　　　　　　　　　　　　　　10 000 000
　　　　其他债权投资——利息调整　　　　　　　　 2 500 000

此时，**摊余成本（账面余额）**=12 500 000－2 500 000=10 000 000（元）。

（2）2019年12月31日，确认A公司债券实际利息收入、收到债券利息。

借：应收利息　　　　　　　　　　　　　　　　　　　590 000
　　其他债权投资——利息调整　　　　　　　　　　　　410 000
　　贷：投资收益　　　　　　　　　　　　　　　　　1 000 000
借：银行存款　　　　　　　　　　　　　　　　　　　590 000
　　贷：应收利息　　　　　　　　　　　　　　　　　　590 000

此时，**摊余成本（账面余额）**=10 000 000+410 000=10 410 000（元）。

借：其他债权投资——公允价值变动　　　　　　　　 1 590 000
　　贷：其他综合收益——其他债权投资公允价值变动　 1 590 000

注：2019年12月31日公允价值为12 000 000元，与摊余成本10 410 000元相比，增加1 590 000元，所以需要确认增值=1 590 000（元）。

（3）2020年12月31日，确认A公司债券实际利息收入、收到债券利息。

借：应收利息　　　　　　　　　　　　　　　　　　　590 000
　　其他债权投资——利息调整　　　　　　　　　　　　451 000
　　贷：投资收益　　　　　　　　　　　　　　　　　1 041 000
借：银行存款　　　　　　　　　　　　　　　　　　　590 000
　　贷：应收利息　　　　　　　　　　　　　　　　　　590 000

此时，**摊余成本（账面余额）**=10 410 000+451 000=10 861 000（元）。

借：其他债权投资——公允价值变动　　　　　　　　　 549 000
　　贷：其他综合收益——其他债权投资公允价值变动　　 549 000

注：2020年12月31日公允价值为13 000 000元，与摊余成本10 861 000元相比，增加2 139 000元，原来已经确认增值1 590 000元，所以再次确认增值=2 139 000－1 590 000=549 000（元）

（4）2021年12月31日，确认A公司债券实际利息收入、收到债券利息。

借：应收利息　　　　　　　　　　　　　　　　590 000
　　　其他债权投资——利息调整　　　　　　　496 100
　　贷：投资收益　　　　　　　　　　　　　　　　　1 086 100
借：银行存款　　　　　　　　　　　　　　　　590 000
　　贷：应收利息　　　　　　　　　　　　　　　　　590 000

此时，摊余成本（账面余额）＝10 861 000＋496 100＝11 357 100（元）。

借：其他综合收益——其他债权投资公允价值变动　996 100
　　贷：其他债权投资——公允价值变动　　　　　　996 100

注：2021年12月31日公允价值为12 500 000元，与摊余成本11 357 100元相比，增加1 142 900元，原来已经确认增值2 139 000元（1 590 000＋549 000），所以需要冲减＝2 139 000－1 142 900＝996 100（元）。

（5）2022年12月31日，确认A公司债券实际利息收入、收到债券利息。

借：应收利息　　　　　　　　　　　　　　　　590 000
　　　其他债权投资——利息调整　　　　　　　545 710
　　贷：投资收益　　　　　　　　　　　　　　　　　1 135 710
借：银行存款　　　　　　　　　　　　　　　　590 000
　　贷：应收利息　　　　　　　　　　　　　　　　　590 000

此时，摊余成本（账面余额）＝11 357 100＋545 710＝11 902 810（元）。

借：其他综合收益——其他债权投资公允价值变动　1 045 710
　　贷：其他债权投资——公允价值变动　　　　　　1 045 710

注：2022年12月31日公允价值为12 000 000元，与摊余成本11 902 810元相比，增加97 190元，原来已经确认增值1 142 900元（1 590 000＋549 000－996 100），所以需要冲减＝1 142 900－97 190＝1 045 710（元）。

（6）2023年1月20日，确认出售A公司债券实现的损益。

借：银行存款　　　　　　　　　　　　　　　　12 600 000
　　　其他债权投资——利息调整　　　　　　　597 190
　　贷：其他债权投资——成本　　　　　　　　　　12 500 000
　　　　　　　　　　——公允价值变动　　　　　　97 190
　　　　投资收益　　　　　　　　　　　　　　　　600 000

（7）同时。

借：其他综合收益——其他债权投资公允价值变动　97 190
　　贷：投资收益　　　　　　　　　　　　　　　　　97 190

二、其他权益工具投资

其他权益工具投资主要是指非交易性股票以及不具有控制、共同控制和重大影响的股权等。企业取得其他权益工具投资，一般应指定为以公允价值计量且其变动计入其他综合收益的金融资产。例如，企业持有的上市公司限售股，尽管在活跃市场上有报价，但由于出售受到限制，不能随时出售，可指定为以公允价值计量且其变动计入其他综合收益的金融资产。其他权益工具投资公允价值变动，应计入其他综合收益；终止确认时，之前计入其他综合收益的累计利得或损失应当从其他综合收益中转出，计入留存收益。其他权益工具投资不需要计提减值准备。

企业对权益工具的投资一般应当以公允价值计量。但在用以确定公允价值的近期信息不足或者公允价值的可能估计金额分布范围很广的情况下，如果成本能够在该分布范围内反映对公允价值的最佳估计，则该成本可代表其在该分布范围内对公允价值的恰当估计。例如，持有的在活跃市场没有报价且对被投资企业不存在控制、共同控制和重大影响的股权投资无法随时出售，也应确认为以公允价值计量且其变动计入其他综合收益的金融资产。

为了反映其他权益工具投资的取得、处置、公允价值变动等情况，企业应当设置"其他权益工具投资"科目，并设置"成本"和"公允价值变动"明细科目。

（一）其他权益工具投资的取得

企业取得的股权如果划分为其他权益工具投资，应按该股权的公允价值和相关交易费用之和作为初始投资成本，借记"其他权益工具投资——成本"科目，贷记"银行存款"等科目。如果支付的价款中包含了已宣告但尚未发放的现金股利，应确认为应收项目，借记"应收股利"科目。

（二）其他权益工具投资的收益

企业将股权投资划分为其他权益工具投资，对于收到的属于取得该股权支付价款中包含的已宣告发放的现金股利，应视为该债权的收回，借记"银行存款"等科目，贷记"应收股利"科目；在该股权持有期间被投资单位宣告发放的现金股利，应将其确认为投资收益，在宣告日，应借记"应收股利"科目，贷记"投资收益"科目；收到现金股利时，应借记"银行存款"等科目，贷记"应收股利"科目。

（三）其他权益工具投资的期末计价

资产负债表日，其他权益工具投资应当按照公允价值计量。按照我国企业会计准则的规定，其他权益工具投资的公允价值与账面价值的差额，即公允价值的变动，不得计入当期损益，而应作为所有者权益变动，计入其他综合收益，借记或贷记"其他权益工具投资——公允价值变动"科目，贷记或借记"其他综合收益"科目。

（四）其他权益工具投资的出售

企业出售其他权益工具投资，应将实际收到的价款与其账面价值的差额，计入其他综合收益，同时，将累计确认的其他综合收益转为留存收益，不计入当期损益。企业应按实际收到的出售价款，借记"银行存款"等科目，按初始入账金额，贷记"其他权益工具投资—成本"科目，按累计公允价值变动金额，借记或贷记"其他权益工具投资—公允价值变动",按其差额,借记或贷记"盈余公积"和"利润分配——未分配利润"科目;同时,按累计公允价值变动原计入其他综合收益的金额,借记或贷记"其他综合收益"科目,贷记或借记"盈余公积"和"利润分配——未分配利润"科目。

【例7-16】2019年5月6日,甲公司支付价款1 016万元(含交易费用1万元和已宣告发放现金股利15万元),购入乙公司发行的股票200万股,占乙公司有表决权股份的0.5%。××股份有限公司将其指定为以公允价值计量且其变动计入其他综合收益的非交易性权益工具投资。

2019年5月10日,××股份有限公司收到乙公司发放的现金股利15万元。

2019年6月30日,该股票市价为每股5.20元。

2019年12月31日,××股份有限公司仍持有该股票。当日,该股票市价为每股5.00元。

2020年5月9日,乙公司宣告发放股利4 000万元。

2020年5月13日,××股份有限公司收到乙公司发放的现金股利。

2020年5月20日,××股份有限公司由于某特殊原因,以每股4.9元的价格将股票全部转让。

假定不考虑其他因素。

××股份有限公司的会计处理如下(金额单位:元)。

(1)2019年5月6日,购入股票。

借:其他权益工具投资——成本　　　　　　　　10 010 000
　　应收股利　　　　　　　　　　　　　　　　　　150 000
　　贷:银行存款　　　　　　　　　　　　　　　　　　　10 160 000

股票单位成本=10 010 000÷2 000 000=5.005(元/股)

(2)2019年5月10日,收到现金股利。

借:银行存款　　　　　　　　　　　　　　　　　150 000
　　贷:应收股利　　　　　　　　　　　　　　　　　　150 000

(3)2019年6月30日,确认股票价格变动。

借:其他权益工具投资——公允价值变动　　　　　390 000
　　贷:其他综合收益　　　　　　　　　　　　　　　　390 000

(4)2019年12月31日,确认股票价格变动。

借:其他综合收益　　　　　　　　　　　　　　　400 000
　　贷:其他权益工具投资——公允价值变动　　　　　　400 000

(5)2020年5月9日,确认应收现金股利。

借:应收股利　　　　　　　　　　　　　　　　　200 000
　　贷:投资收益　　　　　　　　　　　　　　　　　　200 000

（6）2020年5月13日，收到现金股利。

借：银行存款　　　　　　　　　　　　　　200 000
　　贷：应收股利　　　　　　　　　　　　　　　200 000

（7）2020年5月20日，出售股票。

借：银行存款　　　　　　　　　　　　　　9 800 000
　　其他权益工具投资——公允价值变动　　　10 000
　　盈余公积　　　　　　　　　　　　　　　20 000
　　利润分配——未分配利润　　　　　　　　180 000
　　贷：其他权益工具投资——成本　　　　　　　10 010 000
借：盈余公积　　　　　　　　　　　　　　1 000
　　利润分配——未分配利润　　　　　　　　9 000
　　贷：其他综合收益　　　　　　　　　　　　　10 000

课后习题

第八章

负 债

第八章 负债

第一节 负债概述

一、负债的定义及确认条件

(一) 负债的定义

负债是指企业过去的交易或者事项形成的,预期会导致经济利益流出企业的现时义务。

负债具有以下几个方面的特征:负债是企业承担的现时义务;负债的清偿预期会导致经济利益流出企业;负债是由企业过去的交易或者事项形成的。

(二) 负债的确认条件

将一项义务确认为负债,需要符合负债的定义,并同时满足以下两个条件:

一是与该义务有关的经济利益很可能流出企业;二是未来流出的经济利益能够可靠地计量。

二、负债的分类

负债按照偿还时间的长短可分为流动负债和非流动负债。

负债满足下列条件之一的,应当归类为流动负债:预计在一个正常营业周期中清偿;主要为交易目的而持有;自资产负债表日起1年内到期应予以清偿;企业无权自主地将清偿推迟至资产负债表日后1年以上。

流动负债一般包括:短期借款、应付账款、应付票据、应付职工薪酬、应交税费、其他应付款、应付利息、应付股利等。

流动负债以外的负债应当归类为非流动负债,并按其性质分类列示。非流动负债一般包括:长期借款、应付债券、长期应付款等。

第二节 流动负债

一、短期借款

短期借款是指企业向银行或其他金融机构等借入的期限在1年以下（含1年）的各种借款。企业可按借款种类、金融机构名称和币种进行明细核算。

企业在借入各种短期借款时，借记"银行存款"科目，贷记"短期借款"科目，归还借款本金时作相反的会计分录。"短期借款"科目期末余额在贷方，反映企业尚未偿还的为短期借款。

短期借款一般按月计提利息。企业在计提利息时，借记"财务费用"科目，贷记"应付利息"科目；在实际支付利息时，借记"应付利息"科目，贷记"银行存款"科目。

二、应付账款

应付账款是企业因购买材料、商品或劳务而发生的应付未付的款项。

企业应设置"应付账款"科目，该科目核算因交易而产生的应付未付账款，贷方登记应付账款的增加，借方登记应付账款的减少，期末余额一般在贷方，表示期末企业尚未支付的应付账款。本科目一般按供货商设置明细科目，进行明细核算。

（一）应付账款增加时的会计处理

企业因采购材料、购买商品或接受劳务而发生应付未付款项时，应作如下会计分录。

  借：原材料/库存商品等
    应交税费——应交增值税（进项税额）
  贷：应付账款

（二）偿还应付账款时的会计处理

企业偿还应付账款时，应作如下会计分录。

  借：应付账款
   贷：银行存款

（三）偿还应付账款时，现金折扣的会计处理

应付账款附有现金折扣的，应按照扣除现金折扣前的应付款总额入账。如果企业在偿付时确实享受了现金折扣，应冲减财务费用，作如下会计分录。

借：应付账款　　　　　　（应付账款总额）
　　贷：银行存款　　　　　（实际偿付的金额）
　　　　财务费用　　　　　（差额为享受的现金折扣，冲减当期财务费用）

（四）应付账款的转销

企业转销确实无法支付的应付账款（如因债权人破产注销等原因而产生无法支付的应付账款），应按其账面余额计入营业外收入，作如下会计分录。

借：应付账款
　　贷：营业外收入

【例8-1】××股份有限公司于2019年6月20日从XYZ公司购进原材料一批，价款为10 000元，增值税率13%。原材料已验收入库。XYZ公司对赊销材料的信用条件为：1/10，2/20，n/30，××股份有限公司于7月5日付款。

根据上述材料，××股份有限公司的会计处理如下。

（1）6月20日购进材料时。

借：原材料　　　　　　　　　　　　　　　10 000
　　应交税费——应交增值税（进项税额）　 1 300
　　贷：应付账款　　　　　　　　　　　　　　　11 300

（2）7月5日付款时，因在20天内付款可享受2%的现金折扣，实际付款金额为11 300×（1−2%）=11 074（元），现金折扣11 300×2%=226（元），计入"财务费用"科目。

借：应付账款　　　　　　　　　　　　　　11 300
　　贷：银行存款　　　　　　　　　　　　　　　11 074
　　　　财务费用　　　　　　　　　　　　　　　 226

三、应付票据

应付票据是企业在商品购销活动中，结算货款时采用商业票据形式而发生的，由出票人出票，委托付款人在指定日期无条件支付确定金额给持票人的一种负债。

应付票据按照承兑人的不同分为银行承兑汇票和商业承兑汇票。其中，银行承兑汇票是由在承兑银行开立存款账户的存款人出票，由开户银行保证在指定日期无条件支付确定金额给收款人或持票人的票据；商业承兑汇票是由银行以外的付款人承兑，委托付款人在指定日期无条件支付确定的金额给收款人或者持票人的票据。

应付票据按是否带息分为不带息应付票据和带息应付票据两种。对于带息应付票据，通常应在期末对尚未支付的应付票据计提利息，计入财务费用。

企业应设置"应付票据"科目，核算应付票据的发生和偿付情况。该科目的贷方登记企业开出并承兑的商业汇票的面值，借方登记应付票据的偿付，期末余额一般在贷方，表示企业尚未支付的应付票据的票面金额。

（一）不带息应付票据的会计处理

1. 签发并承兑票据时

借：原材料
　　应交税费——应交增值税（进项税额）
　贷：应付票据

2. 到期偿付票据时

借：应付票据
　贷：银行存款

3. 到期无法偿付银行承兑汇票时

应付票据应转为短期借款。

借：应付票据
　贷：短期借款

4. 到期无法偿付商业承兑汇票时

应付票据应转为应付账款。

借：应付票据
　贷：应付账款

5. 企业因购买材料、商品和接受劳务供应等而开出、承兑汇票时

企业所支付的银行承兑汇票手续费应当计入财务费用。

借：财务费用
　贷：银行存款

【例8-2】××股份有限公司为增值税一般纳税人。该公司于2019年1月8日开出一张面值为11 300元、期限为6个月的不带息银行承兑汇票，用于采购一批材料。增值税专用发票上注明的材料价款为10 000元，增值税额为1 300元。开出当日，银行收取手续费120元。2019年7月8日，票据到期。

该企业的有关会计分录如下。

（1）2019年1月8日开出汇票时。

借：原材料　　　　　　　　　　　　　　　　　　10 000
　　应交税费——应交增值税（进项税额）　　　　 1 300
　贷：应付票据　　　　　　　　　　　　　　　　 11 300

（2）银行收取汇票手续费时。

借：财务费用　　　　　　　　　　　　　　　　　　120
　贷：银行存款　　　　　　　　　　　　　　　　　120

（3）2019年7月8日，票据到期，如果××股份有限公司正常偿付汇票。

借：应付票据　　　　　　　　　　　　　　　　　11 300
　贷：银行存款　　　　　　　　　　　　　　　　 11 300

(4) 2019年7月8日,票据到期,如果××股份有限公司无法偿付汇票。
　　借:应付票据　　　　　　　　　　　　　　　11 300
　　　贷:短期借款　　　　　　　　　　　　　　　11 300

(二)带息应付票据的会计处理

1.签发并承兑票据时
　　借:原材料
　　　　应交税费——应交增值税(进项税额)
　　　贷:应付票据

2.计提利息时
　　借:财务费用
　　　贷:应付票据

3.偿付票据本息时
　　借:应付票据
　　　贷:银行存款

4.到期无法偿付银行承兑汇票时

应付票据应转为短期借款。
　　借:短期借款
　　　贷:应付票据

5.到期无法偿付商业承兑汇票时

应付票据应转为应付账款。
　　借:应付账款
　　　贷:应付票据

6.企业支付银行手续费时
　　借:财务费用
　　　贷:银行存款

【例8-3】2019年7月1日,××股份有限公司购进材料一批,货款为10 000元,增值税税额为1 300元,为此开出一张期限为6个月、年利率为3%的带息商业承兑汇票,汇票到期日为2019年12月31日,到期一次还本付息。××股份有限公司每月计提一次利息。

××股份有限公司的会计处理如下。

(1) 2019年7月1日,开出商业汇票时。
　　借:原材料　　　　　　　　　　　　　　　　10 000
　　　　应交税费——应交增值税(进项税额)　　 1 300
　　　贷:应付票据　　　　　　　　　　　　　　　11 300

(2) 2019年7月31日计提7月份利息时。

当月利息＝11 300×3%÷12＝28.25

借:财务费用　　　　　　　　　　　　　　　　　　28.25
　　贷:应付票据　　　　　　　　　　　　　　　　　28.25

之后每月月底计提利息的分录同上。

(3) 2019年12月31日票据到期偿付时,此时应付票据的余额中不仅包括11 300元的本金,还包括6个月的利息,共计11 300+28.25×6=11 469.5(元)。

借:应付票据　　　　　　　　　　　　　　　　　11 469.5
　　贷:银行存款　　　　　　　　　　　　　　　　11 469.5

四、预收账款

预收账款是指企业按照合同规定向购货单位预收的款项。与应付账款不同,预收账款所形成的负债通常不是以货币偿付,而是以货物偿付。有些购销合同规定,销货企业可向购货企业预先收取一部分货款,待向对方发货后再收取其余货款。企业在发货前收取的货款,表明了企业承担了会在未来导致经济利益流出企业的义务,因而就成为企业的一项负债。

企业应通过"预收账款"科目,核算预收账款的取得、偿付等情况。该科目的贷方登记预收账款的增加数,借方登记预收账款的减少数,期末余额一般在贷方,反映企业向购货单位预收款项但尚未向购货方发货的数额。

此外,值得注意的是,如果企业预收账款不多,也可不设"预收账款"科目,而直接将预收的款项直接记入"应收账款"科目的贷方,利用"应收账款"账户代为核算"预收账款"。

(一)企业向购货单位预收款项时

借:银行存款
　　贷:预收账款

(二)销售实现时

借:预收账款
　　贷:主营业务收入
　　　　应交税费——应交增值税(销项税额)

(三)企业收到购货单位补付的款项时

借:银行存款
　　贷:预收账款

(四)向购货单位退回其多付的款项时

借:预收账款
　　贷:银行存款

第八章 负债

五、应付职工薪酬

（一）职工薪酬的概念

职工薪酬是指企业为获得职工提供的服务或解除劳动关系而给予的各种形式的报酬或补偿。职工薪酬包括短期薪酬、离职后福利、辞退福利和其他长期职工福利。企业提供给职工配偶、子女、受赡养人、已故员工遗属及其他受益人等的福利，也属于职工薪酬。

（二）职工的范围

这里所称的职工，包括以下三类：

企业订立劳动合同的所有人员，含全职、兼职和临时职工；

虽未与企业订立劳动合同但由企业正式任命的人员，如董事会成员；

未与企业订立劳动合同或未由其正式任命，但向企业所提供服务与职工所提供服务类似的人员，如通过劳务中介公司签订用工合同向企业提供服务的人员。

（三）职工薪酬的内容

1.短期薪酬

短期薪酬是指企业在职工提供相关服务的年度报告期间结束后12个月内需要全部予以支付的职工薪酬，因解除与职工的劳动关系给予的补偿除外。短期薪酬具体包括：职工工资、奖金、津贴和补贴，职工福利费，医疗保险费、工伤保险费和生育保险费等社会保险费，住房公积金，工会经费和职工教育经费，短期带薪缺勤，短期利润分享计划，非货币性福利以及其他短期薪酬。

2.离职后福利

离职后福利是指企业为获得职工提供的服务而在职工退休或与企业解除劳动关系后，提供的各种形式的报酬和福利，短期薪酬和辞退福利除外。

3.辞退福利

辞退福利是指企业在职工劳动合同到期之前解除与职工的劳动关系，或者为鼓励职工自愿接受裁减而给予职工的补偿。

4.其他长期职工福利

其他长期职工福利是指除短期薪酬、离职后福利、辞退福利之外所有的职工薪酬，包括长期带薪缺勤、其他长期服务福利、长期残疾福利、长期利润分享计划和长期奖金计划等。

（四）一般短期薪酬的确认和计量

企业发生的职工工资、津贴和补贴等短期薪酬，应当根据职工提供服务情况和工资标准等计算计入职工薪酬的工资总额，并按照受益对象计入当期损益或相关资产成本，借记"生产成本""制造费用""管理费用"等科目，贷记"应付职工薪酬"科目。企业发放职工薪酬时,应借记"应付职工薪酬"科目,贷记"银行存款"科目。

企业为职工缴纳的"五险一金"(养老保险费、医疗保险费、工伤保险费、失业保险费和生育保险费等社会保险费和住房公积金),以及按规定提取的工会经费和职工教育经费,应当在职工为其提供服务的会计期间,根据规定的计提基础和计提比例计算确定相应的职工薪酬金额,并确认相关负债,按照受益对象计入当期损益或相关资产成本。

企业发生的职工福利费,应当在实际发生时根据实际发生额计入当期损益或相关资产成本。

1. 企业每月计提应付职工薪酬的会计分录

借:生产成本(生产工人薪酬)
　　制造费用(车间管理人员薪酬)
　　管理费用(行政管理人员薪酬)
　　销售费用(销售人员薪酬)
　　在建工程(基建人员薪酬)
　贷:应付职工薪酬——工资
　　　　　　　　——职工福利费
　　　　　　　　——社会保险费
　　　　　　　　——住房公积金
　　　　　　　　——工会经费
　　　　　　　　——职工教育经费等

2. 企业实际发放职工薪酬的会计分录

借:应付职工薪酬
　贷:银行存款

【例8-4】2019年6月,××股份有限公司当月应发工资2 800万元,其中:生产部门直接生产人员工资为2 000万元;生产部门管理人员(车间主任)工资为400万元;公司管理部门人员工资为200万元,销售部门人员工资为200万元。根据所在地政府规定,公司分别按照职工工资总额的10%和8%计提社会保险费和住房公积金,缴纳给当地社会保险经办机构和住房公积金管理机构。公司分别按照职工工资总额的2%和1.5%计提工会经费和职工教育经费。以上所有职工薪酬于7月6日用银行存款支付。假定不考虑所得税影响,公司应根据上述业务,作如下会计处理。

(1)2019年6月,计提当月的应付职工薪酬。

表8-1 职工工资计算表

编制单位：××股份有限公司　　　编制日期：2019年6月　　　单位：万元

	工资基数	社会保险费基数×10%	住房公积金基数×8%	工会经费基数×2%	职工教育经费基数×1.5%	合计
生产工人	2,000	200	160	40	30	2,430
车间主任	400	40	32	8	6	486
行政人员	200	20	16	4	3	243
销售人员	200	20	16	4	3	243
合计	2,800	280	224	56	42	3,402

生产工人薪酬应计入生产成本，金额为：

2 000＋2 000×（10%＋8%＋2%＋1.5%）＝2 430（万元）。

车间主任薪酬应计入制造费用，金额为：

400＋400×（10%＋8%＋2%＋1.5%）＝486（万元）。

行政管理人员薪酬应计入管理费用，金额为：

200＋200×（10%＋8%＋2%＋1.5%）＝243（万元）。

销售人员薪酬应计入销售费用，金额为：

200＋200×（10%＋8%＋2%＋1.5%）＝243（万元）。

借：生产成本　　　　　　　　　　　　　　24 300 000
　　制造费用　　　　　　　　　　　　　　 4 860 000
　　管理费用　　　　　　　　　　　　　　 2 430 000
　　销售费用　　　　　　　　　　　　　　 2 430 000
　贷：应付职工薪酬——工资　　　　　　　28 000 000
　　　　　　　　——社会保险费　　　　　 2 800 000
　　　　　　　　——住房公积金　　　　　 2 240 000
　　　　　　　　——工会经费　　　　　　　 560 000
　　　　　　　　——职工教育经费　　　　　 420 000

（2）7月6日，实际发放薪酬。

借：应付职工薪酬　　　　　　　　　　　　34 020 000
　贷：银行存款　　　　　　　　　　　　　34 020 000

（五）非货币性福利

在短期薪酬中，除了使用银行存款支付的一般的短期薪酬以外，还有一种特殊的形式——非货币性福利。企业向职工提供非货币性福利的，应当按照公允价值计量。

通常，企业向职工提供非货币性福利的，应当区分以下情况。

1.第一种情况：自产的产品

企业以自产的产品作为非货币性福利提供给职工的，应当"视同销售"，即按照该产品的公允价值和相关税费确定职工薪酬金额，并计入当期损益或相关资产成本。

相关收入的确认、销售成本的结转以及相关税费的处理,与企业正常商品销售的会计处理相同。

(1)当企业决定发放非货币性福利时,应作如下会计分录。

借:生产成本
　　管理费用
　　在建工程等
　贷:应付职工薪酬——非货币性福利

(2)当企业将自产的产品实际发放时,需要"视同销售",应作如下会计分录。

借:应付职工薪酬——非货币性福利
　贷:主营业务收入
　　　应交税费——应交增值税(销项税额)
借:主营业务成本
　贷:库存商品

【例8-5】××股份有限公司为增值税一般纳税人。2020年1月25日,该公司决定向职工发放一批自产的电饭煲作为福利,其中70%发放给生产工人,30%发放给行政管理人员。已知该批产品市场售价为10万元,生产成本为8万元,增值税税率13%,按计税价格计算的增值税销项税额为1.3万元。所有电饭煲在2020年1月30日发放完毕,不考虑其他因素,××股份有限公司的会计处理如下。

(1)2020年1月25日,该公司决定发放非货币性福利时。

借:生产成本　　　　　　　　　　　　79 100
　　管理费用　　　　　　　　　　　　33 900
　贷:应付职工薪酬——非货币性福利　　113 000

(2)2020年1月30日,实际发放电饭煲时。

借:应付职工薪酬——非货币性福利　　113 000
　贷:主营业务收入　　　　　　　　　100 000
　　　应交税费——应交增值税(销项税额)　13 000
借:主营业务成本　　　　　　　　　　80 000
　贷:库存商品　　　　　　　　　　　80 000

2.第二种情况:外购的商品

企业以外购的商品作为非货币性福利提供给职工的,应当按照该商品的公允价值和相关税费确定职工薪酬的金额,并计入当期损益或相关资产成本。

(1)企业购入商品时。

借:库存商品等
　　应交税费——应交增值税(进项税额)
　贷:银行存款

(2)企业决定发放非货币性福利时。

借：生产成本
　　　管理费用
　　　在建工程等
　　贷：应付职工薪酬——非货币性福利
（3）企业将外购的商品实际发放时。
　　借：应付职工薪酬——非货币性福利
　　贷：库存商品等
　　　　应交税费——应交增值税（进项税额转出）

【例8-6】××股份有限公司为增值税一般纳税人。2020年2月15日，该公司外购了一批空气净化器，价格为10万元，增值税税率为13%，相关款项已用银行存款支付。2月20日，该公司决定将该批空气净化器作为非货币性福利发放给职工，其中70%发放给生产工人，30%发放给行政管理人员。所有空气净化器在2020年3月12日发放完毕，不考虑其他因素，××股份有限公司的会计处理如下。

（1）2020年2月15日，外购空气净化器时。
　　借：库存商品　　　　　　　　　　　　　　　100 000
　　　　应交税费——应交增值税（进项税额）　　13 000
　　贷：银行存款　　　　　　　　　　　　　　　113 000

（2）2月20日，该公司决定发放非货币性福利时。
　　借：生产成本　　　　　　　　　　　　　　　79 100
　　　　管理费用　　　　　　　　　　　　　　　33 900
　　贷：应付职工薪酬——非货币性福利　　　　　113 000

（3）3月12日，实际发放空气净化器时。
　　借：应付职工薪酬——非货币性福利　　　　　113 000
　　贷：库存商品　　　　　　　　　　　　　　　100 000
　　　　应交税费——应交增值税（进项税额转出）13 000

3. 第三种情况：房屋或租赁住房

企业将拥有的房屋等资产无偿提供给职工使用，或者租赁住房等资产供职工无偿使用。

（1）企业将拥有的房屋等资产无偿提供给职工使用。
　　借：生产成本
　　　　管理费用
　　　　在建工程等
　　贷：应付职工薪酬——非货币性福利
　　借：应付职工薪酬——非货币性福利
　　贷：累计折旧

（2）企业将租赁住房等资产供职工无偿使用。
　　借：生产成本

　　　　管理费用
　　　　在建工程等
　　　　　贷：应付职工薪酬——非货币性福利
　　　　借：应付职工薪酬——非货币性福利
　　　　　贷：其他应付款

【例8-7】2020年，××股份有限公司为各部门主管级别以上职工提供自建单位宿舍免费使用，同时为副总裁以上高级管理人员每人租赁一套住房。该公司总部共有部门经理以上职工80名，每人提供一间单位宿舍免费使用，假定每间单位宿舍每月计提折旧1 000元；该公司共有副总裁以上高级管理人员5名，公司为其每人租赁一套月租金为10 000元的公寓。该公司每月应作如下会计处理。

（1）对于免费提供给经理的宿舍，应作如下会计处理。
　　借：管理费用　　　　　　　　　　　　　　　　80 000
　　　贷：应付职工薪酬——非货币性福利　　　　　　80 000
　　借：应付职工薪酬——非货币性福利　　　　　　80 000
　　　贷：累计折旧　　　　　　　　　　　　　　　　80 000

（2）对于免费提供给高级管理人员的租入的公寓，应作如下会计处理。
　　借：管理费用　　　　　　　　　　　　　　　　50 000
　　　贷：应付职工薪酬——非货币性福利　　　　　　50 000
　　借：应付职工薪酬——非货币性福利　　　　　　50 000
　　　贷：其他应付款　　　　　　　　　　　　　　　50 000

4.第四种情况

企业向职工提供企业支付了补贴的商品或服务，如提供包含补贴的住房。

如果出售住房的协议中规定了职工在购得住房后至少应当提供服务的年限，且如果职工提前离开则应退回部分差价，企业应当将该项差额作为长期待摊费用处理，并在协议规定的服务年限内平均摊销，根据受益对象分别计入相关资产成本或当期损益。

（1）购入住房时。
　　借：固定资产
　　　贷：银行存款

（2）出售住房时。
　　借：银行存款
　　　长期待摊费用
　　　贷：固定资产

（3）摊销长期待摊费用时。
　　借：生产成本
　　　　管理费用
　　　　在建工程等

            贷：应付职工薪酬——非货币性福利
        借：应付职工薪酬——非货币性福利
            贷：长期待摊费用

【例8-8】2020年，××股份有限公司购买了100套全新的公寓拟以优惠价格向职工出售，该公司共有100名职工，其中80名为直接生产人员，20名为公司总部管理人员。

××股份有限公司拟向直接生产人员出售的住房平均每套购买价为50万元，向职工出售的优惠价格为每套40万元；拟向管理人员出售的住房平均每套购买价为100万元，向职工出售的优惠价格为每套60万元。假定该100名职工均在2020年度中陆续购买了公司出售的住房，售房协议规定，职工在取得住房后必须在公司服务10年。假设不考虑相关税费。

（1）××股份有限公司购入住房时应作如下会计处理，假设不考虑相关税费。

借：固定资产　　　　　　　　　　　　　　68 000 000
    贷：银行存款　　　　　　　　　　　　　　68 000 000

（2）××股份有限公司出售住房时应作如下会计处理。

借：银行存款　　　　　　　　　　　　　　42 000 000
    长期待摊费用　　　　　　　　　　　　26 000 000
    贷：固定资产　　　　　　　　　　　　　　68 000 000

（3）出售住房后的每年，甲公司应当按照直线法在10年内摊销长期待摊费用，并作如下会计处理。

借：生产成本　　　　　　　　　　　　　　1 600 000
    管理费用　　　　　　　　　　　　　　1 000 000
    贷：应付职工薪酬——非货币性福利　　　2 600 000
借：应付职工薪酬——非货币性福利　　　　2 600 000
    贷：长期待摊费用　　　　　　　　　　　　2 600 000

如果出售住房的合同或协议中未规定职工在购得住房后必须服务的年限，企业应当将该项差额直接计入出售住房当期相关资产成本或当期损益。

【例8-9】2020年，××股份有限公司购买了100套全新的公寓拟以优惠价格向职工出售。该公司共有100名职工，其中80名为直接生产人员，20名为公司总部管理人员。

××股份有限公司拟向直接生产人员出售的住房平均每套购买价为50万元，向职工出售的优惠价格为每套40万元；拟向管理人员出售的住房平均每套购买价为100万元，向职工出售的优惠价格为每套60万元。假定该100名职工均在2020年度中陆续购买了公司出售的住房，售房协议未规定职工在取得住房后的服务期。不考虑相关税费。

（1）××股份有限公司购入住房时应作如下会计处理，假设不考虑相关税费。

借：固定资产　　　　　　　　　　　　　　60 000 000
    贷：银行存款　　　　　　　　　　　　　　60 000 000

（2）××股份有限公司出售住房时应作如下会计处理。

```
借：银行存款                              44 000 000
    生产成本                                8 000 000
    管理费用                                8 000 000
  贷：固定资产                                         60 000 000
```

（六）短期带薪缺勤

带薪缺勤应当根据其性质及其职工享有的权利，分为累积带薪缺勤和非累积带薪缺勤两类。如果带薪缺勤属于长期带薪缺勤的，企业应将其作为其他长期职工福利处理。

1. 累积带薪缺勤

累积带薪缺勤是指带薪权利可以结转下期的带薪缺勤，本期尚未用完的带薪缺勤权利可以在未来期间使用。

企业应当在职工提供了服务从而增加了其未来享有的带薪缺勤权利时，确认与累积带薪缺勤相关的职工薪酬，并以累积未行使权利而增加的预期支付金额计量。

在会计实务中，一般只有年休假才涉及累积和非累积的情况，其他假期都是非累积。

【例8-10】××股份有限公司共有600名职工。从2020年1月1日起，该公司实行累积带薪缺勤制度。

该制度规定，每个职工每年可享受5个工作日带薪年休假，未使用的年休假只能向后结转一个日历年度，超过1年未使用的权利作废；职工休年休假时，首先使用当年可享受的权利，不足部分再从上年结转的带薪年休假中扣除；职工离开公司时，对未使用的累积带薪年休假无权获得现金支付。

2020年12月31日，××股份有限公司预计2021年有400名职工将享受不超过5天的带薪年休假，剩余200名职工每人将平均享受7天年休假，假定这200名职工中，50名为总部管理人员，平均每个工作日工资为300元，另外150名为生产工人，平均每个工作日工资为200元。

××股份有限公司在2020年12月31日预计由于职工累积未使用的带薪年休假权利而导致预期将支付的工资负债计算如下：

50名管理人员共享受100天（50人×2天/人）的年休假，工资金额为30 000元（100天×300元/天）；

150名生产工人共享受300天（150人×2天/人）的年休假，工资金额为60 000元（300天×200元/天）。

××股份有限公司应当作如下会计处理。

```
借：管理费用                                30 000
    生产成本                                60 000
  贷：应付职工薪酬——累积带薪缺勤             90 000
```

2. 非累积带薪缺勤

非累积带薪缺勤是指带薪权利不能结转下期的带薪缺勤，本期尚未用完的带薪缺勤权利将予以取消，并且职工离开企业时也无权获得现金支付。

我国企业职工休婚假、产假、丧假、探亲假、病假期间的工资通常属于非累积带薪缺勤。通常情况下，与非累积带薪缺勤相关的职工薪酬已经包括在企业每期向职工发放的工资等薪酬中，因此，不必额外作相应的会计处理。

（七）短期利润分享计划

短期利润分享计划同时满足下列两个条件的，企业应当确认相关的应付职工薪酬，并计入当期损益或相关资产成本。

一是企业因过去事项导致现在具有支付职工薪酬的法定义务或推定义务。

二是因利润分享计划所产生的应付职工薪酬义务能够可靠估计。属于下列三种情形之一的，视为义务金额能够可靠估计：在财务报告批准报出之前企业已确定应支付的薪酬金额；该利润分享计划的正式条款中包括确定薪酬金额的方式；过去的惯例为企业确定推定义务金额提供了明显证据。

企业在计量利润分享计划产生的应付职工薪酬时，应当反映职工因离职而没有得到利润分享计划支付的可能性。如果企业预期在职工为其提供相关服务的年度报告期间结束后12个月内，不需要全部支付利润分享计划产生的应付职工薪酬，该利润分享计划应当适用其他长期职工福利的有关规定。

企业根据经营业绩或职工贡献等情况提取的奖金，属于奖金计划，应当比照短期利润分享计划进行处理。

【例8-11】××股份有限公司于2020年年初制定和实施了一项短期利润分享计划，以对公司管理层进行激励。该计划规定，公司全年的净利润指标为5 000万元，如果在公司管理层的努力下完成的净利润超过5 000万元，公司管理层将可以分享超过5 000万元净利润部分的10%作为额外报酬。假定至2020年12月31日，××股份有限公司全年实际完成净利润8 000万元。如果不考虑离职等其他因素，则××股份有限公司管理层按照利润分享计划可以分享利润300万元[（8 000元－5 000元）×10%]作为其额外的薪酬。

××股份有限公司2020年12月31日的相关会计处理如下。

借：管理费用　　　　　　　　　　　　　　　　3 000 000
　　贷：应付职工薪酬——利润分享计划　　　　　　3 000 000

（八）离职后福利

1.离职后福利的概念

离职后福利是指企业为获得职工提供的服务而在职工退休或与企业解除劳动关系后，提供的各种形式的报酬和福利，短期薪酬和辞退福利除外。

2.离职后福利的内容

（1）设定提存计划是指向独立的基金缴存固定费用后，企业不再承担进一步支付义务的离职后福利计划。

（2）设定受益计划是指除设定提存计划以外的离职后福利计划。

（九）辞退福利

1.辞退福利的概念

辞退福利是指企业在职工劳动合同到期之前解除与职工的劳动关系，或者为鼓励职工自愿接受裁减而给予职工的补偿。

2.辞退福利的会计处理原则

（1）企业向职工提供辞退福利的，应当在下列两者孰早日确认辞退福利产生的职工薪酬负债，并计入当期损益：

①企业不能单方面撤回因解除劳动关系计划或裁减建议所提供的辞退福利时；

②企业确认与涉及支付辞退福利的重组相关的成本或费用时。

（2）企业应当按照辞退计划条款的规定，合理预计并确认辞退福利产生的应付职工薪酬。辞退福利预期在其确认的年度报告期结束后12个月内完全支付的，应当适用短期薪酬的相关规定；辞退福利预期在年度报告期结束后12个月内不能完全支付的，应当适用关于其他长期职工福利的有关规定。

（3）辞退福利在计提时，一般计入当期管理费用，作会计分录如下。

借：管理费用
　　贷：应付职工薪酬

【例8-12】××股份有限公司是一家准备淘汰落后产能的传统制造业企业。2019年11月，为了能够在下一年度顺利实施转产，甲公司管理层制定了一项辞退计划，计划规定，从2020年1月1日起，企业将以职工自愿方式，辞退其A生产车间的部分职工。辞退计划的详细内容，包括拟辞退的职工所在部门、数量、各级别职工能够获得的补偿以及计划大体实施的时间等均已与职工沟通，并达成一致意见，辞退计划已于2019年12月20日经董事会正式批准，辞退计划将于下一个年度内实施完毕。2019年12月31日，企业预计各级别职工拟接受辞退职工数量的最佳估计数（最可能发生数）及其应支付的补偿如表8-2所示。

表8-2　辞退计划统计表

编制单位：××股份有限公司　　　编制时间：2019年12月31日　　　单位：万元

所属部门	职位	辞退数量（人）	工龄（年）	接受数量（人）	每人补偿额	补偿金额
A车间	车间主任	10	1—10	5	10	50
			10—20	2	20	40
			20—30	1	50	50
	高级技工	50	1—10	20	8	160
			10—20	10	18	180
			20—30	5	30	150
	一般工人	100	1—10	50	5	250
			10—20	20	15	300
			20—30	10	25	250
合计		160		123		1 430

按照《企业会计准则第13号——或有事项》有关计算最佳估计数的方法，预计接受辞退的职工数量可以根据最可能发生的数量确定。根据表8-2，愿意接受辞退职工的最可能数量为123名，预计补偿总额为1 430万元，则企业在2019年（辞退计划是2019年12月20日由董事会批准）应作如下会计处理。

　　借：管理费用　　　　　　　　　　　　　　　　　　14 300 000
　　　　贷：应付职工薪酬——辞退福利　　　　　　　　　14 300 000

六、应交税费

企业根据税法规定应交纳的各种税费包括：增值税、消费税、城市维护建设税、教育费附加、所得税、房产税、车船使用税、土地使用税、印花税、耕地占用税等。

企业应通过"应交税费"科目反映各种税费的交纳情况，并按照应交税费具体税种进行明细核算。该科目的贷方登记应交纳的各种税费等，借方登记实际交纳的税费；期末余额一般在贷方，反映企业尚未交纳的税费，期末余额如在借方，反映企业多交或尚未抵扣的税费。

值得注意的是，企业缴纳的印花税、耕地占用税等不需要预计应交数的税金，不通过"应交税费"科目核算。

（一）应交增值税

1.增值税概述

增值税是指对我国境内以商品（含应税劳务）在流转过程中产生的增值额作为计税依据而征收的一种流转税。从计税原理上说，增值税是对商品生产、流通、劳务服务中多个环节的新增价值或商品的附加值征收的一种流转税。

按照纳税人的经营规模及会计核算的健全程度，增值税纳税人分为一般纳税人和小规模纳税人。一般纳税人应纳增值税额，根据当期销项税额减去当期进项税额计算确定；小规模纳税人应纳增值税额，按照销售额和规定的征收率计算确定。

一般纳税企业为了核算企业应交增值税的发生、抵扣、缴纳、退税及转出等情况，应在"应交税费"科目下设置"应交增值税"明细科目，并在"应交增值税"明细账内设置"进项税额""已交税金""销项税额""出口退税""进项税额转出"等专栏。还应当在"应交税费"科目下设置"未交增值税"明细科目，每月月末，将"应交增值税"明细科目的余额转入"未交增值税"明细科目。

2. 一般纳税人涉及增值税的一般会计处理

（1）购入商品时，应作如下会计分录。

借：库存商品
　　应交税费——应交增值税（进项税额）
　贷：银行存款

（2）销售商品时，应作如下会计分录。

借：银行存款
　贷：主营业务收入
　　　应交税费——应交增值税（销项税额）

（3）月末，缴纳增值税，应作如下会计分录。

借：应交税费——应交增值税（已交税金）
　贷：银行存款

缴纳税款后，应交增值税明细科目的余额为零。

【例8-13】××股份有限公司为增值税一般纳税人，2019年9月发生如下业务。

购入原材料A一批，增值税专用发票上注明货款50 000元，增值税税率为13%。该批货物已经验收入库，货款和进项税款已用银行存款支付。

销售库存商品B一批，增值税专用发票上注明货款60 000元，增值税税率为13%。该批货物的成本为45 000元。购买方已经签收货物，但是货款尚未收到。

该企业的有关会计分录如下。

（1）购入原材料A时。

借：原材料　　　　　　　　　　　　　　　　　　　50 000
　　应交税费——应交增值税（进项税额）　　　　　 6 500
　贷：银行存款　　　　　　　　　　　　　　　　　 56 500

（2）销售库存商品B时，确认收入，同时结转成本。

借：应收账款　　　　　　　　　　　　　　　　　　67 800
　贷：主营业务收入　　　　　　　　　　　　　　　 60 000
　　　应交税费——应交增值税（销项税额）　　　　 78 00
借：主营业务成本　　　　　　　　　　　　　　　　40 000
　贷：库存商品　　　　　　　　　　　　　　　　　 40 000

（3）月末缴纳增值税。

本月应缴纳增值税＝销项税额－进项税额＝7 800－6 500＝1 300（元）

  借：应交税费——应交增值税（已交税金） 1 300
    贷：银行存款   1 300

3.转出多交或少交增值税

月末，如果"应交增值税"明细科目的余额不为零，则说明企业少交了增值税或者多交了增值税。其中，贷方余额为当月应交未交的增值税，借方余额为多交的增值税。企业应当将该余额从"应交增值税"明细科目转入"未交增值税"明细科目。

（1）转出少交增值税。

  借：应交税费——应交增值税（转出未交增值税）
    贷：应交税费——未交增值税

（2）转出多交增值税。

  借：应交税费——未交增值税
    贷：应交税费——应交增值税（转出多交增值税）

【例8-14】接【例8-13】，如果月末仅实际缴纳增值税1 000元，还欠300元的应交增值税未缴纳，则企业作如下会计处理。

（1）实际缴纳增值税1 000元。

  借：应交税费——应交增值税（已交税金） 1 000
    贷：银行存款   1 000

（2）将少缴纳的300元转入未交增值税贷方，以后补交。

  借：应交税费——应交增值税（转出未交增值税）300
    贷：应交税费——未交增值税   300

【例8-15】接【例8-13】，如果本月实际缴纳的增值税税额为1 500元，超过应纳税额1 300，则应转出多交增值税，作如下会计处理。

（1）实际缴纳增值税1 500元。

  借：应交税费——应交增值税（已交税金） 1 500
    贷：银行存款   1 500

（2）将多缴纳的200元转入未交增值税借方，留着以后抵扣。

  借：应交税费——未交增值税   200
    贷：应交税费——应交增值税（转出多交增值税）200

4.购入免税农产品

按照增值税暂行条例，企业购入免征增值税货物，一般不能够抵扣增值税销项税额。但是，对于购入的免税农产品，可以按照买价和规定的扣除率计算进项税额，并准予从企业的销项税额中抵扣。

假设当前税法规定收购免税农产品的扣除率为11%，则具体会计分录如下。

  借：库存商品（按收购凭证的89%入账）
    应交税费——应交增值税（进项税额）（按收购凭证的11%确认进项税额）

  贷：银行存款

【例8-16】××股份有限公司为增值税一般纳税人，2019年9月购入免税农产品一批，价款100 000元，规定的扣除率为11%，货物已经验收入库，货款已用银行存款支付。××股份有限公司的有关会计分录如下。

  借：库存商品   89 000
    应交税费——应交增值税（进项税额） 11 000
    贷：银行存款   100 000

进项税额＝购买价款×扣除率＝100 000×11%＝11 000（元）；

存货的入账价值＝购买价款－按照扣除率计算的进项税额＝100 000－11 000＝89 000（元）。

5.视同销售的会计处理

企业的有些交易和事项从会计角度看不属于销售行为，不能确认销售收入，但是按照税法规定，应视同对外销售处理，计算应交增值税。

第一，企业将自产的、委托加工的物资和购买的物资用于分红、对外投资以及将自产的、委托加工的物资用于集体福利或个人消费时，应当视同销售，按计税价计算销项税额。

企业应作会计分录如下。

  借：长期股权投资（对外投资）
    应付职工薪酬（集体福利或个人消费）
    贷：主营业务收入或其他业务收入
      应交税费——应交增值税（销项税额）（按计税价计算销项税额）

同时结转成本如下。

  借：主营业务成本或其他业务成本
    贷：库存商品或原材料

【例8-17】××股份有限公司为增值税一般纳税人，该企业将自己生产的产品用于行政管理人员的集体福利。该批产品的成本为240 000元，计税价格为300 000元。增值税税率为13%。××股份有限公司有关会计分录如下。

（1）发放产品时。

销项税额＝300 000×13%＝39 000（元）

  借：应付职工薪酬   339 000
    贷：主营业务收入   300 000
      应交税费——应交增值税（销项税额） 39 000
  借：主营业务成本   240 000
    贷：库存商品   240 000

（2）计入相关成本费用科目。

  借：管理费用   339 000
    贷：应付职工薪酬   339 000

第二，企业将自产的、委托加工的物资和购买的物资用于捐赠时，应当视同销售，按计税价计算销项税额。

企业应作会计分录如下。

借：营业外支出
　　贷：库存商品（按账面余额）
　　　　应交税费——应交增值税（销项税额）（按计税价计算销项税额）

【例8-18】××股份有限公司为增值税一般纳税人，该企业将自己生产的产品用于对外捐赠。该批产品的成本为240 000元，计税价格为300 000元。增值税税率为13%。××股份有限公司有关会计分录如下。

销项税额＝300 000×13%＝39 000（元）

借：营业外支出　　　　　　　　　　　　279 000
　　贷：库存商品　　　　　　　　　　　240 000
　　　　应交税费——应交增值税（销项税额）　39 000

6.进项税额不予抵扣的会计处理

如果企业有如下业务，则已经入账的进项税额不予抵扣，应当作"进项税额转出"处理：

（1）将购买的物资或接受的劳务用于集体福利或个人消费，其进项税额不予抵扣；

（2）因企业管理不善造成存货盘亏时，其进项税额不予抵扣；

（3）将购买的物资或接受的劳务用于其他非应税项目，其进项税额不予抵扣。

企业应作会计分录如下。

借：应付职工薪酬（集体福利或个人消费）
　　待处理财产损溢（因企业管理不善造成存货盘亏）
　　贷：库存商品或原材料（按账面成本结转）
　　　　应交税费——应交增值税（进项税额转出）

【例8-19】××股份有限公司为增值税一般纳税人，在例行存货盘点中，发现由于管理不善，盘亏库存材料一批，有关增值税专用发票确认的成本为10 000元，增值税额为1 300元。该企业的有关会计分录如下。

借：待处理财产损溢——待处理流动资产损溢　11 300
　　贷：原材料　　　　　　　　　　　　　　10 000
　　　　应交税费——应交增值税（进项税额转出）　1 300

（二）应交消费税

消费税是特定消费品为课税对象所征收的一种税，一般具有特定的调控目的。我国的消费税是在对货物普遍征收增值税的基础上，选择部分商品再征收一道消费税，是一种特别目的税。消费税的税目包括：烟，酒，高档化妆品，贵重首饰及珠宝玉石，鞭炮、焰火，成品油，小汽车，摩托车，高尔夫球及球具，高档手表，游艇，木制一次性筷子、实木地板，电池，涂料等15个。现行消费税税率采用从量定额和从价定率相结合的征收方式，针对不同税目或子目消费税设置不同的税率。其中，啤酒、黄酒、成品油采取定额税，白酒和卷烟采取定额和定率相结合的方式，其余税目采用比例税率。

与增值税道道多环节征税不一样，消费税采取源头纳税，单环节征税。其中，除了卷烟在批发环节加征一道从价定率税，金银首饰、钻石及钻石饰品在零售环节纳税，其余的应税消费品都在源头纳税，即在生产、委托加工或进口环节纳税。

企业应在"应交税费"科目下设置"应交消费税"明细科目，核算应交消费税的发生、缴纳情况。该科目的贷方登记应交纳的消费税，借方登记已交纳的消费税，期末贷方余额为尚未交纳的消费税，借方余额为多交纳的消费税。

1.销售应税消费品

企业销售应税消费品应交的消费税，应借记"税金及附加"科目，贷记"应交税费——应交消费税"科目。

【例8-20】××股份有限公司为增值税一般纳税人，2019年9月12号销售一批化妆品，价款为1 000 000元，增值税专用发票上注明增值税额为169 000元。化妆品的消费税税率为30%，税额为300 000元。产品已发出，货款已收讫。则××股份有限公司的会计处理如下。

（1）确认收入和增值税销项税额。

　　借：银行存款　　　　　　　　　　　　　　　1 169 000
　　　贷：主营业务收入　　　　　　　　　　　　　　1 000 000
　　　　　应交税费——应交增值税（销项税额）　　　169 000

结转成本的分录略。

（2）确认应交消费税。

　　借：税金及附加　　　　　　　　　　　　　　　300 000
　　　贷：应交税费——应交消费税　　　　　　　　　300 000

2.委托加工应税消费品

企业如有应交消费税的委托加工物资，一般应由受托方代收代缴税款，在向受托方支付加工费时，一同支付由受托方代收代缴的消费税税款。

对于委托加工消费税应税消费品的，支付给受托方，由受托方代收代缴的消费税一般区分两种情况，分别进行会计处理。

（1）如果委托加工物资收回后，直接用于销售的。企业应将受托方代收代交的消费税计入委托加工物资的成本，借记"委托加工物资"等科目，贷记"应付账款""银行存款"等科目。

（2）如果委托加工物资收回后用于连续生产应税消费品的，按规定准予抵扣的，应按已由受托方代收代交的消费税，借记"应交税费——应交消费税"科目，贷记"应付账款"、"银行存款"等科目。

【例8-21】××股份有限公司委托乙企业代为加工一批应交消费税的原材料（非金银首饰）。××股份有限公司的材料成本为1 500 000元，加工费为500 000元，由乙企业代收代交的消费税为160 000元（不考虑增值税）。该批原材料已经加工完成，并由××股份有限公司收回验收入库，收回的委托加工物资用于继续生产应税消费品，加工费尚未支付。××股份有限公司的有关会计分录如下。

（1）发出委托加工物资。

借：委托加工物资　　　　　　　　　　　　1 500 000
　　贷：原材料　　　　　　　　　　　　　　　1 500 000

（2）向乙公司支付加工费以及由乙公司代收代缴的消费税。

借：委托加工物资　　　　　　　　　　　　　500 000
　　应交税费——应交消费税　　　　　　　　160 000
　　贷：应付账款　　　　　　　　　　　　　　660 000

（3）从乙公司收回加工完成的物资，并验收入库。

借：原材料　　　　　　　　　　　　　　　2 000 000
　　贷：委托加工物资　　　　　　　　　　　　2 000 000

【例8-22】接【例8-21】，如果××股份有限公司收回的委托加工物资直接用于对外销售，则××股份有限公司的有关会计分录如下。

（1）发出委托加工物资。

借：委托加工物资　　　　　　　　　　　　1 500 000
　　贷：原材料　　　　　　　　　　　　　　　1 500 000

（2）向乙公司支付加工费以及由乙公司代收代缴的消费税。

借：委托加工物资　　　　　　　　　　　　　660 000
　　贷：应付账款　　　　　　　　　　　　　　660 000

（3）从乙公司收回加工完成的物资，并验收入库。

借：原材料　　　　　　　　　　　　　　　2 160 000
　　贷：委托加工物资　　　　　　　　　　　　2 160 000

（三）其他应交税费

除了增值税和消费税，在企业的日常经营活动中，还需要缴纳许多其他的税种，包括城市维护建设税、教育费附加、所得税、房产税、车船使用税、土地使用税、印花税、耕地占用税等。

企业应当在"应交税费"科目下按照税种设置相应的明细科目进行核算，贷方登记应交纳的有关税费，借方登记已交纳的有关税费，期末贷方余额表示尚未交纳的有关税费。

七、应付股利

应付股利是指企业根据股东大会或类似机构审议批准的利润分配方案确定分配给投资者的现金股利或利润，企业确定或宣告支付但尚未实际支付的现金股利或利润形成企业的一项负债，通过"应付股利"科目核算。

"应付股利"科目的贷方登记应支付的现金股利或利润，借方登记实际支付的现金股利或利润，期末贷方余额反映企业应付未付的现金股利或利润。"应付股利"科目一般应按照投资者名称设置明细科目进行明细核算。

企业根据股东大会或类似机构审议批准的利润分配方案，确认应付给投资者的现金股利或利润时，借记"利润分配——应付现金股利或利润"科目，贷记"应付股利"科目；向投资者实际支付现金股利或利润时，借记"应付股利"科目，贷记"银行存款"等科目。

企业董事会或类似机构通过的利润分配方案中拟分配的现金股利或利润，因为在正式宣告前，还不是企业的现时义务，不符合负债的定义，因此不作账务处理，不作应付股利核算，但应在附注中披露。

企业分配的股票股利不通过"应付股利"科目核算。

八、应付利息

应付利息核算企业按照合同约定应支付的利息，包括分期付息到期还本的长期借款、企业债券等应支付的利息。

企业应当设置"应付利息"科目，按照债权人设置明细科目进行明细核算，该科目期末贷方余额反映企业按照合同约定应支付但尚未支付的利息。

企业采用合同约定的名义利率计算确定利息费用时，应按合同约定的名义利率计算确定的应付利息的金额，计入"应付利息"科目；实际支付利息时，借记"应付利息"科目，贷记"银行存款"等科目。

九、其他应付款

其他应付款是指企业除应付票据、应付账款、预收账款、应付职工薪酬、应交税费、应付利息、应付股利等经营活动以外的其他各项应付、暂收的款项。

企业应通过"其他应付款"科目，核算其他应付款的增减变动及其结存情况，并按照其他应付款的项目和对方单位（或个人）设置明细科目进行明细核算。该科目贷方登记发生的各种应付、暂收款项，借方登记偿还或转销的各种应付、暂收款项；该科目期末贷方余额，反映企业应付未付的其他应付款项。

第三节 非流动负债

一、长期借款

长期借款是企业向银行或其他金融机构借入的期限在1年以上（不含1年）的各项借款。

长期借款一般可按贷款单位和贷款种类进行明细核算和日常管理。

企业借入长期借款时，应按实际收到的金额，借记"银行存款"科目，按借款本金，贷记"长期借款——本金"。如果实际收到的金额和借款本金之间有差额，则将差额计入"长期借款——利息调整"，在以后期间，将"利息调整"采用实际利率法摊销。

长期借款应当每年计提利息。相关利息应当遵循《企业会计准则第17号——借款费用》的相关规定。其中，符合资本化条件的，计入相关资产的成本，如"在建工程"科目等。不符合资本化条件的，计入财务费用。

企业归还长期借款本金时，应借记"长期借款——本金"，贷记"银行存款"科目。

长期借款科目期末余额一般在贷方，反映企业尚未偿还的长期借款。

【例8-23】××股份有限公司于2019年1月1日从银行借入专门借款400万元用于购建生产经营用固定资产，借款期限为3年，年利率为5%，按年分期付息，到期一次还本。每年年末计提当年利息，次年1月6日实际支付利息。所借款项已于当日存入银行。已知，2020年的借款利息满足资本化条件，可以计入在建工程成本。2020年和2021年的借款利息不满足资本化条件，计入当期损益。××股份有限公司有关会计分录如下。

（1）2019年1月1日取得借款。

借：银行存款　　　　　　　　　　　　　　4 000 000
　　贷：长期借款——本金　　　　　　　　　　　4 000 000

（2）2019年12月31日计提当年长期借款利息。

借：在建工程　　　　　　　　　　　　　　200 000（4 000 000×5%）
　　贷：应付利息　　　　　　　　　　　　　　　200 000

（3）2020年1月6日支付利息。

借：应付利息　　　　　　　　　　　　　　200 000
　　贷：银行存款　　　　　　　　　　　　　　　200 000

（4）2020年12月31日计提当年长期借款利息。

借：财务费用　　　　　　　　　　　　　　200 000（400×5%）
　　贷：应付利息　　　　　　　　　　　　　　　200 000

（5）2021年1月6日支付利息。

借：应付利息 200 000
　　贷：银行存款 200 000

（6）2021年12月31日，借款到期。支付当年利息和本金。

借：财务费用 200 000
　　长期借款——本金 4 000 000
　　贷：银行存款 4 200 000

【例8-24】承上例，如果付款条款改为"到期一次还本付息"，则会计处理如下。

（1）2019年1月1日取得借款。

借：银行存款 4 000 000
　　贷：长期借款——本金 4 000 000

（2）2019年12月31日计提当年长期借款利息。

借：在建工程 200 000（4 000 000×5%）
　　贷：长期借款——应计利息 200 000

（3）2020年12月31日计提当年长期借款利息。

借：财务费用 200 000（4 000 000×5%）
　　贷：长期借款——应计利息 200 000

（4）2021年12月31日，到期支付全部三年利息和本金。

借：财务费用 200 000
　　长期借款——本金 4 000 000
　　　　　　——应计利息 400 000
　　贷：银行存款 4 600 000

二、应付债券

（一）应付债券的性质与分类

债券是依照法定程序发行的、约定在一定期限内还本付息的一种有价证券。这里的应付债券是指发行期限在1年以上或者超过1年的1个营业周期以上的应付长期债券。因此，应付债券是企业因筹措资金而发行债券形成的一种非流动负债。

债券按照还本付息模式的不同，可以分为"分期付息到期还本"的债券和"到期一次还本付息"的债券。

（二）债券的发行价格

债券的发行价格是指债券投资者购入债券时应支付的当前市场价格，它与债券的面值可能一致也可能不一致。理论上，债券发行价格是债券的未来现金流量的现值，即将来需要支付的年利息和偿还的本金，按发行当时的市场利率折现所得到的现值。

因此，决定债券发行价格的因素包括：债券面值、票面利率、市场利率和债券的期限。

当债券票面利率等于市场利率时，债券发行价格等于面值。当债券票面利率低于市场利率时，企业仍以面值发行就不能吸引投资者，故一般要折价发行。当债券票面利率高于市场利率时，企业仍以面值发行就会增加发行成本，故一般要溢价发行。

理论上，债券的发行价格应等于发行方未来现金流出的现值之和。如果采用分期付息，到期还本的方式发行的债券，则现值PV＝I×（P/A，r，n）＋F×（P/F，r，n），其中，I为每期应支付的利息，F为债券面值，r为市场利率，n为债券的期限。如果采取到期一次还本付息方式发行的债券，则现值PV＝（F＋F×i×n）×（P/F，r，n），其中，i为票面利率，F为债券面值，r为市场利率，n为债券的期限。

上述公式计算的发行价格一般只是确定实际发行价格的基础。在实务中，债券的发行价格受很多因素的影响。就公司内部而言，除了债券的面值、期限、票面利率、利息支付方式外，发行企业自身的信誉状况、资本结构、投资结构等也会影响债券的发行价格。就企业外部来看，资本市场的利率水平、供求关系等也是影响债券发行价格的重要因素。

（三）应付债券的会计处理

企业应设置"应付债券"科目，核算企业为筹集资金而发行债券的本金和利息。该科目属于负债类账户，贷方登记发行债券的面值及溢价金额，借方登记发行债券的折价金额、一次付息债券应计提的利息以及到期偿还的本金，贷方余额反映企业尚未偿还的债券摊余成本。为了方便管理，企业可以在"应付债券"科目下设置"面值""利息调整""应计利息"（对于到期一次还本付息的债券）等明细科目。如果企业发行分次付息一次还本债券，计提的利息应通过"应付利息"账户核算。

1. 债券发行的账务处理

企业无论是折价、平价、还是溢价发行债券，都按面值计入"应付债券——面值"科目，实际发行价格与面值的差额，贷记或者借记"应付债券——利息调整"科目。

【例8-25】××股份有限公司经批准于2019年1月1日发行债券面值为1 000 000、期限为5年、票面利率为6%的债券，到期一次还本付息。债券发行相关的交易费用为8 000元，从发行债券所收到的款项中扣除，发行债券当时的市场利率为6%。××股份有限公司的会计处理如下。

```
借：银行存款                      992 000
    应付债券——利息调整              8 000
  贷：应付债券——面值             1 000 000
```

【例8-26】承上例。若××股份有限公司发行债券当时的市场利率为7%，该公司的会计业务处理如下。

债券的发行价格＝（1 000 000＋1 000 000×6%×5）×（P/F，7%，5）
　　　　　　　＝1 300 000×0.713＝926 900（元）

```
借：银行存款                      918 900
    应付债券——利息调整             81 100
```

　　　　贷：应付债券——面值　　　　　　　　　　　　　　　1 000 000

　　其中，银行存款的金额为发行价格扣除发行费用后的余额，即926 900－8 000＝918 900（元）。

　　【例8-27】 续【例8-25】资料。若××股份有限公司发行债券当时的市场利率为5%，则该公司的会计处理如下。

　　债券的发行价格＝（1 000 000＋1 000 000×6%×5）×（P/F，5%，5）

　　　　　　　　＝1 300 000×0.783＝1 017 900（元）

　　　借：银行存款　　　　　　　　　　　　　　　　　　　1 009 900
　　　　贷：应付债券——面值　　　　　　　　　　　　　　　1 000 000
　　　　　　应付债券——利息调整　　　　　　　　　　　　　　　9 900

　　其中，银行存款的金额为1 017 900－8 000＝1 009 900（元）。

2.债券利息的计提、溢折价摊销及债券偿还的会计处理

　　每期期末，企业应按面值乘以票面利率的金额支付利息。但是，按票面利率计算的应支付的利息未必是企业发行债券真正负担的利息费用。当企业折价发行债券时，发行时收取的价款低于面值，其差额实际是对未来支付利率低于市场利率的补偿，应归入实际的资金使用费里。企业溢价发行债券时，发行时收取的价款高于面值，实际是对未来支付的利率高于市场利率的补偿。因此，在每个付息期，企业应对溢价和折价的部分进行摊销。

　　企业应采用实际利率法核算企业发行债券实际应承担的利息，即按照应付债券的实际利率计算摊余成本和各期的实际利息费用。

　　资产负债表日，对于分期付息、一次还本的债券，企业应按应付债券的摊余成本和实际利率计算确定的债券利息费用，借记"在建工程""制造费用""财务费用"等科目，按票面利率计算确定的应付未付利息，贷记"应付利息"科目，按其差额，借记或贷记"应付债券——利息调整"科目。对于一次还本付息的债券，应于资产负债表日按摊余成本和实际利率计算确定的债券利息费用，借记"在建工程""制造费用""财务费用"等科目，按票面利率计算确定的应付未付利息，贷记"应付债券——应计利息"科目，按其差额，借记或贷记"应付债券——利息调整"科目。

　　对于一次还本付息的债券，企业期满偿还本息时，应借记"应付债券——面值"和"应付债券——应计利息"科目，贷记"银行存款"科目。对于分期付息、到期还本的债券，债券到期时，借记"应付债券——面值"科目，贷记"银行存款"科目。

　　【例8-28】 ××股份有限公司经批准于2019年1月1日发行债券10 000张，每张面值100元，票面利率为6%，期限为5年，到期一次还本付息，发行债券当时的市场利率为8%，债券溢折价采用实际利率法摊销，假定利息费用不符合资本化要求。××股份有限公司的会计处理如下。

　　（1）计算债券的发行价格。

　　债券的发行价格P＝（100×10 000＋100×10 000×6%×5）÷（1＋8%）^{5}

　　　　　　　　　＝884 956（元）

(2) 发行时的会计处理。

　　借：银行存款　　　　　　　　　　　　　　　　　　884 956
　　　　应付债券——利息调整　　　　　　　　　　　　 15 044
　　　　贷：应付债券——面值　　　　　　　　　　　　1 000 000

(3) 各期利息费用的计算及会计处理。

表8-3　各期利息费用计算表

日期	利息费用	支付现金	应付债券摊余成本
2019年1月1日			884 956
2019年12月31日	70 797	0	957 753
2020年12月31日	76 620	0	1 034 373
2021年12月31日	82 750	0	1 117 123
2022年12月31日	89 369	0	1 206 492
2023年12月31日	93 508*	1 300 000	0

*尾数调整，计算方法为1 300 000－1 206 492＝93 508。

说明：本期末摊余成本＝本期初摊余成本＋利息费用－支付现金；

　　　本期利息费用＝期初摊余成本×实际利率；

　　　支付现金＝面值×票面利率。

①2019年末利息费用的会计处理如下。

　　借：财务费用　　　　　　　　　　　　　　　　　　70 797
　　　　贷：应付债券——应计利息　　　　　　　　　　 60 000
　　　　　　　　　　——利息调整　　　　　　　　　　 10 797

②2020年末、2021年末和2022年末的分录均参照上述会计处理。

(4) 到期还本付息时的会计处理。

　　借：应付债券——面值　　　　　　　　　　　　　　1 000 000
　　　　　　　　——应计利息　　　　　　　　　　　　 300 000
　　　　贷：银行存款　　　　　　　　　　　　　　　　1 300 000

【例8-29】承上例，若付息方式为分期付息，到期一次还本，其他条件不变，则会计处理如下。

(1) 计算债券的发行价格。

债券发行价格P＝100×10 000×6%×(P/A,8%,5)＋100×10 000×(P/F,8%,5)

　　　　　　＝60 000×3.992＋1 000 000×0.68

　　　　　　＝919 520（元）

(2) 发行时的会计处理。

　　借：银行存款　　　　　　　　　　　　　　　　　　919 520
　　　　应付债券——利息调整　　　　　　　　　　　　 80 480
　　　　贷：应付债券——面值　　　　　　　　　　　　1 000 000

(3) 各期利息费用的计算及会计处理。

表8-4 各期利息费用计算表

日期	利息费用	支付现金	应付债券摊余成本
2019年1月1日			919 520
2019年12月31日	73 562	60 000	933 082
2020年12月31日	74 647	60 000	947 729
2021年12月31日	75 818	60 000	963 547
2022年12月31日	77 084	60 000	980 631
2023年12月31日	79 369*	1 060 000	0

*尾数调整，计算方法为 1 060 000－980 631＝79 369。

说明：本期末摊余成本＝本期初摊余成本＋利息费用－支付现金

本期利息费用＝期初摊余成本×实际利率；

支付现金＝面值×票面利率

① 2019年末利息费用的会计处理如下。

  借：财务费用   73 562

   贷：应付利息   60 000

    应付债券——利息调整   13 562

② 2019年末实际支付利息时的会计处理如下。

  借：应付利息   60 000

   贷：银行存款   60 000

③ 2020年末、2021年末和2022年末的分录均参照上述会计处理。

（4）到期还本时的会计处理。

  借：应付债券——面值   1 000 000

   贷：银行存款   1 000 000

三、长期应付款

  长期应付款是指企业除长期借款和应付债券以外的其他各种长期应付账款，包括应付租入固定资产的租赁费，以分期付款方式购入固定资产发生的应付账款等。通常长期应付款都是企业使用资产在前，款项支付在后，而且期限较长，从而构成了企业的一项长期负债。

  企业应设置"长期应付款"科目，该科目属于负债类，贷方登记长期应付款的取得，借方登记每期支付的金额，贷方余额反映企业应付未付的长期应付款。

课后习题

第九章 所有者权益

第一节 所有者权益概述

一、所有者权益的定义以及构成

企业的组织形式一般分为：独资型企业、合伙型企业和公司型企业（包括有限责任公司和股份有限公司）。企业组织形式不同，其所有者权益会计处理类似。本章主要以股份有限公司为例介绍所有者权益。

（一）所有者权益的含义

《企业会计准则——基本准则》指出，所有者权益是指企业资产扣除负债后由所有者享有的剩余权益。公司的所有者权益又称为"股东权益"。所有者权益是所有者对企业资产的剩余索取权，是企业的资产扣除债权人权益后应由所有者享有的部分，既反映了所有者投入资本的保值增值情况，又体现了保护债权人权益的理念。

（二）所有者权益的构成

所有者权益通常由实收资本（或股本）、其他权益工具、资本公积、其他综合收益和留存收益（盈余公积和未分配利润）构成。

二、所有者权益的确认

所有者权益的确认主要依赖于其他会计要素，尤其是资产和负债的确认，所有者权益金额的确定也主要取决于资产和负债的计量。例如，企业接受投资者投入的资产，在该资产符合资产确认条件时，就相应地符合了所有者权益的确认条件，当该资产的价值能够可靠计量时，所有者权益的金额也就可以确定。

第二节 实收资本与其他权益工具

一、实收资本

(一)实收资本的定义

实收资本是投资者投入资本形成法定资本的价值。所有者向企业投入的资本,在一般情况下无需偿还,可以长期使用。投资者投入实收资本的比例是所有者参与企业决策、分配利润的基础。股份有限公司的实收资本称为"股本"。

(二)实收资本的会计核算

除股份有限公司以外,其他各类企业通过"实收资本"科目核算,股份有限公司通过"股本"科目核算。

企业收到所有者投入企业的资本后,应根据有关原始凭证(如投资清单、银行通知单等),按不同的出资方式进行会计处理。

1.接受现金资产投资

(1)股份有限公司以外的企业接受现金资产投资。

【例9-1】甲、乙、丙共同投资设立××有限责任公司,注册资本为2 000 000元,甲、乙、丙持股比例分别为60%、25%和15%。按照章程规定,甲、乙、丙投入资本分别为1 200 000元、500 000元和300 000元。××有限责任公司已如期收到各投资者一次缴足的款项。××有限责任公司在进行会计处理时,应编制会计分录如下。

借:银行存款 2 000 000
  贷:实收资本——甲 1 200 000
     ——乙 500 000
     ——丙 300 000

(2)股份有限公司接受现金资产投资。

股份有限公司发行股票时,既可以按面值发行股票,又可以溢价发行(我国目前不准许折价发行)。股份有限公司发行股票时,应在实际收到现金资产时进行会计处理。

【例9-2】××股份有限公司发行普通股10 000 000股,每股面值1元,每股发行价格5元。假定股票发行成功,股款50 000 000元已全部收到,不考虑发行过程中的税费等因素。根据上述资料,××股份有限公司应作如下会计处理:记入"资本公积"科目的金额=50 000 000-10 000 000=40 000 000(元)。

该公司编制会计分录如下。

借:银行存款 50 000 000
  贷:股本 10 000 000

　　　　资本公积——股本溢价　　　　　　　　　　　　　　　40 000 000

2.接受非现金资产投资

　　我国《公司法》规定,股东可以用货币出资,也可以用实物、知识产权、土地使用权等可以用货币估价并可以依法转让的非货币财产作价出资,但是,法律、行政法规规定不得作为出资的财产除外。

　　企业接受非现金资产投资时,应按投资合同或协议约定价值确定非现金资产价值(但投资合同或协议约定价值不公允的除外)和在注册资本中应享有的份额。

　　(1)接受投入固定资产。

　　企业接受投资者作价投入的房屋、建筑物、机器设备等固定资产,应按投资合同或协议约定价值确定固定资产价值(但投资合同或协议约定价值不公允的除外)和在注册资本中应享有的份额。

　　【例9-3】××有限责任公司于设立时收到乙公司作为资本投入的不需要安装的机器设备一台,合同约定该机器设备的价值为2 000 000元,增值税进项税额为260 000元。合同约定的固定资产价值与公允价值相符,不考虑其他因素。××有限责任公司在进行会计处理时,应编制会计分录如下。

　　　　借：固定资产　　　　　　　　　　　　　　　　　2 000 000
　　　　　　应交税费——应交增值税(进项税额)　　　　　260 000
　　　　　贷：实收资本——乙公司　　　　　　　　　　　　　　　2 260 000

　　(2)接受投入材料物资。

　　企业接受投资者作价投入的材料物资,应按投资合同或协议约定价值确定材料物资价值(但投资合同或协议约定价值不公允的除外)和在注册资本中应享有的份额。

　　【例9-4】××有限责任公司于设立时收到B公司作为资本投入的原材料一批,该批原材料投资合同或协议约定价值(不含可抵扣的增值税进项税额部分)为100 000元,增值税进项税额为13 000元。B公司已开具了增值税专用发票。假设合同约定的价值与公允价值相符,该进项税额允许抵扣,不考虑其他因素。××有限责任公司在进行会计处理时,应编制会计分录如下。

　　　　借：原材料　　　　　　　　　　　　　　　　　　100 000
　　　　　　应交税费——应交增值税(进项税额)　　　　　13 000
　　　　　贷：实收资本——B公司　　　　　　　　　　　　　　113 000

　　(3)接受投入无形资产。

　　企业收到以无形资产方式投入的资本,应按投资合同或协议约定价值确定无形资产价值(但投资合同或协议约定价值不公允的除外)和在注册资本中应享有的份额。

　　【例9-5】××有限责任公司于设立时收到A公司作为资本投入的非专利技术一项,该非专利技术投资合同约定价值为60 000元,同时收到B公司作为资本投入的土地使用权一项,投资合同约定价值为80 000元。假设丙公司接受该非专利技术和土地使用权符合国家注册资本管理的有关规定,可按合同约定作实收资本入账,合同约定的价值与公允价值相符,不考虑其他因素。丙有限责任公司在进行会计处理时,应编制会计分录如下。

借：无形资产——非专利技术　　　　　　　　60 000
　　　　　　——土地使用权　　　　　　　　80 000
　　贷：实收资本——A公司　　　　　　　　60 000
　　　　　　　——B公司　　　　　　　　　80 000

（三）实收资本（或股本）的增减变动

一般情况下，企业的实收资本应相对固定不变，但在某些特定情况下，实收资本也可能发生增减变化。我国企业法人登记管理条例中规定，除国家另有规定外，企业的注册资金应当与实收资本相一致。

1. 实收资本（或股本）的增加

一般企业增加资本主要有三个途径：接受投资者追加投资、资本公积转增资本和盈余公积转增资本。需要注意的是，由于资本公积和盈余公积均属于所有者权益，用其转增资本时，如果是独资企业比较简单，直接结转即可。如果是股份有限公司或有限责任公司应该按照原投资者各出资比例相应增加各投资者的出资额。

【例9-6】甲、乙、丙三人共同投资设立××股份有限公司，原注册资本为4 000 000元，甲、乙、丙分别出资500 000元、2 000 000元和1 500 000元。为扩大经营规模，经批准，A公司注册资本扩大为5 000 000元，甲、乙、丙按照原出资比例分别追加投资125 000元、500 000元和375 000元。××股份有限公司如期收到甲、乙、丙追加的现金投资。××股份有限公司编制会计分录如下。

借：银行存款　　　　　　　　　　　　　　1 000 000
　　贷：实收资本——甲　　　　　　　　　　125 000
　　　　　　　——乙　　　　　　　　　　　500 000
　　　　　　　——丙　　　　　　　　　　　375 000

【例9-7】承【例9-6】，因扩大经营规模需要，经批准，××股份有限公司按原出资比例将资本公积1 000 000元转增资本。××股份有限公司编制会计分录如下。

借：资本公积　　　　　　　　　　　　　　1 000 000
　　贷：实收资本——甲　　　　　　　　　　125 000
　　　　　　　——乙　　　　　　　　　　　500 000
　　　　　　　——丙　　　　　　　　　　　375 000

【例9-8】承【例9-6】，因扩大经营规模需要，经批准，××股份有限公司按原出资比例将盈余公积1 000 000元转增资本。××股份有限公司编制会计分录如下。

借：盈余公积　　　　　　　　　　　　　　1 000 000
　　贷：实收资本——甲　　　　　　　　　　125 000
　　　　　　　——乙　　　　　　　　　　　500 000
　　　　　　　——丙　　　　　　　　　　　375 000

2.实收资本(或股本)的减少

企业减少实收资本应按法定程序报经批准,股份有限公司采用收购本公司股票方式减资的,按股票面值和注销股数计算的股票面值总额冲减股本,按注销库存股的账面余额与所冲减股本的差额冲减股本溢价,股本溢价不足冲减的,再冲减盈余公积直至未分配利润。如果购回股票支付的价款低于面值总额的,所注销库存股的账面余额与所冲减股本的差额作为增加股本溢价处理。

【例9-9】××股份有限公司2019年12月31日的股本为100 000 000股,面值为1元,资本公积(股本溢价)30 000 000元,盈余公积40 000 000元。经股东大会批准,××股份有限公司以现金回购本公司股票20 000 000股并注销。假定××股份有限公司按每股2元回购股票,不考虑其他因素,则会计处理如下。

(1)回购本公司股票时。

借:库存股　　　　　　　　　　　　　　　　　40 000 000
　　贷:银行存款　　　　　　　　　　　　　　　　40 000 000

库存股成本=20 000 000×2=40 000 000(元)

(2)注销本公司股票时。

借:股本　　　　　　　　　　　　　　　　　　20 000 000
　　资本公积——股本溢价　　　　　　　　　　　20 000 000
　　贷:库存股　　　　　　　　　　　　　　　　　40 000 000

应冲减的资本公积:20 000 000×2-20 000 000×1=20 000 000(元)

【例9-10】承【例9-9】,假定××股份有限公司按每股3元回购股票,其他条件不变,则会计处理如下。

(1)回购本公司股票时。

借:库存股　　　　　　　　　　　　　　　　　60 000 000
　　贷:银行存款　　　　　　　　　　　　　　　　60 000 000

库存股成本=20 000 000×3=60 000 000(元)

(2)注销本公司股票时。

借:股本　　　　　　　　　　　　　　　　　　20 000 000
　　资本公积——股本溢价　　　　　　　　　　　30 000 000
　　盈余公积　　　　　　　　　　　　　　　　　10 000 000
　　贷:库存股　　　　　　　　　　　　　　　　　60 000 000

应冲减的资本公积=20 000 000×3-20 000 000×1=4 000 0000(元)

因为应冲减的资本公积大于公司现有的资本公积,所以只能冲减资本公积30 000 000元,剩余的10 000 000元应冲减盈余公积。

【例9-11】承【例9-9】,假定××股份有限公司按每股0.9元回购股票,其他条件不变,则会计处理如下。

(1)回购本公司股票。

借:库存股　　　　　　　　　　　　　　　　　18 000 000

  贷：银行存款   18 000 000

库存股成本＝2 000 0000×0.9＝18 000 000（元）

（2）注销本公司股票时。

  借：股本   20 000 000
    贷：库存股   18 000 000
      资本公积——股本溢价   2 000 000

应增加的资本公积＝20 000 000×1－20 000 000×0.9＝2 000 000（元）由于折价回购，股本与库存股成本的差额2 000 000元应作为增加资本公积处理。

二、其他权益工具

  其他权益工具是指企业发行的除普通股以外的归类于权益工具的各种金融工具，主要包括归类于权益工具的优先股、永续债、认股权、可转换公司债券等金融工具。

  如果企业有其他权益工具，则需要在所有者权益类科目中增设"其他权益工具——优先股"科目核算该类业务。企业发行优先股收到的价款登记在该科目的贷方，可转换优先股转换为普通股的账面价值登记在该科目的借方，贷方余额反映发行在外的优先股账面价值。

  【例9-12】××股份有限公司发行归类于权益工具的可转换优先股200万股，实际收到价款500万元，则会计处理如下。

  借：银行存款   5 000 000
    贷：其他权益工具——优先股   5 000 000

第三节 资本公积与其他综合收益

一、资本公积的定义以及构成

  资本公积是企业收到投资者的超出其在企业注册资本（或股本）中所占份额的投资，以及直接计入所有者权益的利得和损失等。资本公积包括资本溢价（或股本溢价）和直接计入所有者权益的利得与损失等。

  资本溢价（或股本溢价）是企业收到投资者的超出其在企业注册资本（或股本）中所占份额的投资。形成资本溢价（或股本溢价）的原因有溢价发行股票、投资者超额缴入资本等。

  直接计入所有者权益的利得与损失是指不应计入当期损益，会导致所有者权益发生增减变动的，与所有者投入资本或向所有者分配利润无关的利得或者损失。

二、资本公积的会计核算

(一) 资本溢价（或股本溢价）的核算

1. 资本溢价

除股份有限公司以外的其他类型的企业，在企业创立时，投资者认缴的出资额与注册资本一致，一般不会产生资本溢价。但在企业重组或有新的投资者加入时，常常会出现资本溢价。新加入的投资者只有付出大于原投资者的出资额，才能取得与原投资者相同的出资比例。投资者多缴的部分就形成了资本溢价。

【例9-13】××有限责任公司由两位投资者投资200 000元设立，每人各出资100 000元。1年后，为扩大经营规模，经批准，××有限责任公司注册资本增加到300 000元，并引入第三位投资者加入。按照投资协议，新投资者需缴入现金110 000元，同时享有该公司三分之一的股份。××有限责任公司已收到该现金投资。假定不考虑其他因素，××有限责任公司的会计分录如下。

借：银行存款　　　　　　　　　　　　　　　110 000
　　贷：实收资本　　　　　　　　　　　　　　100 000
　　　　资本公积——资本溢价　　　　　　　　 10 000

2. 股本溢价

股份有限公司是以发行股票的方式筹集股本的，股票可按面值发行，也可按溢价发行，我国目前不准折价发行。股份有限公司在成立时可能会溢价发行股票，在成立之初可能会产生股本溢价。股本溢价的数额等于股份有限公司发行股票时实际收到的款额超过股票面值总额的部分。

在按面值发行股票的情况下，企业发行股票取得的收入，应全部作为股本处理；在溢价发行股票的情况下，企业发行股票取得的收入，等于股票面值部分作为股本处理，超出股票面值的溢价收入应作为股本溢价处理。

发行股票相关的手续费、佣金等交易费用，如果是溢价发行股票的，应从溢价中抵扣，冲减资本公积（股本溢价）；如果无溢价发行股票或溢价金额不足以抵扣的，应将不足抵扣的部分冲减盈余公积和未分配利润。

【例9-14】××股份有限公司首次公开发行了普通股50 000 000股，每股面值为1元，每股发行价格为4元。××股份有限公司以银行存款支付发行手续费、咨询费等费用共计6 000 000元。假定发行收入已全部收到，发行费用已全部支付，不考虑其他因素，××股份有限公司的会计处理如下。

(1) 收到发行收入时。

借：银行存款　　　　　　　　　　　　　　　200 000 000
　　贷：股本　　　　　　　　　　　　　　　　 50 000 000
　　　　资本公积——股本溢价　　　　　　　　150 000 000

(2) 支付发行费用时。
借：资本公积——股本溢价　　　　　　　　　6 000 000
　　贷：银行存款　　　　　　　　　　　　　　6 000 000

(二) 其他资本公积的核算

其他资本公积是指除资本溢价（或股本溢价）项目以外所形成的资本公积，其中主要是直接计入所有者权益的利得和损失，包括采用权益法核算的长期股权投资和以权益结算的股份支付涉及的业务资本公积。

1. 采用权益法核算的长期股权投资

企业对某被投资单位的长期股权投资采用权益法核算的，在持股比例不变的情况下，对因被投资单位除净损益以外的所有者权益的其他变动，如果是利得，则应按持股比例计算其应享有被投资企业所有者权益的增加数额；如果是损失，则作相反的分录。在处置长期股权投资时，应转销与该笔投资相关的其他资本公积。

2. 以权益结算的股份支付

以权益结算的股份支付换取职工或其他方提供服务的，应按照确定的金额，计入"管理费用"等科目，同时增加资本公积（其他资本公积）。在行权日，应按实际行权的权益工具数量计算确定的金额，借记"资本公积——其他资本公积"科目，按计入实收资本或股本的金额，贷记"实收资本"或"股本"科目，并将其差额计入"资本公积——资本溢价"或"资本公积——股本溢价"科目。

三、其他综合收益

其他综合收益是指企业在经营活动中形成的未计入当期损益的但归所有者共有的利得或损失，主要包括以公允价值计量且其变动计入其他综合收益的金融资产公允价值变动，权益法下被投资单位所有者权益变动等。

1. 存货或自用房地产转换为投资性房地产

企业将作为存货的房地产转换为采用公允价值模式计量的投资性房地产时，应当按该项房地产在转换日的公允价值，借记"投资性房地产——成本"科目，原已计提跌价准备的，借记"存货跌价准备"科目，按其账面余额，贷记"开发产品"等科目；同时，转换日的公允价值小于账面价值的，按其差额，借记"公允价值变动损益"科目，转换日的公允价值大于账面价值的，按其差额，贷记"其他综合收益"科目。

2. 公允价值计量且其变动计入其他综合收益的金融资产公允价值变动

3. 长期股权投资权益法下被投资单位所有者权益的其他变动

第四节 留存收益

一、留存收益的构成及经济用途

(一) 留存收益的构成

留存收益是由利润分配过程形成,指企业从历年实现的利润中提取或形成的留存于企业的内部积累。留存收益来源于企业在生产经营活动中所实现的净利润,它与实收资本和资本公积的区别在于,实收资本和资本公积来源于企业的资本投入,而留存收益则来源于企业的资本增值。

留存收益主要包括盈余公积和未分配利润两大类,具体的内容有:

法定盈余公积是指企业按照规定的比例从净利润中提取的盈余公积;

任意盈余公积是指企业经股东大会或类似机构批准按照规定的比例从净利润中提取的盈余公积;

未分配利润属于未确定用途的留存收益,是企业实现的净利润经过弥补亏损、提取盈余公积和向投资者分配利润后留存在企业的、历年结存的利润。

(二) 留存收益的经济用途

1. 弥补亏损

根据企业会计制度和有关法规的规定,企业发生亏损,可以用发生亏损后5年内实现的税前利润来弥补,当发生的亏损在5年内仍不足弥补的,应使用随后实现的税后利润弥补。当企业发生的亏损在所得税后利润仍不足弥补亏损的,可以用盈余公积来弥补。

2. 转增资本

当企业提取的盈余公积累积比较多时,可以将盈余公积转增资本,转增后,留存的盈余公积不得少于注册资本的25%。

3. 发放现金股利或利润

在特定情况下,当企业累积的盈余公积比较多,而未分配利润比较少时,为了维护企业形象,给投资者以合理的回报,对于符合规定条件的企业,也可以用盈余公积分派现金。

二、留存收益的会计核算

（一）盈余公积

盈余公积是指企业按规定从净利润中提取的企业积累资金。公司制企业的盈余公积包括法定盈余公积和任意盈余公积。

按照《公司法》有关规定，公司制企业应当按照净利润（减弥补以前年度亏损，下同）的10%提取法定盈余公积。非公司制企业法定盈余公积的提取比例可超过净利润的10%。法定盈余公积累积额已达注册资本的50%时可以不再提取。

公司制企业可根据股东大会的决议提取任意盈余公积。非公司制企业经类似权力机构批准，也可提取任意盈余公积。

企业提取的盈余公积经批准可用于弥补亏损、转增资本、发放现金股利或利润等。

1.提取盈余公积

企业按规定提取盈余公积时，应通过"利润分配"和"盈余公积"等科目处理。

【例9-15】××股份有限公司本年实现净利润为5 000 000元，年初未分配利润为0。经股东大会批准，××股份有限公司按当年净利润的10%提取法定盈余公积。假定不考虑其他因素，××股份有限公司的会计分录如下。

借：利润分配——提取法定盈余公积　　　　　500 000
　　贷：盈余公积——法定盈余公积　　　　　　　　500 000

本年提取盈余公积金额＝5 000 000×10%＝500 000（元）

2.盈余公积补亏

【例9-16】经股东大会批准，××股份有限公司用以前年度提取的盈余公积弥补当年亏损，当年弥补亏损的数额为600 000元。假定不考虑其他因素，××股份有限公司的会计分录如下。

借：盈余公积　　　　　　　　　　　　　　　600 000
　　贷：利润分配——盈余公积补亏　　　　　　　　600 000

3.盈余公积转增资本

【例9-17】因扩大经营规模需要，经股东大会批准，××股份有限公司将盈余公积400 000元转增股本。假定不考虑其他因素，××股份有限公司的会计分录如下。

借：盈余公积　　　　　　　　　　　　　　　400 000
　　贷：股本　　　　　　　　　　　　　　　　　　400 000

（二）未分配利润

利润分配是指企业根据国家有关规定和企业章程、投资者协议等，对企业当年可供分配的利润所进行的分配。

可供分配的利润＝当年实现的净利润＋年初未分配利润（或－年初未弥补亏损）＋其他转入

利润分配的顺序依次是：提取法定盈余公积；提取任意盈余公积；向投资者分配利润。

未分配利润是经过弥补亏损、提取法定盈余公积、提取任意盈余公积和向投资者分配利润等利润分配之后剩余的利润，它是企业留待以后年度进行分配的历年结存的利润。相对于所有者权益的其他部分来说，企业对于未分配利润的使用有较大的自主权。

企业应通过"利润分配"科目，核算企业利润的分配（或亏损的弥补）和历年分配（或弥补）后的未分配利润（或未弥补亏损）。该科目应分别按"提取法定盈余公积""提取任意盈余公积""应付现金股利或利润""盈余公积补亏""未分配利润"等进行明细核算。企业未分配利润通过"利润分配——未分配利润"明细科目进行核算。年度终了，企业应将全年实现的净利润或发生的净亏损，自"本年利润"科目转入"利润分配——未分配利润"科目，结转后，"利润分配——未分配利润"科目如为贷方余额，表示累积未分配的利润数额；如为借方余额，则表示累积未弥补的亏损数额。

【例9-18】××股份有限公司年初未分配利润为0，本年实现净利润2 000 000元，本年提取法定盈余公积200 000元，宣告发放现金股利800 000元。假定不考虑其他因素，××股份有限公司的会计处理如下。

（1）结转本年利润。

  借：本年利润   2 000 000
    贷：利润分配——未分配利润   2 000 000

如企业当年发生亏损，则应借记"利润分配——未分配利润"科目，贷记"本年利润"科目。

（2）提取法定盈余公积、宣告发放现金股利。

  借：利润分配——提取法定盈余公积   200 000
       ——应付现金股利   800 000
    贷：盈余公积   200 000
      应付股利   800 000

同时。

  借：利润分配——未分配利润   1 000 000
    贷：利润分配——提取法定盈余公积 200 000
          ——应付现金股利   800 000

结转后，如果"未分配利润"明细科目的余额在贷方，则表示累积未分配的利润；如果余额在借方，则表示累积未弥补的亏损。

第十章

收入、费用和利润

第一节 收入

一、收入的概念及其分类

(一) 收入的概念

收入是指企业在日常活动中形成的、会导致所有者权益增加的、与所有者投入资本无关的经济利益的总流入。其中，日常活动是指企业为完成其经营目标所从事的经常性活动以及与之相关的其他活动。工业企业制造并销售产品，商品流通企业销售商品，咨询公司提供咨询服务，软件公司为客户开发软件，安装公司提供安装服务，建筑企业提供建造服务等，这些均属于企业的日常活动。企业按照本章确认收入的方式应当反映其向客户转让商品（或提供服务，以下简称"转让商品"）的模式，收入的金额应当反映企业因转让这些商品（或服务，以下简称"商品"）而预期有权收取的对价金额。

企业处置固定资产、无形资产等，在确定处置时点以及计量处置损益时，按照本节的有关规定进行会计处理。

(二) 收入的分类

1.按交易性质分类

（1）转让商品收入，是指企业通过销售产品或商品实现的收入。工业企业销售不需用的原材料、包装物等存货实现的收入，也视同转让商品收入。

（2）提供服务收入，是指企业通过提供各种服务实现的收入。

2.按在经营业务中所占比重分类

（1）主营业务收入，是指企业为完成其经营目标所从事的主要经营活动实现的收入。主营业务收入经常发生，并在收入中占有较大的比重。

（2）其他业务收入，是指企业从事主要经营业务以外的其他经营活动实现的收入。其他业务收入不经常发生，金额一般较小，在收入中所占比重小。

二、收入确认与计量的基本方法

收入的确认和计量大致分为五步：第一步，识别与客户订立的合同；第二步，识别合同中的单项履约义务；第三步，确定交易价格；第四步，将交易价格分摊至各单项履约义务；第五步，履行各单项履约义务时确认收入。其中，第一步、第二步和第五步主要与收入的确认有关，第三步和第四步主要与收入的计量有关。

（一）识别与客户订立的合同

本节所称的合同，是指双方或多方之间订立有法律约束力的权利义务的协议，包括书面形式、口头形式以及其他可验证的形式（如隐含于商业惯例或企业以往的习惯做法中的形式等）。

1.收入确认的原则

企业应当在履行合同中的履约义务，即在客户取得相关商品控制权时确认收入。取得相关商品控制权是指能够主导该商品的使用并从中获得几乎全部的经济利益，也包括有能力阻止其他方主导该商品的使用并从中获得经济利益。取得商品控制权包括以下三个要素。

（1）能力，即客户必须拥有现时权利，能够主导该商品的使用并从中获得几乎全部经济利益。如果客户只能在未来的某一期间主导该商品的使用并从中获益，则表明其尚未取得该商品的控制权。

（2）主导该商品的使用。客户有能力主导该商品的使用，是指客户有权使用该商品，或者能够允许或阻止其他方使用该商品。

（3）能够获得几乎全部的经济利益。商品的经济利益是指该商品的潜在现金流量，既包括现金流入的增加，也包括现金流出的减少。例如，使用、消耗、出售或持有该商品，使用该商品提升其他资产的价值，以及将该商品用于清偿债务、支付费用或抵押等。

2.收入确认的前提条件

企业与客户之间的合同同时满足下列条件的，企业应当在客户取得相关商品控制权时确认收入。

（1）合同各方已批准该合同并承诺将履行各自义务。

（2）该合同明确了合同各方与所转让的商品（或提供劳务，以下简称"转让的商品"）相关的权利和义务。

（3）该合同有明确的与所转让的商品相关的支付条款。

（4）该合同具有商业实质，即履行该合同将改变企业未来现金流量的风险、时间分布或金额。

（5）企业因向客户转让商品而有权取得的对价很可能收回。

在进行上述判断时，需要注意以下三点。

第一，合同约定的权利和义务是否具有法律约束力，需要根据企业所处的法律环境和实务操作进行判断，包括合同订立的方式和流程、具有法律约束力的权利和义务的时间等。

第二，合同具有商业实质，履行该合同将改变企业未来现金流量的风险、时间分布或金额。

第三，企业在评估其因向客户转让商品而有权取得的对价是否很可能收回时，仅应考虑客户到期时支付对价的能力和意图，即客户的信用风险。企业在进行判断时，应当考虑是否存在价格折让。

【例10-1】××股份有限公司与乙公司签订合同,向其销售一栋建筑物,合同价款为100万元。该建筑物的成本为60万元,乙公司在合同开始日即取得了该建筑物的控制权。根据合同约定,乙公司在合同开始日支付了5%的保证金5万元,并就剩余95%的价款与××股份有限公司签订了不附追索权的长期融资协议,如果乙公司违约,××股份有限公司可重新拥有该建筑物,即使收回的建筑物不能涵盖所欠款项的总额,××股份有限公司也不能向乙公司索取进一步的赔偿。乙公司计划在该建筑物内开设一家餐馆。在该建筑物所在的地区,餐饮行业面临激烈的竞争,但乙公司缺乏餐饮行业的经营经验。

乙公司计划用餐馆产生的收益偿还甲公司的欠款,除此之外并无其他的经济来源,乙公司也未对该笔欠款设定任何担保。如果乙公司违约,××股份有限公司虽然可重新拥有该建筑物,但即使收回的建筑物不能涵盖所欠款项的总额,××股份有限公司也不能向乙公司索取进一步的赔偿。因此,××股份有限公司对乙公司还款的能力和意图存在疑虑,认为该合同不满足合同价款很可能收回的条件。××股份有限公司应当将收到的5万元确认为一项负债。

对于不能同时满足上述收入确认的五个条件的合同,企业只有在同时满足两个条件时才能将已收取的对价确认为收入:一是企业不再负有向客户转让商品的剩余义务(如合同已完成或取消);二是企业已向客户收取的全部或部分对价无需退回。否则,企业应当将已收取的对价作为负债进行会计处理。

对于在合同开始日即满足上述收入确认条件的合同,企业在后续期间无需对其进行重新评估,除非有迹象表明相关事实和情况发生重大变化。对于不满足上述收入确认条件的合同,企业应当在后续期间对其进行持续评估,以判断其能否满足这些条件。

3.合同合并

企业与同一客户(或该客户的关联方)同时订立或在相近时间内先后订立的两份或多份合同,在满足下列条件之一时,应当合并为一份合同进行会计处理。

(1)该两份或多份合同基于同一商业目的而订立并构成一揽子交易,如一份合同在不考虑另一合同的对价的情况下将会发生亏损。

(2)该两份或多份合同中的一份合同的对价金额取决于其他合同的定价或履行情况,如果一份合同如果发生违约,将会影响另一份合同的对价金额。

(3)该两份或多份合同中所承诺的商品构成本节后文所述的单项履约义务。两份或多份合同合并为一份合同进行会计处理的,仍然需要区分该一份合同中包含的各单项履约义务。

4.合同变更

合同变更是指经合同各方同意对原合同范围或价格(或两者)作出的变更。企业合同变更应当区分下列三种情况进行会计处理。

(1)合同变更部分作为单独合同进行会计处理的情形。合同变更增加了可明确区分的商品及合同价款，且新增合同价款反映了新增商品单独售价的，应当将该合同变更作为一份单独的合同进行会计处理。

（2）合同变更作为原合同终止及新合同订立进行会计处理的情形。合同变更不属于上述（1）的情况，且在合同变更日已转让商品与未转让商品之间可明确区分的，应当视为原合同的终止，同时，将原合同未履约部分与合同变更部分合并为新合同进行会计处理。新合同的交易价格应当为下列两项金额之和：一是原合同交易价格中尚未确认收入的部分（包括已从客户收取的金额）；二是合同变更中客户已承诺的对价金额。

【例10-2】××股份有限公司与客户签订合同，每周为客户的办公楼提供保洁服务，合同期限为3年，客户每年向××股份有限公司支付服务费10万元（假定该价格反映了合同开始日该项服务的单独售价）。在第2年末，合同双方对合同进行了变更，将第3年的服务费调整为8万元（假定该价格反映了合同变更日该项服务的单独售价），同时以20万元的价格将合同期限延长3年（假定该价格不反映合同变更日该3年服务的单独售价），即每年的服务费为6.67万元，于每年年初支付。上述价格均不包含增值税。

本例中，在合同开始日，××股份有限公司认为其每周为客户提供的保洁服务是可明确区分的，但由于××股份有限公司向客户转让的是一系列实质相同且转让模式相同的、可明确区分的服务，因此将其作为单项履约义务。在合同开始的前2年，即合同变更之前，××股份有限公司每年确认收入10万元。在合同变更日，由于新增的3年保洁服务的价格不能反映该项服务在合同变更时的单独售价，因此，该合同变更不能作为单独的合同进行会计处理，由于在剩余合同期间需提供的服务与已提供的服务是可明确区分的，××股份有限公司应当将该合同变更作为原合同终止，同时，将原合同中未履约的部分与合同变更合并为一份新合同进行会计处理，即新合同期限为4年，对价为28万元，每年确认收入7万元。

（3）合同变更部分作为原合同的组成部分进行会计处理的情形。合同变更不属于上述（1）的情况，且在合同变更日已转让商品与未转让商品之间不可明确区分的，应当将该合同变更部分作为原合同的组成部分，在合同变更日重新计算履约进度，并调整当期收入和相应成本。

【例10-3】2019年5月15日，××股份有限公司和客户签订了一项总金额为1 000万元的固定造价合同，在客户自有土地上建造一栋办公楼，预计合同总成本为700万元。假定该建造服务属于在某一时段内履行的履约义务，并根据累计发生的合同成本占合同预计总成本的比例确定履约进度。

截至2019年末，××股份有限公司累计已发生成本420万元，履约进度为60%（420÷700）。因此，××股份有限公司在2019年确认收入600万元（1000×60%）。

2020年初，合同双方同意更改办公楼屋顶的设计，合同价格和预计总成本因此分别增加200万元和120万元。

在本例中，由于合同变更后拟提供的剩余服务与在合同变更日或之前已提供的服务不可明确区分，××股份有限公司应当将合同变更作为原合同的组成部分进行会计处理。变更后交易价格为1 200万元（1 000+200），××股份有限公司重新估计的履约进度为51.2%（420÷（700＋120）），××股份有限公司在合同变更日应额外确认收入14.4万元（51.2%×1200－600）。

（二）识别合同中的单项履约义务

合同开始日，企业应当对合同进行评估，识别该合同包含的各单项履约义务，并确定各单项履约义务是在某一时段内履行，还是在某一时点履行，要在履行了各单项履约义务时分别确认收入。

履约义务是指合同中企业向客户转让可明确区分商品的承诺。企业应当将下列向客户转让商品的承诺作为单项履约义务：

1.企业向客户转让可明确区分商品（或者商品和服务的组合）的承诺

企业向客户承诺的商品同时满足下列条件的，应当作为可明确区分的商品。

（1）客户能够从该商品本身或者从该商品与其他易于获得的资源一起使用中受益，即该商品能够明确区分，例如企业通常会单独销售该商品。

（2）企业向客户转让该商品的承诺与合同其他承诺可单独区分，即转让该商品的承诺在合同中是可明确区分的。企业确定了商品本身能够明确区分后，还应当在合同层面继续评估转让该商品（或提供该服务，以下简称"转让该商品"）的承诺是否与合同中其他承诺彼此之间可明确区分。下列情形通常表明企业向客户转让该商品的承诺与合同中的其他承诺不可明确区分：

一是企业需要提供重大的服务以将该商品与合同中承诺的其他商品进行整合，形成合同约定的某个或某些组合产出转让给客户；

二是该商品将对合同中承诺的其他商品予以重大修改或定制；

三是该商品与合同中承诺的其他商品具有高度关联性。也就是说，合同中承诺的每一单项商品均受到合同中其他商品的重大影响。

2.企业向客户转让一系列实质相同且转让模式相同的、可明确区分商品的承诺

转让模式相同是指每一项可明确区分商品均满足在某一时段内履行履约义务的条件，且采用相同方法确定其履约进度。例如，每天为客户提供保洁服务的长期劳务合同等。即使实质相同且转让模式相同的一系列商品可明确区分，企业也应当将这些商品作为单项履约义务。企业在判断所转让的一系列商品是否实质相同时，应当考虑合同中承诺的性质，如果企业承诺的是提供确定数量的商品，那么需要考虑这些商品本身是否实质相同；如果企业承诺的是在某一期间内随时向客户提供某些服务，则需要考虑企业在该期间内的各个时间段（如每天或每小时）的承诺是否相同，而不是具体的服务行为本身。例如，企业向客户提供2年的酒店管理服务，具体包括保洁、维修、安保等，但没有具体的服务次数或时间的要求，尽管企业每天提供的具体服务不一定相同，但是企业每天对于客户的承诺都是相同的，因此，该服务符合"实质相同"的条件。

（三）确定交易价格

交易价格是指企业因向客户转让商品而预期有权收取的对价金额。企业代第三方收取的款项（如增值税）以及企业预期将退还给客户的款项，应当作为负债进行会计处理，不计入交易价格。合同价不一定代表交易价格，企业应当根据合同条款，并结合以往的习惯做法等确定交易价格。企业在确定交易价格时，应当假定按照现有合同的约定向客户转让商品，且该合同不会被取消、续约或变更。

1. 可变对价

企业与客户的合同中约定的对价金额可能因折扣、价格折让、返利、退款、奖励积分、激励措施、业绩奖金、索赔等因素而变化。此外，根据一项或多项或有事项的发生而收取不同对价金额的合同，也属于可变对价的情形。企业在判断合同中是否存在可变对价时，除应当考虑合同条款的约定，还应当考虑以下情况：一是根据企业已公开宣布的政策、特定声明或者以往习惯做法等，客户能够合理预期企业将会接受低于合同约定的对价金额，即企业会以折扣、返利等形式提供价格折让；二是其他相关事实和情况表明企业在与客户签订合同时即意图向客户提供价格折让。合同中存在可变对价的，企业应当对计入交易价格的可变对价进行估计。

（1）可变对价最佳估计数的确定。企业应当按照期望值或最可能发生金额确定可变对价的最佳估计数。企业所选择的方法应当能够更好地预测其有权收取的对价金额，并且对于类似的合同应当采用相同的方法进行估计。如果企业拥有大量具有类似特征的合同并估计可能产生多个结果时，通常按照期望值估计可变对价金额。最可能发生金额是一系列可能发生的对价金额中最可能发生的单一金额，即合同最可能产生的单一结果。当合同仅有两个可能结果时，通常按照最可能发生金额估计可变对价金额。

（2）计入交易价格的可变对价金额的限制。企业按照期望值或最可能发生金额确定可变对价金额之后，计入交易价格的可变对价金额还应该满足限制条件，即包含可变对价的交易价格，应当不超过在相关不确定性消除时，累计已确认的收入极可能不会发生重大转回的金额，其目的是避免因为一些不确定性因素的发生导致之前已经确认的收入发生转回。企业在评估是否极可能不会发生重大转回时，应当同时考虑收入转回的可能性及其比重。其中，"极可能"发生的概率应远高于"很可能"，即可能性超过95%，但不要求达到"基本确定"；在评估收入转回金额的比重时，应当同时考虑合同中包含的固定对价和可变对价，即可能发生的收入转回金额相对于合同总价的比重。企业应当将满足上述限制条件的可变对价金额计入交易价格。

每一资产负债表日，企业应当重新估计计入交易价格的可变对价金额，包括重新评估将估计的可变对价计入交易价格是否受到限制，以如实反映报告期末存在的情况以及报告期内发生的情况变化。

【例10-4】2019年10月1日，××股份有限公司签订合同，为一只股票型基金提供资产管理服务，合同期限为3年。××股份有限公司所能获得的报酬包括两部分：一是每季度按照季度末该基金净值的1%收取管理费，该管理费不会因基金净值的后续变化而调整或被要求退回；二是该基金在3年内的累计回报如果超过10%，则××股份有限公司可以获得超额回报部分的20%作为业绩奖励。在2019年12月31日，该基金的净值为5亿元，假定不考虑相关税费的影响。

××股份有限公司在该合同中收取的管理费和业绩奖励均属于可变对价，其金额极易受到股票价格波动的影响，这是在××股份有限公司影响范围之外的。虽然××股份有限公司过往有类似合同的经验，但是该经验在确定未来市场表现方面并不具有预测价值。因此，在合同开始日，××股份有限公司无法对其能够收取的管理费和业绩奖励进行估计，不满足累计已确认的收入金额极可能不会发生重大转回的条件；在本年末，××股份有限公司重新估计该合同的交易价格时，影响该季度管理费收入金额的不确定性已经消除，××股份有限公司确认管理费收入500万元（5亿元×1%）。××股份有限公司未确认业绩奖励收入，原因是该业绩奖励仍然会收到基金未来累计回报的影响，有关将可变对价计入交易价格的限制条件仍然没有得到满足。××股份有限公司应当在后续的每一资产负债表日，估计业绩奖励是否满足上述条件，以确定其收入金额。

2.合同中存在的重大融资成分

当合同各方以在合同中或者以隐含的方式约定的付款时间为客户或企业就该交易提供了重大融资利益时，合同中即包含了重大融资成分。例如，企业以赊销的方式销售商品。合同中存在重大融资成分的，企业应当按照假定客户在取得商品控制权时即以现金支付的应付金额（即现销价格）确定交易价格。在评估合同中是否存在融资成分以及该融资成分对于该合同是否重大时，企业应当考虑所有相关事实和情况，包括：（1）已承诺的对价金额与已承诺商品的现销价格之间的差额；（2）下列两项的共同影响，一是企业将承诺的商品转让给客户与客户支付相关款项之间的预计时间间隔，二是相关市场的现行利率。

为简化实务操作，如果在合同开始日，企业预计客户取得商品控制权与客户支付价款间隔不超过1年的，可以不考虑合同中存在的重大融资成分。

3.非现金对价

非现金对价包括实物资产、无形资产、股权、客户提供的广告服务等。通常情况下，客户支付非现金对价的，企业应当按照非现金对价在合同开始日的公允价值确定交易价格。非现金对价公允价值不能合理估计的，企业应当参照其承诺向客户转让商品的单独售价间接确定交易价格。

非现金对价的公允价值可能会因为对价的形式发生变动，例如，企业有权向客户收取的对价是股票，股票本身的价格会发生变动；也可能会因为其形式以外的原因发生变动，例如，企业有权收取非现金对价的公允价值因企业的履约情况而发生变动。合同开始日后，非现金对价的公允价值因对价形式以外的原因发生变动的，应当作为可变对价，按照与计入交易价格的可变对价金额的限制条件的相关规定进行处理；非现金对价的公允价值因对价形式发生变动的，该变动金额不应计入交易价格。

4.应付客户对价

企业存在应付客户对价的,应当将应付对价冲减交易价格,但应付客户对价是为了客户取得其他可明确区分商品的除外。企业应付客户对价是为了向客户取得其他可明确区分商品的,应当采用与企业其他采购相一致的方式确认所购买的商品。企业应付客户对价超过向客户取得可明确区分商品公允价值的,超过金额应当冲减交易价格。向客户取得的可明确区分商品公允价值不能合理估计的,企业应当将应付客户对价全额冲减交易价格。在将应付客户对价冲减交易价格处理时,企业应当在确认相关收入与支出客户对价二者孰晚的时点冲减当期收入。

(四)将交易价格分摊至各单项履约义务

当合同中包含两项或多项履约义务时,为了使企业分摊至每一单项履约义务的交易价格能够反映其因向客户转让已承诺的相关商品或提供已承诺的相关服务而预期有权收取的对价金额,企业应当在合同开始日,按照各个单项履约义务所承诺商品的单独售价的相对比例,将交易价格分摊至各单项履约义务。

单独售价是指企业向客户单独销售商品的价格。单独售价无法直接观察的,企业应当综合考虑其能够合理取得的全部相关信息,采用相应的方法合理估计单独售价。

市场调整法是指企业根据某商品或类似商品的市场售价,考虑本企业的成本和毛利等进行适当调整后,确定其单独售价的方法。

成本加成法是指企业根据某商品的预计成本加上合理毛利后的价格,确定其单独售价的方法。

余值法是指企业根据合同交易价格减去合同中其他商品可观察的单独售价后的余额,确定某商品单独售价的方法。企业在商品近期售价波动幅度巨大,或者因未定价且未曾单独销售而使售价无法可靠确定时,可采用余值法估计其单独售价。

1.分摊合同折扣

合同折扣是指合同中各单项履约义务所承诺商品的单独售价之和高于合同交易价格的金额。

(1)通常情况下,企业应当在各单项履约义务之间按比例分摊。

【例10-5】××股份有限公司与客户签订了一项合同,以100 000元的价格向客户销售甲、乙、丙三种产品。其中,甲产品是××股份有限公司定期单独对外销售的产品,单独售价可直接观察;乙产品和丙产品的单独售价则不可直接观察,××股份有限公司采用市场调整法估计乙产品的单独售价,采用成本加成法估计丙产品的单独售价。××股份有限公司对单独售价的估计见表10-1。

表10-1 单独售价法估计表

单位：元

合同产品	单独售价	方法
甲产品	66 000	直接观察法
乙产品	18 000	市场调整法
丙产品	36 000	成本加成法
合计	120 000	

从表10-1可知，甲、乙、丙三种产品单独售价之和超过了合同对价，因此，××股份有限公司实际上是因为客户一揽子购买商品而给予了合同折扣。××股份有限公司认为，没有可观察的证据表明该项折扣是针对一项或多项特定产品的，因此而将该折扣在甲、乙、丙三种产品之间按单独售价的相对比例进行分摊。甲、乙、丙三种产品合同折扣的分摊见表10-2。

表10-2 合同折扣分摊表

单位：元

合同产品	按比例分摊	交易价格
甲产品	66 000÷120 000×100 000	55 000
乙产品	18 000÷120 000×100 000	15 000
丙产品	36 000÷120 000×100 000	30 000
合计		100 000

（2）有确凿证据表明合同折扣仅与合同中一项或多项（而非全部）履约义务相关的，企业应当将该合同折扣分摊至相关一项或多项履约义务。

【例10-6】××股份有限公司与客户签订了一项合同，以250 000元的价格向客户销售A、B、C三种产品，三种产品都是××股份有限公司定期单独对外销售的产品，单独售价均可直接观察。××股份有限公司确定的合同产品单独售价见表10-3。

表10-3 单独售价估计表

单位：元

合同产品	单独售价	方法
A产品	80 000	直接观察法
B产品	88 000	直接观察法
C产品	132 000	直接观察法
合计	300 000	

××股份有限公司在日常销售中，以80 000元的价格销售A产品，并定期以170 000元的价格将B产品和C产品一同销售。××股份有限公司认为，有证据证明该项合同折扣只是针对B产品和C产品的，因此，只将合同折扣按单独售价的相对比例分摊给B产品和C产品。B、C产品合同折扣的分摊见表10-4。

表10-4 合同折扣分摊表

单位：元

合同产品	按比例分摊	交易价格
B产品	88 000÷（88 000+132 000）×170 000	68 000
C产品	132 000÷（88 000+132 000）×170 000	102 000
合计		170 000

（3）有确凿证据表明合同折扣仅与合同中的一项或多项（而非全部）履约义务相关，且企业采用余值法估计单独售价的，企业应当首先在该一项或多项（而非全部）履约义务之间分摊合同折扣，然后再采用余值法估计单独售价。

【例10-7】沿用【例10-6】的资料，现假定××股份有限公司以280 000元的价格向客户销售A、B、C、D四种产品。其中，D产品因其近期售价波动幅度巨大而无法可靠确定售价，××股份有限公司采用余值法估计其单独售价，其他资料不变。××股份有限公司对A、B、C、D四种产品单独售价的估计见表10-5。

表10-5 单独售价估计表

单位：元

合同产品	单独售价	方法
A产品	80 000	直接观察法
B产品	68 000	直接观察法（已扣除折扣）
C产品	102 000	直接观察法（已扣除折扣）
D产品	30 000	余值法
合计	280 000	

2.分摊可变对价

合同中包含可变对价的，该可变对价可能与整个合同相关，也可能仅与合同中的某一特定组成部分有关，后者包括两种情形：一是可变对价可能与合同中的一项或多项（而非全部）履约义务有关；二是可变对价可能与企业向客户转让的构成单项履约义务的一系列可明确区分商品中的一项或多项（而非全部）商品有关。

对于已履行的履约义务，其分摊的可变对价后续变动额应当调整变动当期的收入。

3.交易价格的后续变动

交易价格发生后续变动的，企业应当按照在合同开始日所采用的基础将该后续变动金额分摊至合同中的履约义务。企业不得因合同开始日之后单独售价的变动而重新分摊交易价格。对于合同变更导致的交易价格后续变动，应当按照本节有关合同变更的要求进行会计处理。合同变更之后发生可变对价后续变动的，企业应当区分下列三种情形分别进行会计处理。

（1）合同变更属于本节合同变更第（1）规定情形的（前P184），企业应当判断可变对价后续变动与哪一项合同相关，并按照分摊可变对价的相关规定进行会计处理。

（2）合同变更属于本节合同变更第（2）规定情形的（前P185），且可变对价后续变动与合同变更前已承诺可变对价相关的，企业应当首先将该可变对价后续变动额以原合同开始日确定的单独售价为基础进行分摊，然后将分摊至合同变更日尚未履行履约义务的该可变对价后续变动额以新合同开始日确定的基础进行二次分摊。

（3）合同变更之后发生除上述第（1）和（2）中情形以外的可变对价后续变动的，企业应当将该可变对价后续变动额分摊至合同变更日尚未履行（或部分未履行）的履约义务。

【例10-8】2019年5月20日，××股份有限公司与乙公司签订合同，向其销售E产品和F产品。合同约定，E产品于2019年10月30日前交付乙公司，F产品于2020年1月31日前交付乙公司；合同约定的对价包括50 000元的固定对价和估计金额为6 000元的可变对价，该可变对价应计入交易价格。E产品的单独售价为36 000元，F产品的单独售价为24 000元，二者合计大于合同对价，因此，××股份有限公司因为客户一揽子购买商品而给予了客户折扣。××股份有限公司认为，没有可观察的证据表明可变对价和合同折扣是专门针对E产品或F产品的，因此，可变对价和合同折扣应在E、F两种产品之间按比例进行分摊。合同开始日，××股份有限公司对可变对价和合同折扣的分摊见表10-6。

表10-6　可变对价与合同折扣分摊表

单位：元

合同产品	按比例分摊	交易价格
E产品	36 000÷（36 000＋24 000）×56 000	33 600
F产品	24 000÷（36 000＋24 000）×56 000	22 400
合计		56 000

2019年10月31日，××股份有限公司将E产品交付乙公司后，确认销售收入33 600元。

2019年12月25日，××股份有限公司对乙公司合同进行了变更，××股份有限公司向乙公司额外销售一批G产品，G产品于2020年5月31日前交付乙公司。G产品的单独售价为16 000元，双方确定的合同价格为10 000元。由于G产品的合同价格不能反映G产品的单独售价，并且在合同变更日已转让的E产品与未转让的F产品之间可明确区分，因此，××股份有限公司将合同变更作为原合同终止，同时将原合同未履行部分与合同变更部分合并为新合同进行会计处理。在新合同下，合同交易价格为32 400元（22 400＋10 000）。××股份有限公司将新合同的交易价格在F产品和G产品之间的分摊见表10-7。

表10-7　交易价格分摊表

单位：元

合同产品	按比例分摊	交易价格
F产品	24 000÷（24 000＋16 000）×32 400	19 440
G产品	16 000÷（24 000＋16 000）×32 400	12 960
合计		32 400

2019年12月31日，××股份有限公司对可变对价金额进行了重新估计，可变对价

金额由原先估计的6 000元变更为9 000元,该可变对价的后续变动与合同变更前已承诺的可变对价相关,并且应计入交易价格。××股份有限公司应当首先将该可变对价后续变动额3 000元在原合同的E产品和F产品之间进行分摊,然后将分摊至合同变更日尚未履行履约义务的F产品的可变对价后续变动额在新合同的F产品和G产品之间进行二次分摊。

××股份有限公司将可变对价后续变动额在E产品和F产品之间的分摊,见表10-8。

表10-8 可变对价后续变动额分摊表

单位:元

合同产品	按比例分摊	可变对价后续变动额
E产品	36 000÷(36 000+24 000)×3 000	1 800
F产品	24 000÷(36 000+24 000)×3 000	1 200
合计		3 000

由于可变对价发生后续变动时,E产品已经销售并确认了收入,因此,公司应将分摊至E产品的可变对价后续变动额1 800元全部确认为变动当期的收入。同时,公司应将分摊至F产品的可变对价后续变动额1 200元,在F产品和G产品之间进行二次分摊,见表10-9。

表10-9 可变对价后续变动额分摊表

单位:元

合同产品	按比例额分摊	可变对价变动额	交易价格
F产品	24 000÷(24 000+16 000)×1 200	720	19 440+720=20 160
G产品	16 000÷(24 000+16 000)×1 200	480	12 960+480=13 440
合计		1 200	32 400+1 200=33 600

假定可变对价在此后期间没有再次发生变动,则F产品于2020年1月31日交付给乙公司后,××股份有限公司应确认收入20 160元;G产品于2020年5月31日交付乙公司后,××股份有限公司应确认收入13 440元。

● **(五)履行每一单项履约义务时确认收入**

企业应当在履行了合同中的履约义务,即客户取得相关商品控制权时确认收入。企业应当根据实际情况,首先判断履约义务是否满足在某一时段内履行的条件,如果不满足,则该履约义务属于在某一时点履行的履约义务。对于在某一时段内履行的履约义务,企业应当选取恰当的方法来确定履约进度;对于在某一时点的履约义务,企业应当综合分析控制权转移的迹象,判断其转移时点。

1.在某一时段内履行的履约义务

满足下列条件之一的,属于在某一时段内履行的履约义务,相关收入应当在该履约义务履行的期间内确认。

(1)客户在企业履约的同时即取得并消耗企业履约所带来的经济利益。企业在履约过程中是持续地向客户转移该服务的控制权的,该履约义务属于在某一时段内履行的履约义务，企业应当在提供该服务的期间内确认收入。

（2）客户能够控制企业履约过程中在建的商品。企业在履约过程中在建的商品包括在产品、在建工程、尚未完成的研发项目、正在进行的服务等。如果客户在企业创建该商品的过程中就能够控制这些商品，应当认为企业提供该商品的履约义务属于在某一时段内履行的履约义务。

（3）企业履约过程中所产出的产品具有不可替代作用，且该企业在整个合同期间内有权就累计至今已完成的履约部分收取款项。

2.在某一时点履行的履约义务

当一项履约义务不属于在某一时段内履行的履约义务时，应当属于在某一时点履行的履约义务。在判断客户是否已取得商品控制权时，企业应当考虑下列迹象。

（1）企业就该商品享有现时收款权利，即客户就该商品负有现时付款义务。如果企业就该商品享有现时的收款权利，则可能表明客户已经有能力主导该商品的使用并从中获得几乎全部的经济利益。

（2）企业已将该商品的法定所有权转移给客户，即客户已拥有该商品的法定所有权。客户如果取得了商品的法定所有权，则可能表明其已经有能力主导该商品的使用并从中获得几乎全部的经济利益，或者能够阻止其他企业获得这些经济利益。如果企业仅仅是为了确保到期收回货款而保留商品的法定所有权，那么企业所保留的这项权利通常不会对客户取得对该商品的控制权构成障碍。

（3）企业已将该商品实物转移给客户，即客户已实物占有该商品。客户如果已实物占有商品，则可能表明其有能力主导该商品的使用并从中获得几乎全部的经济利益，或者使其他企业无法获得这些利益。需要说明的是，客户占有了某项商品的实物并不意味着其就一定取得了该商品的控制权，反之亦然。

（4）企业已将该商品所有权上的主要风险和报酬转移给客户，即客户已取得该商品所有权上的主要风险和报酬。企业在判断时，不应当考虑保留了除转让商品之外产生其他履约义务的风险的情形。

（5）客户已接受该商品。企业在判断是否已经将商品的控制权转移给客户时，应当考虑客户是否已接受该商品，特别是客户的验收是否仅仅是一个形式。如果企业能够客观地确定其已经按照合同约定的标准和条件将商品的控制权转移给客户，那么客户验收可能只是一个形式，并不会影响企业判断客户取得该商品控制权的时点。

需要注意的是，上列企业判断客户是否已取得商品控制权所应当考虑的迹象中，没有哪一项是决定性的，企业应当根据合同条款和交易实质进行综合分析，以判断客户是否以及何时取得商品的控制权，并据以确定收入确认的时点。

（6）其他表明客户已取得商品控制权的迹象。

第十章 收入、费用和利润

三、销售业务的一般会计处理

(一) 在某一时段内履行的履约义务

收入确认与计量的五步法模型是为了满足企业在各种合同安排下,特别是在某些包含多重交易、可变对价等复杂合同安排下,对相关收入进行确认和计量的需要而设定的。在会计实务中,企业转让商品的交易在相当多的情况下并不复杂,属于履约义务相对单一、交易价格基本固定的简单合同。对于简单合同,企业在应用五步法模型时可以简化或者省略其中的某些步骤,如在区分属于在某一时段内履行的履约义务还是在某一时点履行的履约义务的前提下,重点关注企业是否已经履行了履约义务,即客户是否已经取得了相关商品的控制权(确认收入的时点)企业因向客户转让商品而有权取得的对价是否很可能收回(确认收入的前提条件)等。

对于在某一时段内履行的履约义务,企业应当在该段时间内按照履约进度确认收入,但是,履约进度不能合理确定的除外。资产负债表日,企业应当按照合同收入总额乘以履约进度再扣除以前会计期间确认的合同收入后的金额,确认当期收入;同时,按照履行合同估计发生的总成本乘以履约进度再扣除以前会计期间累计确认的合同成本后的金额,结转当期成本。用公式表示如下:

本期确认的收入=合同总收入×本期末止履约进度-以前期间已确认的收入

本期确认的成本=合同总成本×本期末止履约进度-以前期间已确认的成本

企业应当考虑商品的性质,采用产出法或投入法确定恰当的履约进度。其中,产出法是根据已转移给客户的商品对于客户的价值(如实际测量的完工进度、已实现的结果、已达到的里程碑、已完成的时间进度、已生产或已交付的产品单位等)确定履约进度;投入法是根据企业为履行履约义务的投入(如已消耗的资源、已花费的工时、已发生的成本、已完成的时间进度等)确定履约进度。对于类似情况下的类似履约义务,企业应当采用相同的方法确定履约进度。

当履约进度不能合理确定时,企业已经发生的成本预计能够得到补偿的,应当按照已经发生的成本金额确认收入,直到履约进度能够合理确定为止。

【例10-9】2019年8月20日,××股份有限公司与甲公司签订了一项为期3年的服务合同,为其写字楼提供保洁、维修服务。合同约定的服务费总额为1 800 000元,甲公司在合同开始日预付600 000元,其余服务费分3次于每年的8月31日等额支付。该合同于2019年9月1日开始执行。××股份有限公司为客户提供的保洁服务和维修服务属于一系列实质上相同且转让模式相同、可明确区分的服务承诺,因此应作为单项履约义务进行会计处理。由于××股份有限公司在履约过程中是持续地向客户提供服务的,表明客户在企业履约的同时即取得并消耗企业履约所带来的经济利益,而该项服务属于在某一时段内履行的履约义务。××股份有限公司判断,因向客户提供保洁、维修服务而有权取得的对价很可能收回。××股份有限公司按已完成的时间进度确定履约进度,并于每年的12月31日确认收入。假定不考虑相关税费。

(1) 2019年9月1日，收到合同价款。

借：银行存款　　　　　　　　　　　　　　　　　600 000
　　贷：合同负债——甲公司　　　　　　　　　　　　600 000

其中，合同负债是指企业已收或应收客户对价而应向客户转让商品的义务。

(2) 2019年12月31日，确认收入。

$$应确认收入 = 1\,800\,000 \times \frac{4}{3 \times 12} = 200\,000（元）$$

借：合同负债——甲公司　　　　　　　　　　　　200 000
　　贷：主营业务收入　　　　　　　　　　　　　　200 000

(3) 2020年8月31日，收到合同价款。

$$应收合同价款 = (1\,800\,000 - 600\,000) \div 3 = 400\,000（元）$$

借：银行存款　　　　　　　　　　　　　　　　　400 000
　　贷：合同负债——甲公司　　　　　　　　　　　　400 000

(4) 2020年12月31日，确认收入。

$$应确认收入 = 1\,800\,000 \times \frac{4+12}{3 \times 12} - 200\,000 = 600\,000（元）$$

借：合同负债——甲公司　　　　　　　　　　　　600 000
　　贷：主营业务收入　　　　　　　　　　　　　　600 000

(5) 2021年8月31日，收到合同价款。

借：银行存款　　　　　　　　　　　　　　　　　400 000
　　贷：合同负债——甲公司　　　　　　　　　　　　400 000

(6) 2021年12月31日，确认收入。

$$应确认收入 = 1\,800\,000 \times \frac{4 + 12 \times 2}{3 \times 12} - (200\,000 + 600\,000) = 600\,000（元）$$

借：合同负债——甲公司　　　　　　　　　　　　600 000
　　贷：主营业务收入　　　　　　　　　　　　　　600 000

(7) 2022年8月31日，合同到期，收到剩余合同价款并确认收入。

借：银行存款　　　　　　　　　　　　　　　　　400 000
　　贷：合同负债——甲公司　　　　　　　　　　　　400 000

$$应确认收入 = 1\,800\,000 - (20\,000 + 600\,000 \times 2) = 400\,000（元）$$

借：合同负债——甲公司　　　　　　　　　　　　400 000
　　贷：主营业务收入　　　　　　　　　　　　　　400 000

【例10-10】2019年11月25日，××股份有限公司与乙公司签订了一项设备安装服务合同，乙公司将其购买的一套大型设备交由××股份有限公司安装。根据合同约定，设备安装费总额为200 000元，乙公司预付50%，其余50%待设备安装完成、验收合格后支付。2019年12月1日，××股份有限公司开始进行设备安装，并收到乙公司预付的安装费。至2019年12月31日，实际发生安装成本60 000元，其中，支付安装人员薪酬36 000元，领用库存原材料5 000元，以银行存款支付其他费用19 000元。据合理估计，至设备安装完成，还会发生安装成本90 000元。2020年2月10日，设备安装完成，本年实际发生安装成本92 000元，其中，支付安装人员薪酬65 000元，利用库存原材料2 000元，以银行存款支付其他费用25 000元。设备经检验合格后，乙公司如约支付剩余安装费。由于乙公司能够控制××股份有限公司履约过程中的在安装设备，因而该项安装服务属于在某一时段内履行的履约义务。××股份有限公司判断，因向客户提供安装服务而有权取得的对价很可能收回。××股份有限公司按已经发生的成本占估计总成本的比例确定履约进度。假定不考虑相关税费。

（1）2019年12月1日，预收50%的合同价款。

  借：银行存款　　　　　　　　　　　　　　100 000
   贷：合同负债——乙公司　　　　　　　　　　100 000

（2）支付2019年实际发生的安装成本。

  借：合同履约成本——服务成本　　　　　　　36 000
   贷：应付职工薪酬　　　　　　　　　　　　　36 000
  借：合同履约成本——服务成本　　　　　　　5 000
   贷：原材料　　　　　　　　　　　　　　　　5 000
  借：合同履约成本——服务成本　　　　　　　19 000
   贷：银行存款　　　　　　　　　　　　　　　19 000

（3）2019年12月31日，确认收入并结转成本。

$$履约进度 = \frac{60000}{60000+90000} \times 100\% = 40\%$$

应确认收入 = 200 000 × 30% = 80 000（元）

应结转成本 = 150 000 × 40% = 60 000（元）

  借：合同负债——乙公司　　　　　　　　　　80 000
   贷：主营业务收入　　　　　　　　　　　　　80 000
  借：主营业务成本　　　　　　　　　　　　　60 000
   贷：合同履约成本——服务成本　　　　　　　60 000

（4）支付2020年发生的安装成本。

  借：合同履约成本——服务成本　　　　　　　65 000
   贷：应付职工薪酬　　　　　　　　　　　　　65 000
  借：合同履约成本——服务成本　　　　　　　2 000
   贷：原材料　　　　　　　　　　　　　　　　2 000
  借：合同履约成本——服务成本　　　　　　　25 000
   贷：银行存款　　　　　　　　　　　　　　　25 000

（5）设备经检验合格后，乙公司如约支付剩余安装费。

  借：银行存款　　　　　　　　　　　　　　100 000
   贷：合同负债——乙公司　　　　　　　　　　100 000

(6) 2020年2月10日，确认收入并结转成本。

应确认收入＝200 000－80 000＝120 000（元）

应结转成本＝152 000－60 000＝92 000（元）

借：合同负债——乙公司　　　　　　　　　　　120 000
　　贷：主营业务收入　　　　　　　　　　　　　　　120 000
借：主营业务成本　　　　　　　　　　　　　　92 000
　　贷：合同履约成本——服务成本　　　　　　　　　92 000

（二）在某一时点履行的履约义务

对于在某一时点履行的履约义务，企业应当在客户取得相关商品控制权的时点确认收入。

当客户取得商品控制权时，企业应当按已收或预期有权收取的合同价款确认销售收入，同时或在资产负债表日，按已销商品的账面价值结转销售成本。如果销售的商品已经发出，但客户尚未取得相关商品控制权或者尚未满足收入确认的条件，则发出的商品应通过"发出商品"科目进行核算，企业不应确认销售收入。资产负债表日"发出商品"科目的余额，应在资产负债表的"存货"项目中反映。

【例10-11】2019年1月20日，××股份有限公司与甲公司签订合同，向甲公司销售一批A产品。A产品的生产成本为120 000元，合同约定的销售价格为150 000元，增值税销项税额为19 500元。××股份有限公司开出发票并按合同约定的品种和质量发出A产品，甲公司收到A产品并验收入库。根据合同约定，甲公司须于30天内付款。

在这项交易中，××股份有限公司已按照合同约定的品种和质量发出商品，甲公司也已将该批商品验收入库，表明××股份有限公司已经履行了合同中的履约义务，甲公司也已经取得了该批商品的控制权。同时，××股份有限公司判断，因向甲公司转让A产品而有权取得的对价很可能收回。因此，××股份有限公司应于甲公司取得该批商品控制权时确认收入，有关会计处理如下。

借：应收账款——甲公司　　　　　　　　　　　169 500
　　贷：主营业务收入　　　　　　　　　　　　　　　150 000
　　　　应交税费——应交增值税（销项税额）　　　　 19 500
借：主营业务成本　　　　　　　　　　　　　　120 000
　　贷：库存商品　　　　　　　　　　　　　　　　　120 000

【例10-12】按【例10-11】的资料，现假定××股份有限公司在向甲公司销售A产品时，已知悉甲公司资金周转发生困难，近期内难以收回货款。但为了减少存货积压，以及考虑到甲公司长期的业务往来关系，仍将A产品发运给甲公司并开出发票账单。甲公司于2019年12月1日给××股份有限公司开出、承兑一张面值为169 500元、为期6个月的不带息商业汇票。2020年6月1日××股份有限公司收回票款。

本例与【例10-11】唯一不同的是，××股份有限公司在向甲公司销售A产品时已知悉甲公司资金周转发生困难，近期内几乎不可能收回货款，而能否收回货款以及何时收回货款尚存在重大不确定因素，即不能满足"企业因向客户转让商品而有权取得的对价很可能收回"的条件。因此，××股份有限公司在发出商品时不能确认销售收入而应待将来满足上列条件后再确认销售收入。××股份有限公司的有关会计处理如下。

（1）2019年1月20日，发出商品。

  借：发出商品   120 000
    贷：库存商品   120 000
  借：应收账款——甲公司（应收销项税额） 19 500
    贷：应交税费——应交增值税（销项税额） 19 500

（2）2019年12月1日，收到甲公司开来的不带息商业汇票，××股份有限公司判断已经满足"企业应向客户转让商品而有权取得的对价很可能收回"的条件，因而据以确认销售收入。

  借：应收票据   169 500
    贷：主营业务收入   150 000
      应收账款——甲公司（应收销项税额） 19 500
  借：主营业务成本   120 000
    贷：发出商品   120 000

（3）2018年6月1日，收回票款。

  借：银行存款   169 500
    贷：应收票据   169 500

【例10-13】2019年6月1日，××股份有限公司与丙公司签订了一项合同，以30 000元的价格（不含增值税）向丙公司出售A、B两种产品。A、B两种产品的生产成本依次为13 500元和9 000元；单独售价（不含增值税）依次为18 000元和12 000元，合同约定，A产品于6月1日交付丙公司，B产品于7月1日交付丙公司，只有当A、B两种产品全部交付丙公司后，××股份有限公司才有权收取30 000元的合同对价。××股份有限公司按合同约定的日期先后发出A产品和B产品，丙公司收到上列产品并验收入库。

在这项交易中，××股份有限公司于6月1日将A产品交付丙公司后，其收取对价的权利还要取决于时间流逝之外的其他因素——必须向丙公司交付B产品。因此，该项收款权利是有条件的，从而形成一项合同资产。合同资产是指企业向客户转让商品而有权收取对价的权利，且该权利取决于时间流逝之外的其他因素。合同资产不同于应收款项；应收款项是企业拥有的无条件向客户收取对价的权利，即企业只需随着时间的流逝即可收款；合同资产并不是一项无条件的收款权，该权利除了时间流逝之外，还取决于其他条件（如履行合同中的履约义务）是否得以满足，只有当这些条件也得以满足时，该项有条件的收款权利才能转化为无条件的收款权利，即合同资产才能转化为应收款项。因此，合同资产和应收款项面临的风险是不同的，虽然两者都面临信用风险，但是合同资产同时还面临其他风险，如履约风险。××股份有限公司的有关会计处理如下。

(1) 2019年6月1日，向丙公司交付A产品。

借：合同资产——丙公司　　　　　　　　　　　　20 340
　　贷：主营业务收入　　　　　　　　　　　　　　　　18 000
　　　　应交税费——应交增值税（销项税额）　　　　 2 340
借：主营业务成本　　　　　　　　　　　　　　　　13 500
　　贷：库存商品　　　　　　　　　　　　　　　　　　13 500

(2) 2019年7月1日，向丙公司交付B产品。

借：应收账款——丙公司　　　　　　　　　　　　33 900
　　贷：主营业务收入　　　　　　　　　　　　　　　　12 000
　　　　应交税费——应交增值税（销项税额）　　　　 1 560
　　　　合同资产——丙公司　　　　　　　　　　　　　20 340
借：主营业务成本　　　　　　　　　　　　　　　　 9 000
　　贷：库存商品　　　　　　　　　　　　　　　　　　 9 000

四、销售折扣、折让与退回的会计处理

企业在销售商品时，有时还会附有一些销售折扣条件，也会因售出的商品质量不符合等原因而在价格上给予客户一定的折让或为客户办理退货。当企业发生折扣、销售折让以及销售退回时，将会对收入金额以及销售成本、有关费用金额产生一定的影响。

（一）销售折扣

销售折扣是指企业在销售商品时为鼓励客户多购商品或尽早付款而给予的价款折扣，包括商业折扣和现金折扣。

商业折扣是指企业为促进商品销售而在商品标价上给予客户的价格除扣。商业折扣的目的是鼓励客户多购商品，通常根据客户不同的购货数量而给予不同的折扣比率。商品标价扣除商业折扣后的金额，为双方的实际交易价格，即发票价格。由于会计记录是以实际交易价格为基础的，而商业折扣是在交易成立之前予以扣除的折扣，它只是购销双方确定交易价格的一种方式，并不影响销售的会计处理。

【例10-14】××股份有限公司A商品的标价为每件100元。乙公司一次购买A商品2 000件，根据规定的折扣条件，可得到10%的商业折扣，增值税税率为13%。

发票价格=100×2 000×（1-10%）=180 000（元）
销项税额=180 000×13%=23 400（元）

××股份有限公司应于乙公司取得该商品的控制权时，作如下会计处理。

借：应收账款——乙公司　　　　　　　　　　　　203 400
　　贷：主营业务收入　　　　　　　　　　　　　　　180 000
　　　　应交税费——应交增值税（销项税额）　　　 23 400

现金折扣是指企业为鼓励客户在规定的折扣期限内付款而给予客户的价格扣除。现金折扣的目的是鼓励客户尽早付款,如果客户能够取得现金折扣,则发票金额扣除现金折扣后的余额,为客户的实际付款金额。现金折扣条件通常用一个简单的分式表达。例如,一笔赊销期限为30天的商品交易,企业规定的现金折扣条件为10天付款可得到2%的现金折扣,超过10天但在20天内付款可得到1%的现金折扣,超过20天付款须按发票金额全付,则该现金折扣条件可表示为2/10,1/20,N/30。在销售附有现金折扣条件的情况下,应收账款的未来收现金额是不确定的,可能是全部的发票金额,也可能是发票金额扣除现金折扣后的净额,要视客户能否在折扣期限内付款而定。因此,对于附有现金折扣条件的销售,企业的会计处理将面临两种选择:一是按发票金额对应收账款及销售收入计价入账,这种会计处理方法称为"总价法";二是按发票金额扣除现金折扣后的净额对应收账款及销售收入计价入账,这种会计处理方法称为"净价法"。我国企业会计准则规定采用总价法入账,现金折扣在实际发生时计入财务费用。

【例10-15】××股份有限公司向乙公司赊销一批产品,合同约定的销售价格为10 000元,增值税销项税额为1 300元。××股份有限公司开出发票账单并发出产品。根据合同约定,产品赊销期限为30天,现金折扣条件为2/10,1/20,N/30,计算现金折扣时不包括增值税。××股份有限公司的会计处理如下。

(1)赊销产品。

借:应收账款——乙公司　　　　　　　　　　　　11 300
　　贷:主营业务收入　　　　　　　　　　　　　　10 000
　　　　应交税费——应交增值税(销项税额)　　　1 300

(2)收回货款。

①假定乙公司在10天内付款,可按2%得到现金折扣。

现金折扣=10 000×2%=200(元)

借:银行存款　　　　　　　　　　　　　　　　　11 100
　　财务费用　　　　　　　　　　　　　　　　　　 200
　　贷:应收账款——乙公司　　　　　　　　　　　11 300

②假定乙公司超过10天但在20天内付款,可按1%得到现金折扣。

现金折扣=10 000×1%=100(元)

借:银行存款　　　　　　　　　　　　　　　　　11 200
　　财务费用　　　　　　　　　　　　　　　　　　 100
　　贷:应收账款——乙公司　　　　　　　　　　　11 300

③假定乙公司超过20天付款,不能得到现金折扣。

借:银行存款　　　　　　　　　　　　　　　　　11 300
　　贷:应收账款——乙公司　　　　　　　　　　　11 300

（二）销售折让

销售折让是指企业因售出商品的质量不合格等原因而给予客户的价格减让。销售折让可能发生在企业确认收入之前，也可能发生在企业确认收入之后。如果销售折让发生在企业确认收入之前，企业应直接从原定的销售价格中扣除给予客户的销售折让作为实际销售价格，并据以确认收入；如果销售折让发生在企业确认收入之后，企业应按实际给予客户的销售折让，冲减当期销售收入。销售折让属于资产负债表日后事项的，应当按照资产负债表日后事项的相关规定进行会计处理。

【例10-16】2019年12月15日，××股份有限公司向乙公司销售一批产品。产品生产成本为15 000元，合同约定的销售价格为20 000元，增值税销项税额为2 600元。

（1）假定合同约定验货付款，××股份有限公司于乙公司验货并付款后向其开具发票账单。2019年12月20日，乙公司在验货时发现产品质量存在问题，要求××股份有限公司给予15%的价格折让，××股份有限公司同意给予折让，乙公司按折让后的金额支付货款。

在验货付款销售方式下，××股份有限公司在客户验货并付款之前，无法判断客户是否会接受该批商品，也无法判断因向客户转让商品而有权取得的对价是否很可能收回，因此，在发出产品时不能确认销售收入，发出的产品应从"库存商品"科目转入"发出商品"科目核算。待乙公司验货并付款后，××股份有限公司按扣除销售折让后的实际交易价格给乙公司开具发票账单，并据以确认销售收入。××股份有限公司的有关会计处理如下：

①2019年12月15日，××股份有限公司发出产品。

借：发出商品　　　　　　　　　　　　　　　　15 000
　　贷：库存商品　　　　　　　　　　　　　　　　15 000

②2019年12月20日，乙公司按折让后的价格付款。

实际销售价格＝20 000×（1－15%）＝17 000（元）
增值税销项税额＝2 600×（1－15%）＝2 210（元）

借：银行存款　　　　　　　　　　　　　　　　19 210
　　贷：主营业务收入　　　　　　　　　　　　　　17 000
　　　　应交税费——应交增值税（销项税额）　　　2 210
借：主营业务成本　　　　　　　　　　　　　　15 000
　　贷：发出商品　　　　　　　　　　　　　　　　15 000

（2）假定合同约定交款提货，××股份有限公司于乙公司付款后向其开具发票及提货单。2019年12月20日，乙公司在验货时发现产品质量存在问题，要求××股份有限公司给予15%的价格折让，××股份有限公司同意给予折让，并退回多收货款。

在交款提货销售方式下，××股份有限公司在向乙公司收取货款并开具发票、提货单时，已将商品的控制权转移给了乙公司，可以确认销售收入。待乙公司提出给予价格折让时，××股份有限公司按给予乙公司的销售折让冲减销售收入。××股份有限公司的有关会计处理如下。

①2019年12月15日，××股份有限公司收款后向乙公司开具发票、提货单。

　　借：银行存款　　　　　　　　　　　　　　　22 600
　　　　贷：主营业务收入　　　　　　　　　　　　20 000
　　　　　　应交税费——应交增值税（销项税额）　2 600
　　借：主营业务成本　　　　　　　　　　　　　　15 000
　　　　贷：库存商品　　　　　　　　　　　　　　15 000

②2019年12月20日，××股份有限公司退回多收货款。

　　销售价格折让＝20 000×15%＝3 000（元）
　　增值税额折让＝2 600×15%＝390（元）
　　借：主营业务收入　　　　　　　　　　　　　　3 000
　　　　应交税费——应交增值税（销项税额）　　　390
　　　　贷：银行存款　　　　　　　　　　　　　　3 390

（三）销售退回

销售退回是指企业售出的商品由于质量、品种不符合要求等原因而发生的退货。发生销售退回时，如果企业尚未确认销售收入，应将其计入"发出商品"等科目的商品成本转回"库存商品"科目。如果企业已经确认了销售收入，则不论是本年销售本年退回，还是以前年度销售本年退回，除属于资产负债表日后事项的销售退回外，均应冲减退回当月的销售收入和销售成本；如果属于资产负债表日后事项，应按照资产负债表日后事项的相关规定进行会计处理。

【例10-17】2019年12月10日，××股份有限公司向乙公司销售一批产品，产品生产成本为400 000元，销售价格为500 000元，增值税销项税额为65 000元。

（1）假定根据合同约定乙公司验货付款，××股份有限公司于乙公司验货并付款后开出增值税专用发票。2019年12月20日，乙公司在验货时发现产品质量存在问题，要求退货，××股份有限公司同意退货，并于当日为乙公司办理了退货。

在验货付款销售方式下，××股份有限公司发出产品时不能确认销售收入，发出的产品应从"库存商品"科目转入"发出商品"科目核算。待乙公司付款、××股份有限公司给乙公司开具发票账单后，再据以确认销售收入。如果发生销售退回，则直接将发出商品转回为库存商品。××股份有限公司的有关会计处理如下。

①2019年12月10日，发出产品。

　　借：发出商品　　　　　　　　　　　　　　　400 000
　　　　贷：库存商品　　　　　　　　　　　　　400 000

②2019年12月20日，为乙公司办理退货。

　　借：库存商品　　　　　　　　　　　　　　　400 000
　　　　贷：发出商品　　　　　　　　　　　　　400 000

（2）假定合同约定货款采用托收承付方式进行结算。2019年12月10日，××股份有限公司发出产品并向其开户银行办妥托收手续；乙公司在验货时，发现产品的品种、规格与合同要求不符，向其开户银行提出拒付，并要求××股份有限公司予以退货，××股份有限公司于2019年12月25日为乙公司办理了退货。

托收承付是指收款人根据购销合同发货后委托其开户银行向异地付款人收取款项，付款人验单或验货后向其开户银行承诺付款的一种结算方式。采用托收承付方式销售商品，企业在发出商品并办妥托收手续后，通常可以认为商品的控制权已经转移给了客户，并且销售商品的价款很可能收回，因此，应当于发出商品并办妥托收手续时确认收入。××股份有限公司的有关会计处理如下。

①2019年12月10日，发出产品并办妥托收手续。

借：应收账款　　　　　　　　　　　565 000
　　贷：主营业务收入　　　　　　　　　　500 000
　　　　应交税费——应交增值税（销项税额）　65 000
借：主营业务成本　　　　　　　　　400 000
　　贷：库存商品　　　　　　　　　　　　400 000

②2019年12月20日，为乙公司办理退货。

借：主营业务收入　　　　　　　　　500 000
　　应交税费——应交增值税（销项税额）　65 000
　　贷：应收账款　　　　　　　　　　　　565 000
借：库存商品　　　　　　　　　　　400 000
　　贷：主营业务成本　　　　　　　　　　400 000

第二节　费用

一、费用的定义及分类

费用的概念有广义和狭义之分。广义的费用泛指企业各种日常活动发生的所有耗费，狭义的费用仅指与本期营业收入相配比的那部分耗费。在确认费用时，应区分生产费用和非生产费用的界限、生产费用和产品成本的界限、生产费用和期间费用的界限。我国现行制度采用的是狭义的费用概念，即企业为销售商品、提供劳务等日常活动所发生的经济利益的流出，包括计入生产经营成本的费用和计入当期损益的期间费用。

费用具有如下特点：费用是企业日常经营活动产生的，而不是在偶然的交易或事项中产生的，其中日常经营活动是指企业为完成其经营目标而主要从事的经营活动以及与之相关的活动；费用会导致所有者权益的减少；费用会导致企业负债的增加，或企业资产的减少，或二者兼而有之。

费用按照经济内容分，可分为材料费用、燃料费用、外购动力费用、工资费用、职工福利费、折旧费、税费和其他生产费用。

费用按照按照经济用途分，可分为直接计入产品成本的费用和直接计入当期损益的期间费用两类。计入产品成本的费用又可细分为原材料、燃料和动力、人工费用、制造费用。直接计入当期损益的费用又可分为销售费用、管理费用和财务费用。

二、期间费用的会计核算

费用的确认应遵循两条基本原则：一是划分资本性支出和收益性支出。该原则确定了费用确认的时间问题；二是权责发生制。我国现行会计制度规定，按照这一原则，企业应按照实际发生额核算费用。

期间费用是指企业为组织和管理企业日常的生产经营活动以及筹集生产经营活动所需资金而发生的不能直接计入成本的各种费用。期间费用与特定期间相联系，会计处理上直接从当期收入中扣除，导致当期利润减少。期间费用包括销售费用、管理费用和财务费用。

（一）销售费用

销售费用是企业在销售过程中所发生的费用。对工业企业而言，销售费用是指企业在销售产品、自制半成品和工业性劳务等过程中发生的各项费用以及销售本企业产品而专设销售机构的各项费用。销售费用具体包括应由企业负担的运输费、装卸费、包装费、保险费、展览费、销售佣金、委托代销手续费、广告费、租赁费和销售服务费用，专设销售机构人员工资、福利费、差旅费、办公费、折旧费、修理费、材料消耗、低值易耗品摊销及其他费用。但是，企业内部销售部门属于行政管理部门，所发生的经费开支，不包括在销售费用之内，而应列入管理费用。

企业应设置"销售费用"科目，核算销售费用的发生和结转情况。该科目借方登记销售费用的发生，贷方登记期末结转到"本年利润"科目的销售费用，期末结转后该科目无余额。

【例10-18】××股份有限公司2019年1月6日，支付给某广告公司广告费共计620 000元。月末，根据工资结算汇总表，应付专设销售机构人员的工资共计1 200 000元，计提专设销售机构人员的福利费共计168 000元。则××股份有限公司相关会计处理如下。

（1）1月6日支付广告费时。

  借：销售费用——广告费   620 000
    贷：银行存款   620 000

（2）月末核算工资和福利费时。

借：销售费用——工资　　　　　　　　　　　1 200 000
　　　　　　——福利费　　　　　　　　　　　　620 000
　　贷：应付职工薪酬——工资　　　　　　　　1 200 000
　　　　　　　　　　——福利费　　　　　　　　 620 000

（二）管理费用

管理费用是企业管理和组织生产经营活动所发生的各项费用。管理费用包括的内容较多，以工业企业为例具体包括：公司经费（包括企业管理人员工资、福利费、差旅费、办公费、折旧费、修理费、物料消耗、低值易耗品摊销和其他经费等）、工会经费、职工教育经费、劳动保险费、咨询费、诉讼费、技术转让费、技术开发费、无形资产及递延资产摊销、业务招待费、其他费用等。

企业应当设置"管理费用"科目，核算管理费用的发生和结转情况。该科目的借方登记企业发生的各项管理费用，贷方登记企业期末转入"本年利润"科目的管理费用；"管理费用"科目结转"本年利润"科目后，期末应无余额。

【例10-19】××股份有限公司2019年11月发生如下经济业务：11月5日，以银行存款支付行政管理部门水电费600元；11月12日，财务部门用现金支付业务招待费220元；11月25日，根据工资结算汇总表，本月应付管理人员的工资总计880 000元，计提相应的福利费123 200元。××股份有限公司的有关会计处理如下。

（1）11月5日。

借：管理费用——水电费　　　　　　　　　　　　600
　　贷：银行存款　　　　　　　　　　　　　　　　600

（2）11月12日。

借：管理费用——招待费　　　　　　　　　　　　220
　　贷：库存现金　　　　　　　　　　　　　　　　220

（3）11月25日。

借：管理费用——工资　　　　　　　　　　　　880 000
　　　　　　——福利费　　　　　　　　　　　123 200
　　贷：应付职工薪酬——工资　　　　　　　　880 000
　　　　　　　　　　——福利费　　　　　　　123 200

（三）财务费用

财务费用是指企业为筹集生产经营所需资金而发生的费用，包括：利息支出、汇兑损益以及相关的手续费、其他财务费用等。具体地，利息支出包括短期借款利息、长期借款利息、应付票据利息、票据贴现利息、其他除了应资本化利息之外的资金使用费，减去银行存款等利息收入后的净额。汇兑损失是指企业因向银行结算或购入外汇而产生的汇兑差。相关手续费主要是指发行债券、开出汇票、调剂外汇等方面的手续费，不包括股票发行的手续费。

企业应当设置"财务费用"科目,核算财务费用的发生和结转情况。该科目的借方登记本期实际发生的财务费用,贷方登记期末转入"本年利润"科目的财务费用;"财务费用"科目结转"本年利润"后,期末应无余额。

【例10-20】××股份有限公司2019年10月发生如下经济业务:10日,支付银行承兑汇票手续费2 000元;25日,接到银行通知,本存款利息收入为3 000元;28日,核算出本季度短期借款利息12 000元。××股份有限公司的有关会计处理如下。

(1) 10月10日。
    借:财务费用——手续费   2 000
      贷:银行存款   2 000
(2) 10月25日。
    借:银行存款   3 000
      贷:财务费用——利息收入   3 000
(3) 10月28日。
    借:财务费用——利息支出   12 000
      贷:银行存款   12 000

第三节 利润

一、利润的构成及分配

利润是指企业在一定会计期间的经营成果。利润包括收入减去费用后的净额、直接计入当期利润的利得和损失等。其中,直接计入当期利润的利得和损失是指应当计入当期损益,最终会引起所有者权益发生增减变动的,与所有者投入资本或者向所有者分配利润无关的利得或损失。利得和损失是在企业非日常活动发生的。利润按其构成的不同层次可划分为:营业利润、利润总额和净利润。其计算公式表示如下:

营业利润=营业收入-营业成本-税金及附加-销售费用-管理费用-财务费用-资产减值损失-信用减值损失±投资损益±公允价值变动损益±资产处置损益+其他收益

利润总额=营业利润+营业外收入-营业外支出

净利润=利润总额-所得税费用

企业实现的利润总额按国家规定做相应调整后,应先依法缴纳所得税,利润总额减去缴纳所得税后的余额即为可供分配的利润。除国家另有规定者外,可供分配利润按下列顺序进行分配。

第一步，弥补企业以前年度亏损，即弥补超过用所得税前利润抵补期限（一般为5年），按规定用税后利润弥补的亏损。

第二步，提取法定盈余公积金，即按税后利润扣除前两项后的10%提取法定盈余公积金。盈余公积金已达注册资金的50%时可不再提取。盈余公积金可用于弥补亏损或按国家规定转增资本金。

第三步，向投资者分配利润。企业以前年度未分配的利润，可以并入本年度向投资者分配，一般分配顺序为：支付优先股股利；按公司章程或股东会决议提取任意盈余公积金；支付普通股股利。

二、营业外收入

营业外收入是指企业发生的与其生产经营无直接关系的各项收入，包括非货币性交易收益、罚款净收入等。

其中，非货币性交易收益是指各种非货币性交易，如债务重组、企业合并等过程中带来的净收益。罚款净收入是指对方违反国家有关行政管理法规，按照规定支付给本企业的罚款，不包括银行的罚息。企业的营业外收入还包括比如无法偿付的应付款项、捐赠利得、盘盈利得。

企业应设置"营业外收入"科目，核算企业非日常经营活动带来的经济利益流入。该科目属于损益类科目，贷方登记营业外收入的取得，借方登记期末转入"本年利润"科目的金额。期末结转后，该科目应无余额。

逾期未退还包装物没收的押金收入，按照没收押金的数额借记"其他应付款"科目，按应交的增值税、消费税等税费，贷记"应交税费"科目，按其差额贷记"营业外收入"科目。

企业取得的罚款净收入，借记"银行存款"等科目，贷记"营业外收入"科目。

期末，应将"营业外收入"科目的余额转入"本年利润"科目，借记"营业外收入"科目，贷记"本年利润"科目。

【例10-21】××股份有限公司应付甲公司货款价税合计113 000元，因甲公司原因导致无法偿付。则××股份有限公司应作如下会计处理。

借：应付账款　　　　　　　　　　　　　113 000
　　贷：营业外收入——无法偿还的应付款　　113 000

三、营业外支出

营业外支出是指企业发生的与其生产经营无直接关系的各项支出，如报废非流动资产净损失、债务重组损失、罚款支出、捐赠支出以及其他非正常损失等。

企业应设置"营业外支出"科目，核算企业发生的各项营业外支出以及营业外支出期末的结转情况。该科目借方登记营业外支出的发生，贷方登记期末结转至"本年利润"账户的金额。期末结转后，该科目应无余额。

企业报废固定资产时，借记"固定资产清理""累计折旧""固定资产减值准备"等科目，贷记"固定资产清理"科目。企业获取固定资产转让收入时，借记"银行存款"，贷记"固定资产清理"科目。企业最后结转清理损益时，"固定资产清理"科目若借方发生额大于贷方发生额，则借记"营业外支出"科目。

企业报废无形资产时，应按实际收到的处置金额，借记"银行存款"等科目，按已经计提的累计摊销金额借记"累计摊销"科目，按应支付的相关税费贷记"应交税费"科目，按无形资产账面余额贷记"无形资产"科目。企业最后结转时，"无形资产清理"科目若借方金额大于贷方金额，则借记"营业外支出——处置非流动资产净损失"科目。

【例10-22】××股份有限公司2019年12月报废一项专利权。该专利权是企业2013年购入，原入账价值为180 000元。该专利权已提"累计摊销"金额为50 000元。则××股份有限公司的相关会计处理如下。

借：累计摊销　　　　　　　　　　　　　　50 000
　　营业外支出　　　　　　　　　　　　　130 000
　　贷：无形资产——专利权　　　　　　　　　180 000

课后习题

第十一章 长期股权投资

第一节 长期股权投资的初始计量

一、长期股权投资的定义及核算内容

(一) 长期股权投资的定义及核算范围

长期股权投资是指投资方对被投资单位实施控制、重大影响以及对其合营企业的权益性投资。企业持有的下列权益性投资，在初始确认时应当划分为长期股权投资。

1. 企业持有的能够对被投资单位实施控制的权益性投资——对子公司的投资

企业持有的能够对被投资单位实施控制的权益性投资，应当划分为长期股权投资。

控制是指投资方拥有对被投资方的权力，通过参与被投资方的相关活动而享有可变回报，并且有能力运用对被投资方的权力影响其回报金额。拥有对被投资方的权力是指投资方享有现时权利使其目前有能力主导被投资方的相关活动，而不论其是否实际行使该权利，视为投资方拥有对被投资方的权力。相关活动是指对被投资方的回报产生重大影响的活动，通常包括商品或劳务的销售和购买、金融资产的管理、资产的购买和处置、研究与开发活动以及融资活动等。投资方自被投资方取得的回报可能会随着被投资方业绩而变动的，视为享有可变回报。拥有对被投资方的权力的情形有以下两种。

（1）投资企业直接拥有被投资单位半数以上的表决权资本，通常表明其拥有对被投资方的权力。但是，有确凿证据表明其不能主导被投资方相关活动的除外。

（2）投资方持有被投资方半数或以下的表决权，但通过与其他表决权持有人之间的协议能够控制半数以上表决权行使的，通常视为投资方拥有对被投资方的权力。但是，有确凿证据表明其不能主导被投资方相关活动的除外。投资方持有被投资方半数或以下的表决权，但综合考虑下列事实和情况后，判断投资方持有的表决权足以使其目前有能力主导被投资方相关活动的，视为投资方拥有对被投资方的权力：①投资方持有的表决权相对于其他投资方持有的表决权份额的大小，以及其他投资方持有表决权的分散程度；②投资方和其他投资方持有的被投资方具有实质性权利的潜在表决权，如当期可转换公司债券、当期可执行认股权证等；③其他合同安排产生的权利；④被投资方以往的表决权行使情况等其他相关事实和情况。

投资企业能够对被投资单位实施控制的，被投资单位为其子公司，投资企业应当将子公司纳入合并财务报表的合并范围。

2. 企业持有的能够对被投资单位实施共同控制的权益性投资——对合营企业的投资

企业持有的能够与其他合营方一同对被投资单位实施共同控制的权益性投资，应当划分为长期股权投资。

共同控制是指按照相关约定对某项安排所共有的控制,并且该安排的相关活动必须经过分享控制权的参与方一致同意后才能决策。例如,由两个以上企业共同投资设立一个实体,投资各方持股比例相同,任何一方均不能单独控制该实体的重要财务和经营政策,而须由投资各方共同决定。

投资企业与其他方对被投资单位实施共同控制的,被投资单位为其合营企业。

合营企业是指合营方仅对该安排的净资产享有权利的合营安排。共同控制的实质是通过合同约定建立起来的、合营各方对合营企业共有的控制。在判断是否存在共同控制时,应当首先判断所有参与方或参与方组合是否集体控制该安排,其次判断该安排相关活动的决策是否必须经过这些集体控制该安排的参与方一致同意。如果存在两个或两个以上的参与方组合能够集体控制某项安排的,不构成共同控制。

3.企业持有的能够对被投资单位施加重大影响的权益性投资——对联营企业的投资

企业持有的能够对被投资单位施加重大影响的权益性投资,应当划分为长期股权投资。

重大影响是指投资方对被投资单位的财务和经营政策有参与决策的权力,但并不能够控制或者与其他方一起共同控制这些政策的制定。在通常情况下,当投资企业直接或通过子公司间接拥有被投资单位20%或以上表决权资本,但未形成控制或共同控制的,可以认为对被投资单位具有重大影响,除非有确凿的证据表明投资企业不能参与被投资单位的生产经营决策的,不能对被投资单位形成重大影响。投资企业拥有被投资单位的表决权资本不足20%,一般认为对被投资单位不具有重大影响,但符合下列情况之一的,可以认为对被投资单位具有重大影响:①在被投资单位董事会或类似权力机构中派有代表;②参与被投资单位的政策制定过程,包括股利分配政策等的制定;③与被投资单位之间发生重要交易;④向被投资单位派出管理人员;⑤向被投资单位提供关键技术资料。

在确定能否对被投资单位施加重大影响时,还应当考虑投资企业及其他方持有的现行可执行潜在表决权在假定转换为对被投资单位的股权后产生的影响,如被投资单位发行的现行可转换的认股权证、股票期权及可转换公司债券等的影响。如果这些潜在表决权在转换为对被投资单位的股权后,能够增加投资企业的表决权比例或是降低被投资单位其他投资者的表决权比例,从而使得投资企业能够参与被投资单位的财务和经营决策,应当认为投资企业对被投资单位具有重大影响。

投资企业能够对被投资单位施加重大影响的,被投资单位为其联营企业。

注意:企业持有的对被投资单位不具有控制、共同控制或重大影响,并且在活跃市场中没有报价、公允价值不能可靠计量的权益性投资按《CAS22—金融资产的确认和计量》进行处理。

● **(二)长期股权投资初始计量的原则**

第一,长期股权投资在取得时,应按初始投资成本入账。长期股权投资可以通过企业合并形成,也可以通过企业合并以外的其他方式取得,在不同的取得方式下,初始投资成本的确定有所不同。因此，企业应当分别企业合并和非企业合并两种情况确定长期股权投资的初始投资成本。

企业合并是指将两个或者两个以上单独的企业合并形成一个报告主体的交易或事项，分成同一控制下的企业合并和非同一控制下的企业合并。同一控制下的企业合并是指参与合并的各方在合并前后均受同一方或相同的多方最终控制，且该控制并非暂时性的，在合并日按照被合并方在最终控制方合并财务报表中的净资产的账面价值的份额——作为长期股权投资的初始投资成本。非同一控制下的企业合并指参与合并的各方在合并前后不受同一方或相同的多方最终控制。非同一控制下的企业合并，购买方在购买日应当区别不同情况，确定企业合并成本，并将其作为长期股权投资的初始投资成本。本教材主要介绍非企业合并形成的长期股权投资初始计量，故此内容在此不展开介绍了。

第二，企业在取得长期股权投资时，如果实际支付的价款或其他对价中包含已宣告但尚未发放的现金股利或利润，则该现金股利或利润在性质上属于暂付应收款项，应作为应收项目单独入账，不构成长期股权投资的初始投资成本。

二、非企业合并方式取得的长期股权投资的计量

除企业合并形成的对子公司的长期股权投资外，企业以支付现金、转让非现金资产、发行权益性证券等方式取得的对被投资单位不具有控制的长期股权投资，为非企业合并方式取得的长期股权投资。企业通过非企业合并方式取得的长期股权投资，应当根据不同的取得方式，按照实际支付的价款、转让非现金资产的公允价值、发行权益性证券的公允价值等分别确定其初始投资成本，作为入账的依据。具体应遵循以下规定。

（一）以支付现金取得的长期股权投资

企业以支付现金取得的长期股权投资，应当按照实际支付的购买价款作为长期股权投资的初始投资成本，包括购买过程中支付的手续费、税金等必要支出。但所支付价款中包含的被投资单位已宣告但尚未发放的现金股利或利润应作为应收项目核算，不构成取得长期股权投资的成本。

企业支付现金取得的长期股权投资时，应按照确定的初始投资成本，借记"长期股权投资"科目，按应享有被投资单位已宣告但尚未发放的现金股利或利润，借记"应收股利"科目，按照实际支付的买价及手续费、税金等，贷记"银行存款"等科目。

【例11-1】××股份有限公司于2019年7月1日以支付现金方式取得A上市公司25%的股权，实际支付价款2 000万元，在购买过程中另支付手续费等相关费用10万元。股权购买价款中包含A上市公司已宣告但尚未发放的现金股利20万元。××股份有限公司将其划分为长期股权投资。

本例中，××股份有限公司应进行如下会计处理。

(1) 购入A上市公司25%的股权。

初始投资成本＝2000＋10－20＝1990（万元）

借：长期股权投资　　　　　　　　　　　　　　19 900 000
　　应收股利　　　　　　　　　　　　　　　　　　200 000
　　贷：银行存款　　　　　　　　　　　　　　　　　　　20 100 000

(2) 收到A上市公司派发的现金股利。

借：银行存款　　　　　　　　　　　　　　　　　　200 000
　　贷：应收股利　　　　　　　　　　　　　　　　　　　200 000

（二）以发行权益性证券方式取得的长期股权投资

企业以发行权益性证券方式取得的长期股权投资，其成本为所发行权益性证券的公允价值，但不包括应自被投资单位收取的已宣告但尚未发放的现金股利或利润。

为发行权益性证券支付给有关证券承销机构等的手续费、佣金等与权益性证券发行直接相关的费用，不构成取得长期股权投资的成本，应自权益性证券的溢价发行收入中扣除，权益性证券的溢价收入不足冲减的，应冲减盈余公积和未分配利润。

企业发行权益性证券取得长期股权投资时，按照确定的初始投资成本借记"长期股权投资"科目，按应享有被投资单位已宣告但尚未发放的现金股利或利润借记"应收股利"科目，按发行权益性证券的面值贷记"股本"科目，按其差额贷记"资本公积——资本溢价或股本溢价"科目。发行权益性证券发生的手续费、佣金等相关税费及其直接相关支出，应借记"资本公积——股本溢价"科目，贷记"银行存款"等科目，溢价发行收入不足冲减的，应依次借记"盈余公积""利润分配——未分配利润"科目。

【例11-2】2019年7月5日，××股份有限公司通过增发9 000万股本公司普通股（每股面值1元）取得B公司20%的股权，该9 000万股股份的公允价值为16 500万元。为增发该部分股份，××股份有限公司向证券承销机构等支付了500万元的佣金和手续费。假定××股份有限公司取得该部分股权后，能够对B公司的财务和生产经营决策施加重大影响。

××股份有限公司应当以所发行股份的公允价值作为取得长期股权投资的成本，进行如下会计处理。

借：长期股权投资　　　　　　　　　　　　　　165 000 000
　　贷：股本　　　　　　　　　　　　　　　　　　　　　90 000 000
　　　　资本公积——股本溢价　　　　　　　　　　　　75 000 000

发行权益性证券过程中支付的佣金和手续费，应冲减权益性证券的溢价发行收入，进行如下会计处理。

借：资本公积——股本溢价　　　　　　　　　　　5 000 000
　　贷：银行存款　　　　　　　　　　　　　　　　　　　5 000 000

（三）投资者投入的长期股权投资

投资者投入的长期股权投资，应当按照投资合同或协议约定的价值作为初始投资成本，但合同或协议约定的价值不公允的除外。投资者在合同或协议中约定的价值如果不公允，应当按照取得的长期股权投资公允价值作为其初始投资成本。

投资者投入的长期股权投资是指投资者以其持有的对第三方的投资作为出资投入企业，接受投资的企业原则上应当按照投资各方在投资合同或协议中约定的价值作为取得投资的初始投资成本。

【例11-3】××股份有限公司的甲股东以其持有的G公司每股面值1元的普通股股票2 000万股作为资本金投入企业，投资协议约定的股权投资价值为8 000万元，可折算成××股份有限公司每股面值1元的普通股股票3 000万股。投资协议约定的股权投资价值是按照G公司股票的市价并考虑相关调整因素后确定的。××股份有限公司取得的G公司股票占G公司股本的30%，取得该项投资后，××股份有限公司能够对G公司的生产经营决策施加重大影响，将该项股权投资划分为长期股权投资，应进行如下会计处理。

  借：长期股权投资——G公司   80 000 000
    贷：股本——甲股东   30 000 000
      资本公积——股本溢价   50 000 000

（四）以债务重组方式取得的长期股权投资，其初始投资成本应按照《企业会计准则第12号——债务重组》准则的规定确定

（五）以非货币性资产交换等方式取得的长期股权投资，其初始投资成本应按照《企业会计准则第7号——非货币性资产交换》准则的规定确定

第二节 长期股权投资的后续计量

长期股权投资在持有期间，根据投资企业对被投资单位的影响程度及是否存在活跃市场、公允价值能否可靠计量等进行划分，应当分别采用成本法和权益法进行核算。

一、成本法

（一）成本法的定义及其适用范围

1. 成本法的定义

成本法是指长期股权投资的价值通常按初始投资成本计量，除追加或收回投资外，一般不对长期股权投资的账面价值进行调整的一种会计处理方法。

2. 成本法的适用范围

成本法适用于企业持有的能够对被投资单位实施控制的长期股权投资。

（二）成本法的核算

采用成本法核算的长期股权投资，核算方法如下。

企业设置"长期股权投资"科目，反映长期股权投资的初始投资成本。在收回投资前，无论被投资单位经营情况如何，净资产是否增减，投资企业一般不对股权投资的账面价值进行调整。

初始投资或追加投资时，按照初始投资或追加投资时的成本增加长期股权投资的账面价值。

除取得投资时实际支付的价款或对价中包含的已宣告但尚未发放的现金股利或利润外，投资企业应当按照享有被投资单位宣告发放的现金股利或利润确认投资收益，不管有关利润分配是属于对取得投资前还是取得投资后被投资单位实现净利润的分配。被投资单位宣告分派股票股利，投资企业应于除权日作备忘记录。被投资单位未分派股利，投资企业不作任何会计处理。

投资企业在确认自被投资单位应分得的现金股利或利润后，应当考虑有关长期股权投资是否发生减值。在判断该类长期股权投资是否存在减值迹象时，应当关注长期股权投资的账面价值是否大于享有被投资单位净资产（包括相关商誉）账面价值的份额等情况。出现类似情况时，企业应当按照《企业会计准则第8号——资产减值》的规定对长期股权投资进行减值测试，长期股权投资可收回金额低于其账面价值的，应当计提减值准备。

企业在持有长期股权投资期间，当被投资单位宣告发放现金股利或利润时，投资企业应当按照享有的份额，借记"应收股利"科目，贷记"投资收益"科目；收到上述现金股利或利润时，借记"银行存款"科目，贷记"应收股利"科目。

【例11-4】2019年5月2日，××股份有限公司公司以3 500万元购入乙公司58%的股权。××股份有限公司取得该部分股权后，派出人员参与乙公司的财务和生产经营决策，××股份有限公司将其划分为长期股权投资并采用成本法进行核算。

2019年6月30日，乙公司宣告分派现金股利，××股份有限公司按照其持有比例确定可分回60万元。

2019年7月20日，××股份有限公司收回乙公司分派现金股利60万元。

××股份有限公司对乙公司长期股权投资应进行的会计处理如下。

（1）2019年5月2日，取得投资时。

  借：长期股权投资　　　　　　　　　　　　35 000 000
    贷：银行存款　　　　　　　　　　　　　　35 000 000

（2）2019年6月30日，乙公司宣告分派现金股利时。

  借：应收股利　　　　　　　　　　　　　　　600 000
    贷：投资收益　　　　　　　　　　　　　　　600 000

（3）2019年7月20日，收回乙公司分派现金股利时。

  借：银行存款　　　　　　　　　　　　　　　600 000
    贷：应收股利　　　　　　　　　　　　　　　600 000

二、权益法

（一）权益法的定义及其适用范围

权益法是指投资以初始投资成本计量后，在投资持有期间根据投资企业享有被投资单位所有者权益的份额的变动对投资的账面价值进行调整的方法。

投资企业对被投资单位具有共同控制或重大影响的长期股权投资，即对合营企业投资及联营企业投资，应当采用权益法核算。

（二）权益法的核算

1.会计科目的设置

采用权益法核算，在"长期股权投资"科目下应当设置"投资成本""损益调整""其他综合收益""其他权益变动"明细科目，分别反映长期股权投资的初始投资成本、被投资单位发生净损益、其他综合收益及其他权益变动而对长期股权投资账面价值进行调整的金额。

（1）投资成本，反映长期股权投资的初始投资成本，以及在长期股权投资的初始投资成本小于取得投资时应享有被投资单位可辨认净资产公允价值份额的情况下，按其差额调整初始投资成本后形成的账面价值。

（2）损益调整，反映投资企业应享有或应分担的被投资单位实现的净损益份额，以及被投资单位分派的现金股利或利润中投资企业应获得的份额。

（3）其他综合收益，反映因被投资单位其他综合收益发生变动而调整长期股权投资账面价值的金额。

（4）其他权益变动，反映被投资单位除净损益、其他综合收益和分红以外所有者权益的其他变动中，投资企业应享有或承担的份额。

2.初始投资成本的调整

投资企业取得对联营企业或合营企业的投资以后，对于取得投资时投资成本与应享有被投资单位可辨认净资产公允价值份额之间的差额，应区别情况分别处理。

（1）初始投资成本大于取得投资时应享有被投资单位可辨认净资产公允价值份额的，该部分差额从本质上是投资企业在取得投资过程中通过购买作价体现出的与所取得股权份额相对应的商誉及被投资单位不符合确认条件的资产价值。初始投资成本大于投资时应享有被投资单位可辨认净资产公允价值的份额时，两者之间的差额不要求对长期股权投资的成本进行调整。

（2）初始投资成本小于取得投资时应享有被投资单位可辨认净资产公允价值份额的，两者之间的差额体现为双方在交易作价过程中转让方的让步，该部分经济利益流入应作为收益处理，计入取得投资当期的营业外收入，同时调整增加长期股权投资的账面价值。

投资企业应享有被投资单位可辨认净资产公允价值份额，可用下列公式计算：

应享有被投资单位可辨认净资产公允价值份额＝投资时被投资单位可辨认净资产公允价值总额×投资企业持股比例

【例11-5】 ××股份有限公司于2019年6月取得B公司30%的股权，支付价款11 000万元。取得投资时被投资单位的净资产账面价值为35 000万元（假定被投资单位各项可辨认资产、负债的公允价值与其账面价值相同）。

在B公司的生产经营决策过程中，所有股东均按持股比例行使表决权。××股份有限公司在取得B公司的股权后，派人参与了B公司的生产经营决策。因为能够对B公司施加重大影响，所以××股份有限公司对该投资应当采用权益法核算。

取得投资时，××股份有限公司应进行以下会计处理。

借：长期股权投资——B公司（投资成本）　　　110 000 000
　　贷：银行存款　　　　　　　　　　　　　　　110 000 000

长期股权投资的初始投资成本11 000万元大于取得投资时应享有被投资单位可辨认净资产公允价值的份额10 500（35 000×30%）万元，两者之间的差额不要求调整长期股权投资的账面价值。

如果本例中取得投资时被投资单位可辨认净资产的公允价值为40 000万元，××股份有限公司按持股比例30%计算确定应享有12 000（40 000×30%）万元，则初始投资成本与应享有被投资单位可辨认净资产公允价值份额之间的差额1 000万元应计入取得投资当期的营业外收入，进行会计处理如下。

借：长期股权投资——B公司（投资成本）　　　110 000 000
　　贷：银行存款　　　　　　　　　　　　　　　110 000 000
借：长期股权投资——B公司（投资成本）　　　 10 000 000
　　贷：营业外收入　　　　　　　　　　　　　　 10 000 000

3. 投资损益的确认

投资企业取得长期股权投资后，应当按照应享有或应分担被投资单位实现净利润或发生净亏损的份额（法规或章程规定不属于投资企业的净损益除外），调整长期股权投资的账面价值，并确认为当期投资损益。

第十一章 长期股权投资

在确认应享有或应分担被投资单位的净利润或净亏损时,在被投资单位账面净利润的基础上,应考虑以下因素的影响进行适当调整。

(1) 被投资单位采用的会计政策及会计期间与投资企业不一致的,应按投资企业的会计政策及会计期间对被投资单位的财务报表进行调整。

(2) 应考虑以取得投资时被投资单位固定资产、无形资产的公允价值为基础计提的折旧额或摊销额,以及以投资企业取得投资时的公允价值为基础计算确定的资产减值准备金额等对被投资单位净利润的影响。

(3) 在评估投资方对被投资方是否具有重大影响时,应考虑潜在表决权的影响,但在确定应享有被投资单位实现的净损益、其他综合收益和其他所有者权益变动的份额时,潜在表决权所对应的权益份额不应予以考虑。

(4) 在确认应享有或分担的被投资单位实现的净利润(或亏损)额时,法规或规章规定不属于投资企业的净损益应当予以剔除后计算。如被投资单位发行了分类为权益的可累积优先股等类似的权益工具,无论被投资单位是否宣告分配优先股股利,投资方计算应享有被投资单位实现的净利润时,均应将归属于其他投资方的累积优先股股利予以剔除。

被投资单位个别利润表中的净利润是以其持有的资产、负债账面价值为基础持续计算的,而投资企业在取得投资时,是以被投资单位有关资产、负债的公允价值为基础确定投资成本的。长期股权投资的投资收益代表的是被投资单位的资产、负债在公允价值计量的情况下在未来期间通过经营产生的损益中归属于投资企业的部分。企业取得投资时有关资产、负债的公允价值与其账面价值不同的,在未来期间,在计算归属于投资企业应享有的净利润或应承担的净亏损时,应以投资时被投资单位有关资产对投资企业的成本即取得投资时的公允价值为基础计算确定,从而产生了需要对被投资单位账面净利润进行调整的情况。

在针对上述事项对被投资单位实现的净利润进行调整时,应考虑重要性原则,不具重要性的项目可不予调整。符合下列条件之一的,投资企业可以以被投资单位的账面净利润为基础计算确认投资损益,同时应在会计报表附注中说明不能按照准则规定进行核算的原因:

①投资企业无法合理确定取得投资时被投资单位各项可辨认资产等的公允价值;

②投资时被投资单位可辨认资产的公允价值与其账面价值相比,两者之间的差额不具重要性;

③其他原因导致无法取得被投资单位的有关资料,不能按照准则中规定的原则对被投资单位的净损益进行调整的。

【例11-6】沿用【例11-5】的资料,假定长期股权投资的成本大于取得投资时被投资单位可辨认净资产公允价值份额的情况下,取得投资当年被投资单位实现净利润1 200万元。投资企业与被投资单位均以公历年度作为会计年度,两者之间采用的会计政策相同。由于投资时被投资单位各项资产、负债的账面价值与其公允价值相同,且假定投资企业与被投资单位未发生任何内部交易,不需要对被投资单位实现的净损益进行调整，投资企业应确认的投资收益为360（1200×30%）万元。

因此，确认投资收益时，××股份有限公司应进行以下会计处理。

借：长期股权投资——B公司（损益调整）　　　　3 600 000
　　贷：投资收益　　　　　　　　　　　　　　　　　　　3 600 000

【例11-7】假设2020年1月1日，××股份有限公司以500万元取得D公司30%的股权，并对D公司有重大影响，取得投资时D公司的固定资产公允价值为1000万元，账面价值为500万元，剩余使用年限为10年，净残值为零，按照年限平均法计提折旧。D公司2020年度利润表中净利润为600万元。假定不考虑公允价值调整的所得税影响，××股份有限公司2020年度对D公司投资应确认的投资收益计算确定如下。

按固定资产的公允价值与账面价值的差额调整增加的折旧＝1000/10－500/10＝50（万元）

调整后的D公司净利润＝600－50＝550（万元）

××股份有限公司应确认的投资收益＝550×30%＝165（万元）

其会计处理如下。

借：长期股权投资——D公司（损益调整）　　　　1 650 000
　　贷：投资收益　　　　　　　　　　　　　　　　　　　1 650 000

（5）在确认投资收益时，除考虑公允价值的调整外，对于投资企业与其联营企业及合营企业之间发生的未实现内部交易损益应予抵销。即投资企业与联营企业及合营企业之间发生的未实现内部交易损益按照持股比例计算归属于投资企业的部分应当予以抵销，在此基础上确认投资损益。投资企业与被投资单位发生的内部交易损失，按照《企业会计准则第8号——资产减值》等规定属于资产减值损失的，应当全额确认。具体又要区分投出或出售资产的交易是否构成业务分别处理。

①投资企业与其联营企业、合营企业之间发生的投出或出售资产的交易，该资产构成业务的，按企业合并和合并财务报表准则的规定处理。具体来说，联营、合营企业向投资方出售业务的（逆流交易），投资方应按《CAS20——企业合并》的规定进行会计处理；投资方应全额确认与交易相关的利得或损失。投资方向联营、合营企业投出业务的（顺流交易），投资方因此取得长期股权投资但未取得控制权的，应以投出业务的公允价值作为新增投资的初始投资成本，初始投资成本与投出业务的账面价值之差全额计入当期损益；投资方向联营、合营企业出售业务的，取得的对价与业务的账面价值之间的差额，全额计入当期损益。

②投资企业与其联营企业、合营企业之间发生的投出或出售资产的交易，该资产不构成业务的，投资企业与联营企业及合营企业之间发生的未实现内部交易损益，按照持股比例计算归属于投资企业的部分应当予以抵销，在此基础上确认投资损益。因逆流交易产生的未实现内部交易损益，投资企业对外编制合并财务报表的，应在合并财务报表中对长期股权投资及包含未实现内部交易损益的资产账面价值进行调整，抵销有关资产账面价值中包含的未实现内部交易损益，相应调整对联营企业或合营企业的长期股权投资。即在合并报表中作如下会计调整分录。

借：长期股权投资
　　　　贷：存货等（未实现内部交易损益×持股比例）
　　因顺流交易产生的未实现内部交易损益，投资企业对外编制合并财务报表的，应在合并财务报表中对未实现内部交易损益应在个别报表已确认投资损益的基础上进行调整。即在合并报表中作如下会计调整分录。
　　借：营业收入（售价×投资方持股比例）
　　　　贷：营业成本（内部交易成本×持股比例）
　　　　　　投资收益（差额）

4. 被投资单位宣告分配现金股利或利润时的会计处理

　　按照权益法核算的长期股权投资，投资企业自被投资单位取得的现金股利或利润，应抵减长期股权投资的账面价值。在被投资单位宣告分派现金股利或利润时，借记"应收股利"科目，贷记"长期股权投资（损益调整）"科目。被投资单位分派股票股利时，投资企业不进行账务处理，但应于除权日在备查簿中注明所增加的股数，以反映股份的变化情况。

　　【例11-8】假设2020年1月1日，××股份有限公司购入乙公司股票1000万股，实际以银行存款2340万元支付购买价款（包括交易费用）。××股份有限公司对乙公司的投资占乙企业注册资本的20%，能够对乙公司的生产经营决策施加重大影响，××股份有限公司采用权益法核算该项长期股权投资。××股份有限公司在取得乙公司20%股权时，乙公司各项可辨认资产、负债的公允价值与其账面价值相同，双方在以前期间未发生过内部交易，假设双方的会计政策和会计期间一致。假设2020年度，乙公司实现净利润6000万元。2021年3月1日，乙公司宣告分派2020年度利润分配方案，每股分派现金股利0.2元。2021年3月15日，××股份有限公司收到上述现金股利。2021年度，乙公司发生亏损2200万元。（假设不考虑所得税的影响）

　　则××股份有限公司相应的会计处理如下。
　　（1）2020年1月1日取得投资时。
　　　　借：长期股权投资——乙公司（成本）　　2 340
　　　　　　贷：银行存款　　　　　　　　　　　　　2 340
　　（2）2020年度乙公司盈利时。
　　　　借：长期股权投资——乙公司（损益调整）　1 200（6 000×20%）
　　　　　　贷：投资收益　　　　　　　　　　　　　1 200
　　（3）2021年3月1日，乙公司宣告分派2020年度利润分配方案时。
　　　　借：应收股利　　　　　　　　　　　　　　200
　　　　　　贷：长期股权投资——乙公司（损益调整）　200
　　（4）2021年3月15日，甲公司收到上述现金股利时。
　　　　借：银行存款　　　　　　　　　　　　　　200
　　　　　　贷：应收股利　　　　　　　　　　　　　200
　　（5）2021年度乙公司生亏损2200万元时。

借：投资收益　　　　　　　　　　　　　　　　440
　　贷：长期股权投资——乙公司（损益调整）　　440

5.超额亏损的确认

按照权益法核算的长期股权投资，投资企业确认应分担被投资单位发生的损失，原则上应以长期股权投资及其他实质上构成对被投资单位净投资的长期权益减记至零为限，投资企业负有承担额外损失义务的除外。这里所讲的"其他实质上构成对被投资单位净投资的长期权益"通常是指长期应收项目，比如，企业对被投资单位的长期债权，该债权没有明确的清收计划且在可预见的未来期间不准备收回的，实质上构成对被投资单位的净投资，但不包括投资企业与被投资单位之间因销售商品、提供劳务等日常活动所产生的长期债权。

投资企业在确认应分担被投资单位发生的亏损时，具体应按照以下顺序处理。

首先，减记长期股权投资的账面价值。

其次，在长期股权投资的账面价值减记至零的情况下，对于未确认的投资损失，考虑除长期股权投资以外，账面上是否有其他实质上构成对被投资单位净投资的长期权益项目。如果有，则应以其他长期权益的账面价值为限，继续确认投资损失，冲减长期应收项目等的账面价值。

最后，经过上述处理，按照投资合同或协议约定，投资企业仍需要承担额外损失弥补等义务的，应按预计将承担的义务金额确认预计负债，计入当期投资损失。

企业在实务操作过程中，在发生投资损失时，应借记"投资收益"科目，贷记"长期股权投资——损益调整"科目。在长期股权投资的账面价值减记至零以后，考虑其他实质上构成对被投资单位净投资的长期权益，继续确认的投资损失，应借记"投资收益"科目，贷记"长期应收款"等科目；因投资合同或协议约定导致投资企业需要承担额外义务的，按照或有事项准则的规定，对于符合确认条件的义务，应确认为当期损失，同时确认预计负债，借记"投资收益"科目，贷记"预计负债"科目。除上述情况仍未确认的应分担被投资单位的损失，应在账外备查登记。

在确认了有关的投资损失以后，被投资单位于以后期间实现盈利的，应按以上相反顺序分别减记账外备查登记的金额、已确认的预计负债、恢复其他长期权益及长期股权投资的账面价值，同时确认投资收益。即应当按顺序分别借记"预计负债""长期应收款""长期股权投资"等科目，贷记"投资收益"科目。

【例11-9】××股份有限公司持有乙企业40%的股权，能够对乙企业施加重大影响，××股份有限公司对该项股权投资采用权益法核算。××股份有限公司除了对乙企业的长期股权投资外，还有一笔应收乙企业的长期应收款2 400万元。该款项从目前情况看，没有明确的清偿计划（并非产生于商品购销等日常活动），且在可预见的未来期间不准备收回。假定××股份有限公司在取得该投资时，乙企业各项可辨认资产、负债的公允价值与其账面价值相等，双方所采用的会计政策及会计期间也相同。双方未发生任何内部交易，××股份有限公司按照乙企业的账面净损益和持股比例计算确认投资损益。由于乙公司持续亏损，××股份有限公司在确认2018年度的投资损失以后，2018年12月31日，该项长期股权投资的账面价值已经减至为9 600万元，其中，"长期股权投资—乙公司（投资成本）"科目借方余额6 000万元，"长期股权投资—乙公司（损益调整）"科目借方余额3600万元。乙企业2019年由于一项主营业务市场条件发生变化，当年度又亏损9 000万元。2020年乙企业继续亏损，当年度的亏损额为18 000万元。则××股份有限公司相应的会计处理如下。

分析：（1）2019年12月31日，由于乙企业各项可辨认资产、负债的公允价值与其账面价值相等，双方所采用的会计政策及会计期间也相同，××股份有限公司当年度应确认的投资损失为3 600万元。确认上述投资损失后，长期股权投资的账面价值变为6 000万元。××股份有限公司应进行的账务处理如下。

借：投资收益　　　　　　　　　　　　　　　　3600
　　贷：长期股权投资——乙公司（损益调整）　　　3600

（2）2020年12月31日，由于乙企业各项可辨认资产、负债的公允价值与其账面价值相等，双方所采用的会计政策及会计期间也相同，××股份有限公司按其持股比例确认应分担的损失为7 200万元。但长期股权投资的账面价值仅为6 000万元，在确认了6 000万元的投资损失、长期股权投资的账面价值减记至零以后，剩余应分担的亏损1 200万元应继续冲减长期应收款项目，并以长期应收款的账面价值为限进一步确认投资损失1 200万元。××股份有限公司应进行的会计处理如下。

借：投资收益　　　　　　　　　　　　　　　　60 000 000
　　贷：长期股权投资——乙公司（损益调整）　　　60 000 000
借：投资收益　　　　　　　　　　　　　　　　12 000 000
　　贷：长期应收款　　　　　　　　　　　　　　12 000 000

6.被投资单位其他综合收益变动的处理

采用权益法核算时，投资企业对于被投资单位由于其他综合收益变动引起的所有者权益发生的变动，投资企业应按享有的份额，调整增加或减少长期股权投资账面价值，同时增加或减少其他综合收益。具体会计分录为：借记（或贷记）"长期股权投资——其他综合收益"科目，贷记（或借记）"其他综合收益"科目。

【例11-10】××股份有限公司持有B企业30%的股份，能够对B企业施加重大影响。当期B企业因持有的其他权益工具投资公允价值的变动计入其他综合收益的金额为1 000万元，除该事项外，B企业当期实现的净损益为9 000万元。假定××股份有限公司与B企业适用的会计政策、会计期间相同，投资时B企业有关资产、负债的公允价值与其账面价值亦相同，双方当期及以前期间未发生任何内部交易。

××股份有限公司在确认应享有被投资单位所有者权益的变动时，应进行的会计处理如下。

借：长期股权投资——B企业（损益调整）　　　27 000 000
　　　　　　　　——其他综合收益　　　　　　3 000 000
　　贷：投资收益　　　　　　　　　　　　　　27 000 000
　　　　其他综合收益　　　　　　　　　　　　3 000 000

7.被投资单位除净损益、其他综合收益和分红以外所有者权益的其他变动的处理

采用权益法核算时,投资企业对于被投资单位除净损益以外所有者权益的其他变动,在持股比例不变的情况下,应按照持股比例与被投资单位除净损益以外所有者权益的其他变动中归属于本企业的部分,相应调整长期股权投资的账面价值,同时增加或减少资本公积。具体会计分录为:借记(或贷记)"长期股权投资——其他权益变动"科目,贷记(或借记)"资本公积——其他资本公积"科目。

8.长期股权投资减值

权益法核算下,资产负债表日应比较长期股权投资的账面价值和未来可收回金额,若长期股权投资账面价值小于其未来可收回金额,按照《企业会计准则第8号——资产减值》有关规定需要及时计提长期股权投资减值准备。其会计分录为:借记"资产减值损失"科目,贷记"长期股权投资减值准备"科目。按《企业会计准则第8号——资产减值》的规定,长期股权投资已计提的减值准备不得转回。

第三节 长期股权投资处置

长期股权投资的处置主要指通过证券市场出售股权,也包括抵偿债务转出、非货币性资产交换转出以及因被投资企业破产清算而被迫清算股权等情形。

长期股权投资的处置损益是指取得处置收入扣除长期股权投资的账面价值和已确认但尚未收到的现金股利之后的差额。

(1)处置收入,是指企业处置长期股权投资时收到的价款,该价款已经扣除了手续费、佣金等交易费用。

(2)长期股权投资的账面价值,是指长期股权投资的账面余额扣除相应的减值准备后的金额。

(3)已确认但尚未收到的现金股利,是指投资企业已于被投资单位宣告分派现金时按应享有的份额确认了应收债权,但至处置投资时被投资单位尚未实际派发的现金股利。

一、采用成本法核算的处置

处置长期股权投资发生损益应当在符合股权转让条件时予以确认,计入处置当期投资损益。企业处置长期股权投资时,应相应结转与所售股权相对应的长期股权投资的账面价值,出售所得价款与处置长期股权投资账面价值之间的差额,应确认为处置损益。已计提减值准备的长期股权投资,处置时应将与所处置的长期股权投资相对应的减值准备予以转出。

处置长期股权投资时，一般的会计处理为：按实际收到的价款借记"银行存款"科目，按已计提的长期股权投资减值准备借记"长期股权投资减值准备"科目，按长期股权投资的账面余额贷记"长期股权投资"科目，按已确认但尚未收到的现金股利贷记"应收股利"科目，按上列贷方差额贷记"投资收益"科目，如为借方差额，借记"投资收益"科目。

【例11-11】2019年1月2日，××股份有限公司购入N公司股票150 000股，获得60%股权，实际支付购买价款250 000元（包括交易税费），××股份有限公司将其划分为长期股权投资，并采用成本法核算。2019年12月31日，××股份有限公司为该项股权投资计提了减值准备100 000元；2X13年9月25日，××股份有限公司将持有的N公司股票全部转让，实际收到转让价款200 000元。则××股份有限公司处置长期股权投资时的会计处理如下。

转让损益＝200 000－（250 000－100 000）＝50 000（元）
借：银行存款　　　　　　　　　　　　　200 000
　　长期股权投资减值准备　　　　　　　100 000
　贷：长期股权投资—N公司　　　　　　　250 000
　　　投资收益　　　　　　　　　　　　　50 000

二、采用权益法核算的处置

采用权益法核算的长期股权投资处置时，原股权投资因采用权益法核算而确认的其他综合收益，应当在终止采用权益法核算时采用与被投资单位直接处置相关资产或负债相同的基础进行会计处理。因被投资单位除净损益、其他综合收益和利润分配外的其他所有者权益变动而确认的所有者权益——应当在终止采用权益法核算时全部转入当期损益。

采用权益法核算的长期股权投资，处置时还应将与所处置的长期股权投资相对应的原计入其他综合收益、资本公积项目的金额转出，计入处置当期损益。结转时，按与所处置的长期股权投资相对应的其他综合收益、资本公积如为贷方金额，借记"其他综合收益""资本公积—其他资本公积"科目，贷记"投资收益"科目；如为借方差额，则借记"投资收益"科目，贷记"其他综合收益""资本公积—其他资本公积"科目。

在部分处置某项长期股权投资时，按该项投资的总平均成本确定处置部分的成本，并按相同的比例结转已计提的长期股权投资减值准备和相关的其他综合收益及资本公积金额。

【例11-12】××股份有限公司对持有的L公司股份采用权益法核算。2019年7月5日，××股份有限公司将持有的L公司股份全部转让，收到转让价款3 500万元。转让日，该项长期股权投资的账面余额为3 400万元，其中，成本2 900万元，损益调整（借方）300万元，其他综合收益（借方）50万元，期他权益变动（借方）200万元。则××股份有限公司处置长期股权投资时的会计处理如下。

  借：银行存款   35 000 000
    贷：长期股权投资——L公司（投资成本） 29 000 000
        ——L公司（损益调整）   3 000 000
        ——L公司（其他权益变动） 2 000 000
        ——L公司（其他综合收益） 500 000
      投资收益   500 000
  借：资本公积——其他资本公积   2 000 000
    其他综合收益   500 000
    贷：投资收益   2 000 000

课后习题

第十二章

财务报告

第一节 财务报告概述

一、财务报告的概念

财务报告是指企业对外提供的反映某一特定日期的财务状况和某一会计期间的经营成果、现金流量等会计信息的文件。财务报告包括财务报表和其他应当在财务报告中披露的相关信息资料。

二、财务报表的概念及分类

(一)财务报表的定义

财务报表是对企业财务状况、经营成果和现金流量的结构性表述。财务报表至少应当包括下列组成部分:资产负债表,利润表,现金流量表,所有者权益(或股东权益表,下同)变动表,附注。财务报表是企业财务报告的重要内容。

(二)财务报表的分类

按编报期间的不同,财务报表可以分为中期财务报表和年度财务报表。中期财务报表是以短于一个完整会计年度的报告期间为基础编制的财务报表,包括月报、季报和半年报等。中期财务报表至少应当包括资产负债表、利润表、现金流量表和附注,其中,中期资产负债表、利润表和现金流量表应当是完整报表,其格式和内容应当与年度财务报表一致。与年度财务报表相比,中期财务报表的附注披露可以适当简略。

按编制主体的不同,财务报表可以分为个别财务报表和合并财务报表。个别财务报表是由企业在自身会计核算基础上对账簿记录进行加工而编制的财务报表,它主要用以反映企业自身的财务状况、经营成果和现金流量情况。合并财务报表是以母公司和子公司组成的企业集团为会计主体,根据母公司和所属子公司的财务报表,由母公司编制的综合反映企业集团的财务状况、经营成果和现金流量情况的报表。

三、财务报表列报的基本要求

会计信息质量是财务工作的灵魂,企业在编制财务报表时,必须遵循以下要求。

(一)遵循各项会计准则进行确认和计量

企业应当根据实际发生的交易或者事项,遵循各项具体会计准则的规定进行确认和计量,并在此基础上编制财务报表。企业应当在附注中对遵循企业会计准则编制的财务报表作出声明,只有遵循了企业会计准的所有规定,财务报表才能被认为"遵循了企业会计准则"。

(二)列报基础

持续经营是会计的基本前提之一,是会计确认、计量及编制财务报表的基础。企业会计准则规范指的是在持续经营条件下企业对所发生交易和事项的确认、计量及列报;相反,如果企业出现了非持续经营,致使以持续经营为基础编制的财务报表不再合理,则财务报表的编制应当采用其他基础,并在附注中声明财务报表未以持续经营为基础列报,同时,披露未以持续经营为基础的原因和财务报表的编制基础。

企业在编制财务报表过程中,管理层应当对企业持续经营的能力进行评价,需要考虑的因素包括市场经营风险、企业目前或长期的盈利能力、偿债能力、财务弹性以及企业管理层改变经营政策的意向等。评价后对企业持续经营的能力产生严重怀疑的,应当在附注中披露导致对持续经营能力产生重大怀疑的重要不确定因素。

(三)重要性和项目列报

重要性是判断项目是否单独列报的重要标准。如果财务报表某项目的省略或错报会影响使用者据此作出经济决策的,则该项目具有重要性。企业在进行重要性判断时,应当根据所处环境从项目的性质和金额两方面予以判断:一方面,应当考虑该项目的性质是否属于企业日常活动,是否对企业的财务状况和经营状况具有较大影响等;另一方面,判断项目金额的重要性,应当通过单项金额占资产总额、负债总额、所有者权益总额、营业收入总额、净利润等直接相关项目金额的比重加以确定。

财务报表是通过对大量的交易或者事项进行处理而生成的,这些交易或者事项按其性质和功能汇总归类而形成财务报表中的项目。关于项目在财务报表中是单独列报还是合并列报,应当依据重要性原则来判断。总体原则是:如果某个项目单个看不具有重要性,则可将其与其他项目合并列报;如果具有重要性,则应当单独列报。

(四)列报的可比性

可比性是会计信息质量的一项重要质量要求,目的是让使用同一企业不同期间和不同企业同一期间的财务报表相互可比。为此,财务报表项目的列报应当在各个会计期间保持一致,不得随意变更。这一要求不仅只针对财务报表中的项目名称,还包括财务报表项目的分类、排列顺序等方面。在以下规定的特殊情况下,财务报表项目的列报是可以改变的:会计准则要求改变的;企业经营业务的性质发生重大变化后,变更财务报表项目的列报能够提供更可靠、更相关的会计信息。

(五)财务报表项目金额间的相互抵消

财务报表项目应当以总额列报,资产和负债、收入和费用不能相互抵消,即不得以净额列报,但企业会计准则另有规定的除外。这是因为,如果相互抵消,则财务报表所提供的信息就不完整,信息的可比性大为降低,难以在同一企业不同期间及同一期间不同企业的财务报表之间实现相互可比，报表使用者难以据此作出判断。例如，应付款和应收款如果相互抵消就掩盖了交易的实质。

但会计准则另有规定的不属于抵消。例如，资产减值准备的计提实质上意味着资产的价值确实发生了减损，资产项目应当按扣除减值准备后的净额列示，只有这样才能反映资产当时的真实价值，因而它并不属于上面所述的抵消。

（六）比较信息的列报

企业在列报当期财务报表时，至少应当提供所有列报项目上一个可比会计期间的比较数据及与理解当期财务报表相关的说明。其目的是向财务报表使用者提供对比数据，提高信息在会计期间的可比性，以反映企业财务状况、经营成果和现金流量的发展趋势，提高报表使用者的判断与决策能力。

（七）会计报表表首的列报要求

财务报表一般分为表首、正表两部分。其中，在表首部分企业应当概括地说明下列基本信息：其一，编报企业的名称，如果企业名称在所属当期发生了变更的，则应明确表明；其二，对资产负债表而言，需披露资产负债表日，而对利润表、现金流量表、所有者权益变动表而言，需披露报表涵盖的会计期间；其三，货币名称和单位，按照我国企业会计准则的规定，企业应当以人民币作为记账本位币列报，并表明金额单位，如人民币元、人民币千元、人民币万元等；其四，财务报表是合并财务报表的，应当予以表明。

（八）报告期间

企业至少应当编制年度财务报表。根据《会计法》的规定，会计年度自公历1月1日起至12月31日止。企业在编制年度财务报表时，可能存在年度财务报表涵盖的期间短于一年的情况，比如企业在年度中间开始设立等。在这种情况下，企业应当披露年度财务报表的实际涵盖期间及其短于一年的原因，并应当说明由此引起财务报表项目与比较数据不具有可比性这一事实。

第二节 资产负债表

一、资产负债表的概念及作用

（一）资产负债表的概念

资产负债表是反映企业在某一特定日期资产、负债、所有者权益情况的财务报表，也称为"财务状况表"，是静态的财务报表。财务状况是指企业在某一时点上的资产、负债、所有者权益及其相互关系。资产负债表是以"资产＝负债＋所有者权益"这一会计基本等式为基础编制的，实际上揭示的是企业某一特定时点上所拥有的经济资源与所承担的经济义务之间的对应关系。因为它反映的是某一特定时点上的企业财务状况，所以它提供的是历史数据，反映的是静态状况的财务报表。

（二）资产负债表的作用

编制资产负债表的主要目的是将企业财务状况等信息提供给企业财务信息使用者，使他们了解到企业的资产规模和结构、负债与所有者权益的规模和结构，从而为分析和判断企业的经济实力、偿债能力以及企业经营的安全性等提供可靠的依据。具体来说其作用如下。

1.反映企业的经济资源及其分布情况

资产负债表把企业的资产划分为流动资产和非流动资产各项目，充分揭示资产的具体分布情况，完整清晰地表述企业在某一特定时日所拥有的资产总量及其结构。

2.反映企业的资本结构

资产负债表将企业的资产来源划分为负债及所有者权益，显示债权人和所有者提供资本的比例关系，从而清楚地反映企业的资本结构情况。

3.可以评价和预测企业的偿债能力

企业的偿债能力是指企业以资产偿付债务的能力，包括短期偿债能力和长期偿债能力。短期偿债能力主要体现在资产、负债的流动性上。通过流动资产和流动负债的比较，人们可以评价和预测企业的短期偿债能力。企业的长期偿债能力主要是指以企业全部资产清偿全部负债的能力，它与企业的获利能力和企业的资本结构密切相关。通过资产负债表所列示的资产、负债和所有者权益，人们可以预测、评价企业的长期偿债能力。

4.有助于评价、预测企业的财务弹性

财务弹性是指企业应付各种挑战、适应各种变化的能力，即资产的流动性和变现能力。企业资产满足短期现金的需要能力越强，企业的财务弹性就越强。资产负债表按流动性列示资产结构有助于评价企业的财务弹性。

二、资产负债表的格式与结构

(一) 资产负债表的格式

1. 报告式资产负债表

报告式资产负债表是依照"资产－负债＝所有者权益"的等式，垂直列示企业资产、负债、所有者权益等项目的一种格式。

报告式资产负债表的优点是便于编制比较资产负债表，在一张报表中，除列出本期的财务状况外，还可增设几个栏目，分别列示过去几期的财务状况，以便对比分析。报告式资产负债表的缺点是资产和权益间的恒等关系并不一目了然。

2. 账户式资产负债表

账户式资产负债表是按照"T"形账户的形式设计资产负债表，将资产列在报表左方（借方），负债及所有者权益列在报表右方（贷方），左（借）右（贷）总额相等的一种格式。

根据《企业会计准则——财务报表列报》的规定，我国现行资产负债表采用账户式的格式，如同"T"形账户，左侧列示资产方，按照资产的流动性大小排列，右侧列示负债方和所有者权益方，一般按照要求清偿时间的先后顺序排列。账户式资产负债表可以反映资产、负债、所有者权益的内在关系，即"资产＝负债＋所有者权益"。为了比较各会计要素在报告期内余额的变化，资产负债表左、右两方均分别列示"年初余额"和"期末余额"两栏。

(二) 资产负债表的结构

资产负债表的结构包括资产负债表各项目分类方法和排列方法两个方面。

资产负债表项目分类是在资产、负债和所有者权益三要素的基础上按照一定的标准进行的再分类。再分类的方法有两种：一是按其流动性分类，将资产分为流动资产和非流动资产，将负债分为流动负债和非流动负债，将所有者权益分为投入资本和留存收益；二是按其货币性分类，将资产负债表项目划分为货币性项目和非货币性项目。货币性项目再划分为货币性资产和货币性负债；非货币性项目同样划分为非货币性资产和非货币性负债。所有者权益是资产减负债的余额，通常列为非货币性项目。我国资产负债表的分类采用的是前一种方法，即按照"流动性标准"分类。

资产负债表各项目一般按流动性排列。流动性通常按资产的变现或耗用时间或者负债的偿还时间来确定，企业应先列报流动性强的资产或负债，再列报流动性弱的资产或负债。所有者权益项目一般是按其永久性或固定性程度排列。永久性强的在前，如"实收资本"，永久性差的在后，如"未分配利润"。

按照企业会计准则的要求，我国资产负债表的具体格式与结构见下表12-1。

表12-1 资产负债表

会企01表

编制单位：　　　　　　　　　　　年 月 日　　　　　　　　　　　单位：元

资　　产	期末余额	年初余额	负债和所有者权益（或股东权益）	期末余额	年初余额
流动资产：			流动负债：		
货币资金			短期借款		
交易性金融资产			交易性金融负债		
衍生金融资产			衍生金融负债		
应收票据			应付票据		
应收账款			应付账款		
预付款项			预收款项		
其他应收款			合同负债		
存货			应付职工薪酬		
合同资产			应交税费		
持有待售资产			其他应付款		
一年内到期的非流动资产			持有待售负债		
其他流动资产			一年内到期的非流动负债		
流动资产合计			其他流动负债		
非流动资产：			流动负债合计		
债权投资			非流动负债：		
其他债权投资			长期借款		
长期应收款			应付债券		
长期股权投资			其中：优先股		
其他权益工具投资			永续债		
其他非流动金融资产			长期应付款		
投资性房地产			预计负债		
固定资产			递延收益		
在建工程			递延所得税负债		
生产性生物资产			其他非流动负债		
油气资产			非流动负债合计		
无形资产			负债合计		
开发支出			所有者权益（或股东权益）：		
商誉			实收资本（或股本）		
长期待摊费用			其他权益工具		
递延所得税资产			其中：优先股		
其他非流动资产			永续债		
非流动资产合计			资本公积		
			减：库存股		
			其他综合收益		
			盈余公积		
			未分配利润		
			所有者权益合计		
资产总计			负债和所有者权益（或股东权益）合计		

三、资产负债表的编制方法

（一）资产负债表各项目年初余额的填列方法

资产负债表"年初余额"栏内各项目数字，应根据上年年末资产负债表的"期末余额"栏内所列数字填列。如果上年度资产负债表规定的各项目名称和内容与本年度不一致，应对上年年末资产负债表各项目名称和数字按照本年度的规定进行调整，填入资产负债表中"年初余额"栏内。

（二）资产负债表各项目期末余额的一般填列方法

因为资产负债表是静态报表，所以报表中的"期末余额"栏内各项数字，应根据报告期期末有关科目的账户余额资料计算分析填列。报表各项目的具体计算方法有以下几种。

第一种，依据总账余额直接填列。例如：短期借款、实收资本等项目。

第二种，依据总账余额相加或相减后填列。例如：货币资金、存货、无形资产等项目。

第三种，依据明细账余额分析填列。例如：应收账款、预收账款、应付账款和预付账款等项目。

第四种，依据总账与明细账分析计算填列。例如：长期待摊费用、持有至到期投资、长期借款等项目。

具体项目填列的方法归纳如下。

（一）资产项目的填列方法

1."货币资金"项目

"货币资金"项目是指企业生产经营过程中处于货币形态的资产，包括库存现金、银行存款和其他货币资金等。本项目应当根据"库存现金""银行存款"和"其他货币资金"账户期末余额合计填列。

库存现金一般是指存放在企业财会部门由出纳人员经管的货币，是企业流动性最强的货币性资产。银行存款是指存放在银行或其他金融机构的货币资金。其他货币资金是指除了库存现金、银行存款以外的其他各种货币资金，主要包括：银行汇票存款、银行本票存款、信用卡存款、信用证保证金存款、存出投资款、外埠存款等。

【例12-1】××股份有限公司2019年12月31日，"库存现金"账户余额为10 000元，"银行存款"账户期末余额为3 400 000元，"其他货币资金"账户余额为120 000元。试计算期末企业资产负债表中"货币资金"项目的金额。

"货币资金"项目金额＝10 000＋3 400 000＋120 000＝3 530 000（元）

2."交易性金融资产"项目

"交易性金融资产"项目反映在资产负债表日企业分类为以公允价值计量且其变动计入当期损益的金融资产以及企业持有的直接指定为以公允价值计量且其变动计入

当期损益的金融资产的期末账面价值。该项目应根据"交易性金融资产"科目的相关明细科目期末余额分析填列。自资产负债表日起超过1年到期且预期持有超过1年的以公允价值计量且其变动计入当期损益的非流动金融资产的期末账面价值，在"其他非流动金融资产"项目反映。

【例12-2】××股份有限公司2019年12月1日，购入A公司普通股股票100 000股，每股价格为6元，企业作为交易性金融资产核算。若2019年12月31日，该股票每股价格上升到8元，假设不考虑该企业其他交易性金融资产和初始确认时指定为以公允价值计量且其变动计入当期损益的金融资产，试计算企业期末资产负债表中"交易性金融资产"项目的金额。

资产负债表中的交易性金融资产项目金额应根据"交易性金融资产"科目的相关明细科目期末余额分析填列（本题假设企业仅有交易性金融资产账户）。该企业2019年年末交易性金融资产账户余额为800 000元，其中成本为600 000元，公允价值变动为200 000元，"交易性金融资产"项目在资产负债表中的期末数为800 000元。

3. "衍生金融资产"项目

"衍生金融资产"项目是指企业拥有的建立在基础产品或基础变量之上，其价格随基础金融产品的价格（或数值）变动的派生金融产品期末的账面价值。该项目应根据"衍生金融资产"科目的期末余额填列。

4. "应收票据"项目

"应收票据"项目是指在企业资产负债表日以摊余成本计量的、企业因销售商品或提供服务等收到的商业汇票，包括商业承兑汇票和银行承兑汇票。该项目应当根据"应收票据"期末账户余额减去"坏账准备"账户中有关应收票据计提的坏账准备期末余额后的金额填列。

5. "应收账款"项目

"应收账款"项目是反映在企业资产负债表日以摊余成本计量的、企业因销售商品、提供服务等经营活动应收取的款项。本项目应根据"应收账款"和"预收账款"账户所属各明细账户的期末借方余额合计，减去"坏账准备"账户中有关应收账款的计提坏账准备期末余额后的金额填列。如果"应收账款"科目所属明细账户期末有贷方余额，则应在资产负债表"预收款项"项目内反映。

6. "预付款项"项目

"预付款项"项目是反映企业按照合同规定预付给供货单位的款项。本项目应根据"预付账款"和"应付账款"账户所属各明细账户的期末借方余额合计填列。如果"预付账款"账户所属有关明细账户有贷方余额，则应在资产负债表的"应付账款"项目内填列。

7. "其他应收款"项目

"其他应收款"项目是反映企业对其他单位和个人除应收票据、应收账款、预付账款等经营活动以外的应收和暂付款项。本项目应根据"应收利息""应收股利"和

"其他应收款"账户的期末余额,减去"坏账准备"账户中有关其他应收款计提的坏账准备期末余额后的金额填列。

8."存货"项目

"存货"项目反映企业期末在库、在途和在加工中的各项存货的可变现净值。它包括各种原材料、在产品、半成品、产成品、商品、包装物、低值易耗品、委托代销商品等。本项目应该根据"材料采购"或"在途物资""原材料""库存商品""发出商品""周转材料""委托加工物资""生产成本"等账户的期末余额合计,减去"存货跌价准备"账户期末余额后的金额填列。材料采用计划成本核算方式及库存商品采用计划成本核算或售价核算的企业,还应根据在计划成本或售价的基础上加上或者减去材料(商品)成本差异、商品进销差价后的金额填列。

【例12-3】××股份有限公司2019年12月31日,"原材料"账户余额为100 000元,"库存商品"账户期末余额为3 500 000元,"在途物资"账户余额为150 000元,"生产成本"账户余额为100 000元,"委托加工物资"账户余额为80 000元。试计算企业期末资产负债表中"存货"项目的金额。

"存货"项目金额=100 000+3 500 000+150 000+100 000+8 000=3 930 000(元)

9."合同资产"项目

企业应按照《企业会计准则第14号——收入》的相关规定根据本企业履行履约义务与客户付款之间的关系在资产负债表中列示合同资产或合同负债。"合同资产"项目应根据"合同资产"科目相关明细科目期末余额分析填列,同一合同下的合同资产和合同负债应当以净额列示,其中净额为借方余额的,应当根据其流动性在"合同资产"或"其他非流动资产"项目中填列,已计提减值准备的,还应根据减去"合同资产减值准备"科目中相关的期末余额后的金额填列;其中净额为贷方余额的,应当根据其流动性在"合同负债"或"其他非流动负债"项目中填列。

10."持有待售资产"项目

"持有待售资产"项目反映资产负债表日划分为持有待售类别的非流动资产及划分为持有待售类别的处置组中的流动资产和非流动资产的期末账面价值。该项目应根据在资产类科目"持有待售资产"科目的期末余额,减去"持有待售资产减值准备"科目的期末余额后的金额填列。

11."1年内到期的非流动资产"项目

在非流动资产各项中,将于1年内(含1年)到期的非流动资产,应在"1年内到期的非流动资产"项目内单独反映。该项目应根据有关账户期末余额中将于1年内(含1年)到期的非流动资产的金额填列。对于企业而言,将1年内(含1年)到期的非流动资产列示在企业的流动资产部分(虽然其仍然登记在非流动资产相关账户中),可以帮助报表使用者分析企业的短期偿债能力和营运资金情况。

12."其他流动资产"项目

"其他流动资产"项目反映企业除以上流动资产项目外的其他流动资产。本项目应根据有关账户的期末余额填列。如果其他流动资产价值较大，则应在附注中披露其内容和金额。

13."债权投资"项目

"债权投资"项目反映资产负债表日企业以摊余成本计量的长期债权投资的期末账面价值。该项目应根据"债权投资"科目的相关明细科目期末余额，减去"债权投资减值准备"科目中相关减值准备的期末余额后的金额分析填列。自资产负债表日起1年内到期的长期债权投资的期末账面价值，在"1年内到期的非流动资产"行项目反映。企业购入的以摊余成本计量的1年内到期的债权投资的期末账面价值，在"其他流动资产"行项目反映。

14."其他债权投资"项目

"其他债权投资"项目反映资产负债表日企业分类为以公允价值计量且其变动计入其他综合收益的长期债权投资的期末账面价值。该项目应根据"其他债权投资"科目的相关明细科目期末余额分析填列。自资产负债表日起1年内到期的长期债权投资的期末账面价值，在"1年内到期的非流动资产"行项目反映。企业购入的以公允价值计量且其变动计入其他综合收益的1年内到期的债权投资的期末账面价值，在"其他流动资产"行项目反映。

15."长期应收款"项目

"长期应收款"项目反映企业的长期应收款项。本项目应根据"长期应收款"账户余额，减去"未实现融资收益"账户余额，再减去所属有关明细账户中将于1年内到期部分的余额填列。

16."长期股权投资"项目

"长期股权投资"项目反映企业采用成本法和权益法核算的长期股权投资。本项目应根据"长期股权投资"账户的期末余额，减去"长期股权投资减值准备"账户期末余额后的金额填列。

17."其他权益工具投资"项目

"其他权益工具投资"项目反映资产负债表日企业指定为以公允价值计量且其变动计入其他综合收益的非交易性权益工具投资的期末账面价值。该项目应根据"其他权益工具投资"科目的期末余额填列。

18."其他非流动金融资产"项目

"其他非流动金融资产"项目反映企业除了债权投资、其他债权投资、其他权益工具投资等其他的长期的金融资产投资项目。本项目应根据"其他非流动金融资产"账户的期末余额金额填列。

19."投资性房地产"项目

"投资性房地产"项目反映企业投资性房地产的期末价值。企业采用成本模式计量投资性房地产的，本项目应根据"投资性房地产"账户的期末余额，减去"投资性房地产累计折旧（或摊销）"及"投资性房地产减值准备"账户期末余额后的金额填列；企业采用公允价值模式计量投资性房地产的，本项目应根据"投资性房地产"账户期末余额填列。

20．"固定资产"项目

"固定资产"项目反映在企业资产负债表日的各种固定资产的期末账面价值和企业尚未清理完毕的固定资产清理净损益。本项目应根据"固定资产"账户期末余额，减去"累计折旧"和"固定资产减值准备"账户的期末余额后的金额以及"固定资产清理"科目的期末余额填列。

【例12-4】××股份有限公司2019年12月31日"固定资产"账户余额为4 000 000元，"累计折旧"账户余额为1 200 000元，"固定资产减值准备"账户余额为50 000元。试计算该企业2019年12月31日资产负债表中"固定资产"项目的金额。

"固定资产"项目金额＝4 000 000－1 200 000－50 000＝2 750 000（元）

21．"在建工程"项目

"在建工程"项目反映企业期末各项未完工程的实际支出，包括交付安装的设备价值、未完建筑安装工程已经耗用的材料价值、工资和费用支出、预付出包工程的价款、已经建筑安装完毕但尚未交付使用工程等的可收回金额和企业为在建工程准备的各种物资的期末账面价值。本项目应根据"在建工程"账户的期末余额，减去"在建工程减值准备"账户的期末余额及"工程物资"科目的期末余额，再减去"工程物资减值准备"科目的期末余额后的金额填列。

【例12-5】××股份有限公司2019年12月31日"在建工程"账户余额为5 000 000元，"在建工程减值准备"账户余额为120 000元。试计算该企业期末资产负债表"在建工程"的项目的金额。

"在建工程"项目金额＝5 000 000－120 000＝4 880 000（元）

22．"生产性生物资产"项目

"生产性生物资产"项目反映企业持有的生产性生物资产价值。本项目应当根据"生产性生物资产"账户期末余额，减去"生产性生物资产累计折旧"账户期末余额和相应减值准备后的金额填列。

23．"油气资产"项目

"油气资产"项目反映企业持有的矿区权益和油气井及相关设施的原价。本项目应当根据"油气资产"账户期末余额，减去"累计折耗"账户期末余额和相应减值准备后的金额填列。

24．"无形资产"项目

"无形资产"项目反映企业持有的各项无形资产的期末可收回金额。本项目应当根据"无形资产"账户的期末余额，减去"累计摊销"及"无形资产减值准备"账户期末余额后的金额填列。

【例12-6】××股份有限公司2019年12月31日"无形资产"账户余额为10 000 000元，"累计摊销"账户余额为3 000 000元，"无形资产减值准备"账户余额为500 000

元。试计算该企业期末资产负债表"无形资产"的项目的金额。

"无形资产"项目金额＝10 000 000－3 000 000－500 000＝65 000 000（元）

25."开发支出"项目

"开发支出"项目反映企业在开发无形资产过程中发生的能够资本化形成的无形资产成本的各项支出部分。本项目应根据"研发支出"科目中资本化支出明细期末余额填列。

26."商誉"项目

"商誉"项目反映企业合并中形成的商誉价值。本项目应根据"商誉"账户期末余额减去"商誉减值准备"后的余额填列。

27."长期待摊费用"项目

"长期待摊费用"项目反映企业已经发生但应由本期和以后各期负担的，分摊期限在1年以上的各种费用，如租入固定资产大修理支出以及摊销期限在1年以上（不含1年）的其他待摊费用。本项目应根据"长期待摊费用"账户的期末余额减去将于1年内（含1年）摊销的数额后的金额填列。

28."递延所得税资产"项目

"递延所得税资产"项目反映企业确认的可抵扣暂时性差异产生的递延所得税资产。本项目应根据"递延所得税资产"账户期末余额填列。

29."其他非流动资产"项目

"其他非流动资产"项目反映企业除流动资产、长期股权投资、固定资产、无形资产等以外的其他长期资产。如果其他长期资产的价值较大，则应在附注中披露其内容和金额。

在上述非流动资产各项中将于1年内（含1年）到期的非流动资产，应在"1年内到期的非流动资产"项目内单独反映。上述非流动资产各项目均应根据有关科目期末余额扣除将于1年内（含1年）到期的非流动资产后的金额填列。

（二）负债项目的填列方法

1."短期借款"项目

"短期借款"项目反映企业为满足正常生产经营的需要向银行或其他金融机构等借入的期限在1年以内（含1年）的各种借款。本项目应根据"短期借款"账户的期末余额填列。

2."交易性金融负债"项目

"交易性金融负债"项目反映在资产负债表日企业承担的交易性金融负债及企业持有的直接指定为以公允价值计量且其变动计入当期损益的金融负债的期末账面价值。该项目应根据"交易性金融负债"科目的相关明细科目期末余额填列。

3."衍生金融负债"项目

"衍生金融负债"项目是指企业拥有的衍生金融工具中关于负债的部分的期末账

面价值。该项目应根据"衍生金融负债"科目的期末余额填列。

4."应付票据"项目

"应付票据"项目反映在企业资产负债表日以摊余成本计量的,企业因购买材料、商品和接受服务供应等开出、承兑的商业汇票,包括银行承兑汇票和商业承兑汇票。该项目应根据"应付票据"账户的期末余额填列。

5."应付账款"项目

"应付账款"项目反映在企业资产负债表日以摊余成本计量的,企业因购买材料、商品和接受服务等经营活动应支付的款项。本项目应根据"应付账款"和"预付账款"账户所属各明细账户的期末贷方余额合计填列。如果"应付账款"账户所属明细账户期末有借方余额,则应在资产负债表的"预付款项"项目内填列。

6."预收款项"项目

"预收款项"项目反映企业按照购销合同的规定预收购买单位的货款。本项目应根据"预收账款"和"应收账款"账户所属各有关明细账户的期末贷方余额合计填列。如果"预收账款"账户所属有关明细账户期末有借方余额,则应在资产负债表的"应收账款"项目内填列。

7."合同负债"项目

"合同负债"项目应根据"合同负债"科目相关明细科目期末余额分析填列。同一合同下的合同资产和合同负债应当以净额列示,其中净额为借方余额的,应根据其流动性在"合同资产"或"其他非流动资产"项目中填列,已计提减值准备的,还应减去"合同资产减值准备"科目中相关的期末余额后的金额填列;其中净额为贷方余额的,应根据其流动性在"合同负债"或"其他非流动负债"项目中填列。

8."应付职工薪酬"项目

"应付职工薪酬"项目反映企业为获得职工提供的服务或解除劳动关系而给予的各种形式的报酬或补偿。企业提供给职工配偶、子女、受赡养人、已故员工遗嘱及其他受益人等的福利也属于职工薪酬。它主要包括短期薪酬、离职后福利、辞退福利和其他长期职工福利。本项目应根据"应付职工薪酬"账户的期末贷方余额填列,如果"应付职工薪酬"账户期末为借方余额,则应以"—"填列。

9."应交税费"项目

"应交税费"项目反映企业按照税法等规定计算的应交纳的各种税费,包括增值税、消费税、所得税、资源税、土地增值税、房产税、土地使用税、车船使用税、教育费附加、矿产资源补偿费等。本项目应根据"应交税费"账户的期末贷方余额填列,如果"应交税费"账户期末为借方余额,则应以"—"填列。

10."其他应付款"项目

"其他应付款"项目反映企业除应付票据、应付账款、预收款项、应付职工薪酬、应交税费等经营活动以外的其他所有应付和暂收其他单位和个人的款项。本项目应根据"应付利息""应付股利"和"其他应付款"账户的期末余额填列。

11. "持有待售负债"项目

"持有待售负债"项目反映资产负债表日处置组中与划分为持有待售类别的资产直接相关的负债的期末账面价值。该项目应根据在负债类科目"持有待售负债"科目的期末余额填列。

12. "1年内到期的非流动负债"项目

在非流动负债各项中，将于1年内（含1年）到期的非流动负债应在"1年内到期的非流动负债"项目内单独反映。该项目应根据有关账户期末余额，将于1年内（含1年）到期的非流动负债的金额填列。对于企业而言，将1年内（含1年）到期的非流动负债列示在企业的流动负债部分（仍然登记在非流动负债相关账户中），可以帮助报表使用者提供更准确的相关信息。

【例12-7】××股份有限公司2019年12月31日有关资料如下。

（1）长期借款资料。

借款起始日期	借款期限（年）	金额（元）
2015年8月1日	5	1 000 000
2016年6月1日	5	2 000 000
2018年1月1日	2.5	5 000 000

（2）"债权投资"项目的期末余额为3 600 000元，其中，将于1年内到期的金额为1 200 000元。

试分析计算该公司2019年12月31日资产负债表中下列项目的金额：①"长期借款"项目；②"1年内到期的非流动负债"项目；③"债权投资"项目；④"1年内到期的非流动资产"项目。

"长期借款"项目属于长期负债，其金额的填列需要考虑扣除1年内（含1年）即将到期的非流动负债。2015年8月1日借款5年期贷款到期日为2020年8月1日，从2019年12月31日这个时点来看该笔款项的到期日为1年内（含1年）即将到期的款项，2016年6月1日借款5年期限的贷款到期日为2021年6月1日，从2019年12月31日来这个时点来看该笔款项的到期日为超过1年即将到期的借款，2018年1月1日借款2.5年期贷款到期日为2020年6月30日，从2019年12月31日这个时点来看该笔款项的到期日也是1年内即将到期的款项。故该公司2019年12月31日"长期借款"项目的金额为2 000 000元，"1年内到期的非流动负债"项目金额＝1 000 000＋5 000 000＝6 000 000元。

"债权投资"属于企业的非流动资产项目，该项目金额的填列需要考虑扣除1年内（含1年）即将到期的非流动资产。故该公司"债权投资"项目的金额＝3 600 000－1 200 000＝2 400 000元；"1年内到期的非流动资产"项目金额＝1 200 000元。

13. "其他流动负债"项目

"其他流动负债"项目反映企业除以上流动负债以外的其他流动负债。本项目应根据有关账户的期末余额填列。如果其他流动负债价值较大，则应在附注中披露其内容和金额。

14. "长期借款"项目

"长期借款"项目反映企业向银行或其他金融机构借入的期限在1年以上(不含1年)的各项借款。本项目应根据"长期借款"账户的期末余额填列。

15. "应付债券"项目

"应付债券"项目反映企业为筹集资金而发行债券的本金和利息。本项目应根据"应付债券"账户的期末余额填列。

16. "长期应付款"项目

"长期应付款"项目反映企业除长期借款和应付债券以外的其他各种长期应付款项。本项目应根据"长期应付款"账户的期末余额,减去"未确认融资费用"账户期末余额,再减去所属相关明细账户中将于1年内到期部分的余额及"专项应付款"科目的期末余额填列。

17. "预计负债"项目

"预计负债"项目反映企业确认的对外提供担保、未决诉讼、产品质量保证等预计负债。本项目应根据"预计负债"账户的期末余额填列。

18. "递延收益"项目

"递延收益"项目是指尚待确认的收入或收益,即暂时未确认的收益。本项目应根据"递延收益"账户的期末余额填列。

19. "递延所得税负债"项目

"递延所得税负债"项目反映企业确认的应纳税暂时性差异产生的所得税负债。本项目应根据"递延所得税负债"账户的期末余额填列。

20. "其他非流动负债"项目

"其他非流动负债"项目反映企业除长期借款、应付债券等负债以外的其他非流动负债。本项目应根据有关账户的期末余额填列。如果其他非流动负债金额较大,则应当在附注中披露其内容和金额。

在上述非流动负债各项中,将于1年内(含1年)到期的非流动负债,应在"1年内到期的非流动负债"项目内单独反映。上述非流动负债各项目均应根据有关账户期末余额扣除将于1年内(含1年)到期的非流动负债后的金额填列。

(三) 所有者权益项目的填列方法

1. "实收资本(或股本)"项目

"实收资本"项目反映企业接受投资者投入的实收资本(或股本)总额。本项目应根据"实收资本"(或"股本")账户的期末余额填列。

2. "其他权益工具"项目

"其他权益工具"项目反映企业发行的除普通股以外的归类为权益工具的各种金融工具。本项目应根据"其他权益工具"账户的期末余额填列。

3."资本公积"项目

"资本公积"项目反映企业资本公积的期末余额。本项目应根据"资本公积"账户的期末余额填列。

【例12-8】××股份有限公司2019年12月1日委托证券公司发行普通股股票1 000 000股,每股面值1元,发行价格1.5元,证券公司收取发行总价2%的手续费,假设款项企业已收到。不考虑其他因素,试计算该笔业务影响企业资产负债表中"股本"和"资本公积"项目的金额。

增加"股本"项目金额＝1 000 000×1＝1 000 000（元）

增加"资本公积"项目金额＝1 000 000×0.5－1 500 000×2%＝470 000（元）

4."库存股"项目

"库存股"项目反映企业持有尚未转让或注销的本公司股份金额。本项目应根据"库存股"账户期末余额填列。

5."其他综合收益"项目

"其他综合收益"项目反映企业其他综合收益的期末余额。本项目应根据"其他综合收益"科账户期末余额填列。

6."盈余公积"项目

"盈余公积"项目反映企业盈余公积的期末余额。本项目应根据"盈余公积"账户的期末余额填列。

7."未分配利润"项目

"未分配利润"项目反映报告期企业尚未分配的利润（或未弥补的亏损）。本项目应当分中期报表和年报进行考虑。在年度内1月份至11月份编制资产负债表时,"未分配利润"项目根据"本年利润"账户（截止本月末全年实现净利润累计数或发生亏损额累计数）和"利润分配"账户余额计算的净额（借方余额为未弥补亏损,贷方余额为未分配利润）填列。在编制年报时,"未分配利润"项目直接根据"利润分配"账户余额填列。其理由是,年度内实现的净利润或发生的亏损体现在"本年利润"账户的贷方或借方余额,在年度终了时已结转至"利润分配——未分配利润"明细账户,而年度内已分配的各项利润也结转计入"利润分配——未分配利润"明细账户。年末,"本年利润"及"利润分配"除"未分配利润"明细账户外均无余额。

（四）有关报表项目的补充说明

第一,按照《企业会计准则第14号——收入》的相关规定确认为资产的合同取得成本的,应根据"合同取得成本"科目的明细科目初始确认时摊销期限是否超过1年或1个正常营业周期,在"其他流动资产"或"其他非流动资产"项目中填列,已计提减值准备的,还应根据减去"合同取得成本减值准备"科目中相关的期末余额后的金额填列。

第二,按照《企业会计准则第14号——收入》的相关规定确认为资产的合同履约成本的，应根据"合同履约成本"科目的明细科目初始确认时摊销期限是否超过1年或1个正常营业周期，在"存货"或"其他非流动资产"项目中填列，已计提减值准备的，还应根据减去"合同履约成本减值准备"科目中相关的期末余额后的金额填列。

第三，按照《企业会计准则第14号——收入》的相关规定确认为资产的应收退货成本的，应当根据"应收退货成本"科目是否在一年或一个正常营业周期内出售，在"其他流动资产"或"其他非流动资产"项目中填列。

第四，按照《企业会计准则第14号——收入》的相关规定确认为预计负债的应付退货款的，应根据"预计负债"科目下的"应付退货款"明细科目是否在1年或1个正常营业周期内清偿在"其他流动负债"或"预计负债"项目中填列。

第三节 利润表

一、利润表的概念及作用

（一）利润表的概念

利润表，又称"损益表"，是反映企业在一定会计期间的经营成果的财务报表。经营成果是指企业经过一定时期的经营所取得的全部收入抵减全部支出后的差额。利润表是以"收入－费用＝利润"这一会计等式为基础，按照一定的标准和一定的顺序，把企业一定期间的收入、费用和利润予以适当排列编制而成的一种财务报表。它揭示的是企业在一定会计期间财务活动盈利或亏损的状况，反映某一会计期间企业的经营成果，是一张动态的财务报表。

（二）利润表的作用

编制利润表的主要目的是将企业一定会计期间的经营成果提供给企业财务信息使用者，使他们了解企业的经营成果、盈利的规模与结构，从而为分析企业的盈利能力，判断企业投资的报酬与风险提供可靠的依据。其作用具体来说有以下几个方面。

1.利润表揭示企业的经营成果，为信息使用者的决策提供依据

利润表反映企业利润的组成，进而反映企业的获利能力和利润增减的变化趋势，可以预测企业的发展前景，为外部信息使用者作决策提供依据。

2.利润表为企业管理层的经营决策提供依据

利润表综合反映企业的收入、成本费用、利润的形成过程，通过分析利润表项目的增减变化，人们可以发现企业在经营过程中缺点和差距，这为企业管理层下一步工作重点指明了方向。

3. 利润表为企业内部业绩考核提供依据

利润表的利润总额是企业的经营业绩,是企业内部各个部门通力协作的结果。根据利润表的数据,企业可以评价不同部门责任目标的完成情况,考核其业绩。

二、利润表的格式与结构

(一) 利润表的格式

利润表正表的格式一般有两种:单步式利润表和多步式利润表。单步式利润表是将当期所有的收入列在一起,然后将所有的费用列在一起,两者相减得出当期净损益。多步式利润表是通过对当期的收入、费用、支出项目按性质加以归类,按利润形成的主要环节列示一些中间性利润指标,分步计算当期净损益。

(二) 利润表的结构

财务报表列报准则规定,企业应当采用多步式列报利润表,将不同性质的收入和费用类别进行对比,从而得出一些中间性的利润数据,便于使用者理解企业经营成果的不同来源。企业可以分如下四个步骤编制利润表。

第一步,以营业收入为基础,减去营业成本、税金及附加、销售费用、管理费用、研发费用、财务费用、资产减值损失、信用减值损失,加上其他收益、投资收益(减去投资损失)、净敞口套期收益(减去净敞口套期损失)、公允价值变动收益(减去公允价值变动损失)和资产处置收益(减去资产处置损失),计算出营业利润;

第二步,以营业利润为基础,加上营业外收入,减去营业外支出,计算出利润总额;

第三步,以利润总额为基础,减去所得税费用,计算出净利润(或亏损)。

第四步,综合收益总额的计算。综合收益总额项目反映净利润和其他综合收益扣除所得税影响后的净额相加后的合计金额。利润表中的"其他综合收益的税后净额"项目及其各组成部分,应根据"其他综合收益"科目及其所属的相关明细科目的发生额分析填列。

普通股或潜在普通股已公开交易的企业以及正处于公开发行普通股或潜在普通股过程中的企业,还应当在利润表中列示每股收益信息。

多步式利润表中各项目之间的关系可用数学公式表示如下。

营业利润=营业收入-营业成本-税金及附加-销售费用-管理费用-研发费用-财务费用-资产减值损失-信用减值损失+其他收益+(或-)投资收益+(或-)净敞口套期收益+(或-)公允价值变动收益+(或-)资产处置收益

利润总额=营业利润+营业外收入-营业外支出

净利润=利润总额-所得税费用

综合收益总额=净利润+其他综合收益税后净额

三、利润表的编制方法

（一）利润表中上期金额栏的填列方法

利润表"上期金额"栏内各项数字应根据上年该期利润表"本期金额"栏内所列数字填列。如果上年该期利润表规定的各个项目的名称和内容同本期不一致，应对上年该期利润表各项目的名称和数字按本期的规定进行调整，列入利润表"上期金额"栏内。

（二）利润表中本期金额栏的填列方法

利润表"本期金额"栏内各项数字一般应根据损益类账户的发生额分析填列。

1."营业收入"项目

"营业收入"项目反映企业经营业务所取得的收入总额，包括销售商品的收入、提供劳务的收入等。本项目应根据"主营业务收入""其他业务收入"账户的发生额计算分析填列。

【例12-9】假设××股份有限公司2019年12月份发生以下销售活动：5日销售A产品一批，收取货款600 000元；15日销售积压的原材料一批，收取货款500 000元；23日，销售一批B产品，收取货款300 000元，货款未收。假设不考虑其他事项，试计算××股份有限公司2019年12月份"营业收入"项目的金额。

××股份有限公司2019年12月"营业收入"项目金额为＝600 000＋500 000＋300 000＝1 400 000（元）

2."营业成本"项目

"营业成本"项目反映企业经营业务发生的实际成本。本项目应根据"主营业务成本""其他业务成本"账户的发生额分析计算填列。

【例12-10】假设××股份有限公司2019年12月份发生以下销售活动：5日销售A产品一批，收取货款600 000元，成本500 000元；15日销售积压的原材料一批，收取货款500 000元，成本450 000元；23日，销售一批B产品，收取货款300 000元，货款未收，成本200 000元。假设不考虑其他事项，试计算××股份有限公司2019年12月份"营业成本"项目的金额。

××股份有限公司2019年12月"营业成本"项目金额为＝500 000＋450 000＋250 000＝1 150 000（元）

3."税金及附加"项目

"税金及附加"项目反映企业经营业务应负担的消费税、城市维护建设税、资源税和教育附加以及房产税、土地使用税、车船使用税、印花税等相关税费。本项目应根据"税金及附加"账户的发生额分析填列。

4."销售费用"项目

"销售费用"项目反映企业在销售商品和材料、提供劳务的过程中发生的各种费用。本项目应根据"销售费用"账户的发生额分析填列。

【例12-11】假设××股份有限公司2019年12月3日为促销A产品，发生宣传广告费用500 000元，其他促销费用100 000元，并支付临时促销人员工资200 000元。假设不考虑其他事项，试计算××股份有限公司12月份"销售费用"项目的金额。

××股份有限公司2019年12月份的"销售费用"项目金额＝500 000＋100 000＋200 000＝800 000（元）

5. "管理费用"项目

"管理费用"项目反映企业本期发生的管理费用。本项目应根据"管理费用"账户的发生额分析填列。

6. "研发费用"项目

"研发费用"项目反映企业本期发生的自行研究开发的无形资产不能资本化的部分。本项目应根据"管理费用"账户下有关明细项目发生额分析填列。

7. "财务费用"项目

"财务费用"项目反映企业本期发生的财务费用。本项目应根据"财务费用"账户的发生额分析填列。其中，"利息费用"行项目反映企业为筹集生产经营所需资金而发生的应予费用化的利息支出，应根据"财务费用"账户相关明细科目发生额分析填列；"利息收入"行项目反映企业确认的利息收入，应根据"财务费用"账户相关明细科目的发生额分析填列。

8. "资产减值损失"项目

"资产减值损失"项目反映企业计提各项资产减值准备所形成的损失。本项目应根据"资产减值损失"账户的发生额分析填列。

9. "信用减值损失"项目

"信用减值损失"项目反映企业按照《企业会计准则第22号——金融工具确认和计量》（2017年修订）的要求计提的各项金融工具减值准备所形成的预期信用损失。该项目应根据"信用减值损失"账户的发生额分析填列。

10. "其他收益"项目

"其他收益"项目反映计入其他收益的政府补助等。该项目应根据"其他收益"账户的发生额分析填列。

11. "投资收益"项目

"投资收益"项目反映企业以各种方式对外投资所取得的收益。本项目应当根据"投资收益"账户的发生额分析填列，如果为投资损失，则以"－"填列。

12. "净敞口套期收益"项目

"净敞口套期收益"项目反映净敞口套期下被套期项目累计公允价值变动转入当期损益的金额或现金流量套期储备转入当期损益的金额。该项目根据"净敞口套期损益"账户的发生额分析填列，如果为套期损失，则以"－"填列。

13. "公允价值变动收益"项目

"公允价值变动收益"项目反映企业交易性金融资产等公允价值变动形成的应计入当期损益的利得。本项目应根据"公允价值变动损益"账户的发生额分析填列,如果为公允价值变动损失,则以"一"填列。

14. "资产处置收益"项目

"资产处置收益"项目反映企业出售划分为持有待售的非流动资产(金融工具、长期股权投资和投资性房地产除外)或处置组时确认的处置利得或损失以及处置未划分为持有待售的固定资产、在建工程、生产性生物资产及无形资产而产生的处置利得或损失。债务重组中因处置非流动资产产生的利得或损失和非货币性资产交换产生的利得或损失也包括在本项目内。该项目应根据在损益类科目"资产处置损益"账户的发生额分析填列,如果为处置损失,则以"一"号填列。

15. "营业利润"项目

"营业利润"项目反映企业持续经营活动的净收益,它是基于收入与费用配比的原则计算而来的。本项目是根据前面若干项目计算结果而列示的,如果为亏损,则用"一"填列。

16. "营业外收入"项目

"营业外收入"项目反映企业发生的与生产经营无直接关系的各项收入,包括债务重组利得、与企业日常活动无关的政府补助、盘盈利得、捐赠利得等。本项目应根据"营业外收入"账户的发生额分析填列。

【例12-12】假设××股份有限公司2019年12月份发生以下活动:10日接受乙公司捐赠现金200 000元,20日收到丙公司违约金60 000元。假设不考虑相关税费及其他事项,试计算××股份有限公司2019年12月份营业外收入项目的金额。

××股份有限公司2019年12月"营业外收入"的金额=200 000+60 000=260 000(元)

17. "营业外支出"项目

"营业外支出"项目反映企业发生的与生产经营无直接关系的各项支出,主要包括债务重组损失、公益性捐赠支出、非常损失、盘亏损失和非流动资产毁损报废损失等。本项目应根据"营业外支出"账户的发生额分析填列。

【例12-13】假设××股份有限公司2019年12月份发生以下活动:10日对外公益性捐赠现金30 000元,20日支付违约金50 000元,支付滞纳金20 000元,罚款10 000元。假设不考虑相关税费及其他事项,试计算甲公司2018年12月份营业外支出项目的金额。

××股份有限公司2019年12月"营业外支出"的金额=30 000+50 000+20 000+10 000=110 000(元)

18. "利润总额"项目

"利润总额"项目反映企业实现的利润总额,如果为亏损,则以"一"填列。

19. "所得税费用"项目

"所得税费用"项目反映企业确认的应从当期利润总额中扣除的所得税费用。本项目应根据"所得税费用"账户的发生额分析填列。

20. "净利润"项目

"净利润"项目反映企业实现的净利润,如果为亏损,则以"—"填列。"持续经营净利润"和"终止经营净利润"分别反映净利润中与持续经营相关的净利润和终止经营相关的净利润,如果为亏损,则以"—"填列。这些项目应按照《企业会计准则第42号——持有待售的非流动资产、处置组和终止经营》的相关规定分别列报。

21. "其他综合收益的税后净额"项目

利润表中的"其他综合收益的税后净额"项目及其各组成部分,应根据"其他综合收益"账户及其所属的相关明细项目的发生额分析填列。本项目又分"不能重新分类进损益的其他综合收益"和"将重新分类进损益的其他综合收益"两方面,其下又根据具体会计事项分若干小项目,每一项目可根据"其他综合收益"账户相关明细科目的发生额分析填列。例如:"其他权益工具投资公允价值变动"行项目,反映企业指定为以公允价值计量且其变动计入其他综合收益的非交易性权益工具投资发生的公允价值变动,该项目应根据"其他综合收益"相关明细科目发生额分析填列;"企业自身信用风险公允价值变动"项目,反映企业指定为以公允价值计量且其变动计入当期损益的金融负债,由企业自身信用风险变动引起的公允价值变动计入其他综合收益的金额,该项目应根据"其他综合收益"相关明细科目发生额分析填列;等等。

22. "综合收益总额"项目

综合收益是指企业在某一期间除与所有者以其所有者身份进行的交易之外的其他交易或事项所引起的所有者权益变动。综合收益总额项目反映净利润和其他综合收益扣除所得税影响后的净额相加后的合计金额。

23. "每股收益"项目

每股收益是指普通股股东每持有一股所能享有的企业利润或所需要承担的企业亏损。每股收益通常被用来反映企业的经营成果,衡量普通股的股利水平及投资风险,是投资者、债权人等信息使用者据以评价企业盈利能力、预测企业成长潜力,进而作出相关经济决策的一项重要财务指标。每股收益分为基本每股收益和稀释每股收益。

三、利润表编制实例

(一)利润表编制实例资料

××股份有限公司2019年度利润表科目本年累计发生额见表12-2。

表12-2　××股份有限公司2019年度利润表科目本年累计发生额

科目名称	借方发生额	贷方发生额
营业收入		7 000 000
营业成本	4 600 000	
税金及附加	10 000	
销售费用	191 000	
管理费用	434 000	
财务费用	32 000	
资产减值损失	50 000	
信用减值损失	24 150	
公允价值变动损益		20 000
投资收益		12 000
营业外收入		50 000
营业外支出	63 300	
所得税费用	434 387.5	

（二）编制利润表

根据上述资料，不考虑其他因素，编制××股份有限公司2019年度的利润表，见表12-3。

表12-3　利润表　　　　　　　　　　会企02表
编制单位：××股份有限公司　　　2019年度　　　　　　单位：元

项目	本期金额	上期金额
一、营业收入	7 000 000	（略）
减：营业成本	4 600 000	
税金及附加	10 000	
销售费用	191 000	
管理费用	434 000	
研发费用	0	
财务费用	32 000	
其中：利息费用	32 000	
利息收入		
资产减值损失	50 000	
信用减值损失	24 150	
加：其他收益	0	
投资收益（损失以"－"号填列）	12 000	
其中：对联营企业和合营企业的投资收益	0	
净敞口套期收益（损失以"－"号填列）	0	
公允价值变动收益（损失以"－"号填列）	20 000	

资产处置收益（损失以"－"号填列）	0	
二、营业利润（亏损以"－"号填列）	1 690 850	
加：营业外收入	50 000	
减：营业外支出	63 300	
三、利润总额（亏损总额以"－"号填列）	1 677 550	
减：所得税费用	434 387.5	
四、净利润（净亏损以"－"号填列）	1 243 162.5	
（一）持续经营净利润（净亏损以"－"号填列）	1 243 162.5	
（二）终止经营净利润（净亏损以"－"号填列）		
五、其他综合收益的税后净额		
（一）不能重分类进损益的其他综合收益		
（二）将重分类进损益的其他综合收益		
六、综合收益总额	1 243 162.5	
七、每股收益		
（一）基本每股收益		
（二）稀释每股收益		

第四节 现金流量表

一、现金流量表概述

（一）现金流量表的概念

现金流量表是反映企业在一定会计期间现金和现金等价物流入和流出的报表。其中，现金是指企业库存现金以及可以随时用于支付的存款，不能随时用于支付的存款不属于现金；现金等价物是指企业持有的期限短、流动性强、易于转换为已知金额现金、价值变动风险很小的投资。从编制原则上看，现金流量表按照收付实现制原则编制，将权责发生制下的盈利信息调整为收付实现制下的现金流量信息，便于信息使用者了解企业净利润的质量。从内容上看，现金流量表应被划分为经营活动、投资活动和筹资活动三个部分，每类活动又分为各具体项目，这些项目从不同角度反映企业业务活动的现金流入和流出，弥补了资产负债表和利润表提供信息的不足。通过现金流量表，报表使用者能够了解现金流量的影响因素，评价企业的支付能力、偿债能力和周转能力，预测企业未来现金流量，为其决策提供有力依据。

（二）现金流量表的结构

在现金流量表中，现金及现金等价物被视为一个整体，企业现金形式的转换不会产生现金的流入和流出。例如，企业把现金存入银行是企业现金存放形式的转换，并未流出现金，不构成现金流量。同样，现金与现金等价物之间的转换也不属于现金流量。例如，企业用银行存款购买三个月到期的国债，不构成现金流量。根据企业业务活动的性质和现金流量的来源，现金流量表在结构上将一定期间产生的现金流量分为三类：经营活动产生的现金流量、投资活动产生的现金流量和筹资活动产生的现金流量。现金流量表的具体格式见表12-4。

二、现金流量表的编制方法

我国规定企业应采用直接法编制现金流量表，并在"补充资料"中提供间接法。间接法是指以本期净利润为起点，调整不涉及现金的收入、费用、营业外收支及应收应付等项目的增减变动，据此计算并列报经营活动的现金流量。直接法是指通过现金收入和现金支出的主要类别列示经营活动的现金流量。采用直接法编制经营活动的现金流量时，一般以利润表中的营业收入为起算点，调整与经营活动有关的项目的增减变动，然后计算出经营活动的现金流量。采用直接法具体编制现金流量表时，可以采用工作底稿法或T型账户法，也可以根据有关科目记录分析填列。此处将介绍直接法中的采用工作底稿法编制现金流量的程序。

采用工作底稿法编制现金流量表，就是以工作底稿为手段，以利润表和资产负债表数据为基础，对每一项目进行分析并编制调整分录，以确定现金流量表各项目，从而编制出现金流量表。其步骤如下。

第一步，编制一张空的工作底稿，其格式如表12-4所示，将资产负债表的期初数和期末数过入工作底稿的期初数栏和期末数栏，尤其是确定"现金及现金等价物"的期初与期末差额。

第二步，对当期业务进行分析并编制调整分录。调整分录大致有这样几类：第一类涉及利润表中的收入、成本和费用项目以及资产负债表中的资产、负债及所有者权益项目，通过调整，将权责发生制下的收入和费用转化为现金基础；第二类是涉及资产负债表和现金流量表中的投资、筹资项目，反映投资和筹资活动的现金流量；第三类是涉及利润表和现金流量表中的投资和筹资项目，目的是将利润表中有关投资和筹资方面的收入和费用列入现金流量表投资、筹资现金流量中。此外，还有一些调整分录并非涉及现金收支，只是为了核对资产负债表项目的期末期初余额的变动。

在调整分录中，有关现金和现金等价物的事项，并不直接借记或贷记现金，而分别计入"经营活动产生的现金流量""投资活动产生的现金流量""筹资活动产生的现金流量"有关项目，借记表明现金流入，贷记表明现金流出。

第三步，将调整分录计入工作底稿栏中的相应部分。

第四步，核对调整分录，借贷合计应相等，资产负债表项目期初数加减调整分录中的借贷金额后应等于期末数。

第五步，根据工作底稿中的现金流量表项目部分编制正式的现金流量表，最终的"现金及现金等价物"应与第一步所确定的"现金及现金等价物"的期初与期末差额核对相等。

表12-4　现金流量表工作底稿

单位：元

项目	期初数	调整分录		期末数
		借方	贷方	
一、资产负债表项目				
借方项目：				
货币资金				
……				
借方项目合计				
贷方项目：				
坏账准备				
……				
待放项目合计				
二、利润表项目				
营业收入				
……				
净利润				
三、现金流量表项目				
（一）经营活动产生的现金流量				
……				
经营活动产生的现金净流量				
（二）投资活动产生的现金流量				
……				
投资活动产生的现金净流量				
（三）筹资活动产生的现金净流量				
……				
筹资活动产生的现金净流量				
（四）现金及现金等价物净减少额				
调整分录借贷合计				

三、直接法下现金流量表项目的填列方法

（一）经营活动产生的现金流量

有关经营活动现金流量的信息可以通过企业的会计记录取得，也可以通过对利润表中的营业收入、营业成本以及其他项目进行调整后取得。例如，当期存货及经营性应收和应付项目的变动，固定资产折旧、无形资产摊销、计提资产减值准备等其他非现金项目，属于投资活动或筹资活动现金流量的其他非现金项目。

1."销售商品、提供劳务收到的现金"项目

该项目反映企业销售商品、提供劳务实际收到的现金（包括应向购买者收取的增值税销项税额），包括本期销售商品、提供劳务收到的现金以及前期销售商品、提供劳务本期收到的现金和本期预收的款项减去本期退回本期销售的商品和前期销售本期退回的商品支付的现金。企业销售材料和代购代销业务收到的现金也在本项目反映。本项目可以根据"库存现金""银行存款""应收账款""预收账款""主营业务收入""其他业务收入"等科目的记录分析填列。

2."收到的税费返还"项目

该项目反映企业收到返还的各种税费，包括收到的增值税、消费税、关税、所得税、教育费附加等。本项目可以根据"库存现金""银行存款""营业外收入""其他应收款"等科目的记录分析填列。

3."收到的其他与经营活动有关的现金"项目

该项目反映企业除了上述各项目以外所收到的其他与经营活动有关的现金，如罚款、流动资产损失中由个人赔偿的现金、经营租赁租金等。若某项其他与经营活动有关的现金流入的金额较大，则应单列项目反映。本项目可以根据"库存现金""银行存款""营业外收入"等科目的记录分析填列。

4."购买商品、接受劳务支付的现金"项目

该项目反映企业购买商品、接受劳务支付的现金（包括增值税进项税），包括本期购买材料、商品、接受劳务支付的现金以及本期支付前期购买商品、接受劳务的未付款项和本期预付款项减去本期购货退回收到的现金。企业代购代销业务支付的现金也在本项目反映。本项目可以根据"库存现金""银行存款""应付账款""预付账款""主营业务成本""其他业务成本"等科目的记录分析填列。

5."支付给职工以及为职工支付的现金"项目

该项目反映企业实际支付给职工及为职工支付的现金，包括本期实际支付给职工的工资、奖金、各种津贴和补贴等以及为职工支付的其他费用。企业代扣代缴的个人所得税也在本项目反映。本项目不包括支付给离退休人员的各项费用及支付给在建工程人员的工资及其他费用。企业支付给离退休人员的各项费用（包括支付的统筹退休金及未参加统筹的退休人员的费用）在"支付其他与经营活动有关的现金"项目反映；支付给在建工程人员的工资及其他费用在"购建固定资产、无形资产和其他长期

资产支付的现金"项目反映。本项目可以根据"应付职工薪酬""库存现金""银行存款"等科目的记录分析填列。

6．"支付的各项税费"项目

该项目反映企业按规定支付的各种税费，包括企业本期发生并支付的税费及本期支付以前各期发生的税费和本期预交的税费，包括所得税、增值税、消费税、印花税、房产税、土地增值税、车船使用税、教育费附加等，但不包括本期退回的增值税、所得税，也不包括计入固定资产价值、实际支付的耕地占用税。本项目可以根据"库存现金""银行存款""应交税费"等科目的记录分析填列。

7．"支付其他与经营活动有关的现金"项目

该项目反映企业上述各项目以外所支付的其他与经营活动有关的现金，如经营租赁支付的租金、支付的罚款、车旅费、业务招待费、保险费等。若某项其他与经营活动有关的现金流出的金额较大，应单列项目反映。本项目可以根据"库存现金""银行存款""管理费用""营业外支出"等科目的记录分析填列。

（二）投资活动产生的现金流量

1．"收回投资收到的现金"项目

本项目反映企业出售、转让或到期收回除现金等价物以外的交易性金融资产、持有至到期投资、可供出售金融资产、长期股权投资、投资性房地产而收到的现金。它不包括债权性投资收回的利息、收回的非现金资产以及处置子公司及其他营业单位收到的现金净额。债权性投资收回的本金在本项目反映，债权性投资收回的利息不在本项目反映，而在"取得投资收益所收到的现金"项目中反映。处置子公司及其他营业单位收到的现金净额应单设项目反映。本项目可以根据"库存现金""银行存款""交易性金融资产""长期股权投资""投资性房地产""债权投资""其他权益工具投资"等科目的记录分析填列。

2．"取得投资收益所收到的现金"项目

本项目反映企业因股权性投资而分得的现金股利，从子公司、联营企业或合营企业分回利润而收到的现金，因债权性投资而取得的现金利息收入。股票股利不在本项目反映；在现金等价物范围内的债权性投资利息收入在本项目反映。本项目可以根据"库存现金""银行存款""投资收益""应收股利""应收利息"等科目的记录分析填列。

3．"处置固定资产、无形资产和其他长期资产收回的现金净额"项目

本项目反映企业出售固定资产、无形资产和其他长期资产所收到的现金净额减去为处置这些资产而支付的有关费用后的净额。处置固定资产、无形资产和其他长期资产收到的现金与处置活动支付的现金，两者在时间上比较接近，以净额反映更能准确反映处置活动对现金流量的影响。由于自然灾害等造成的固定资产等长期资产报废、毁损而收到的保险赔偿收入也在本项目反映。如果处置固定资产、无形资产和其他长

期资产收回的现金净额为负数,则作为投资活动产生的现金流量应在"支付的其他与投资活动有关的现金"项目中反映。本项目可以根据"库存现金""银行存款""固定资产清理"等科目的记录分析填列。

4. "处置子公司及其他营业单位收到的现金净额"项目

本项目反映企业处置子公司及其他营业单位取得的现金减去子公司及其他营业单位持有的现金和现金等价物以及处置费用后的净额。本项目可以根据"库存现金""银行存款""长期股权投资"等科目的记录分析填列。

5. "收到的其他与投资活动有关的现金"项目

该项目反映企业除了上述各项目以外所收到的其他与投资活动有关的现金,例如,企业收回购买股票和债券时支付的已经宣告但尚未领取的现金股利或已到付息期但尚未领取的债券利息。若某项其他与投资活动有关的现金流入的金额较大,应单列项目反映。本项目可以根据"库存现金""银行存款""应收股利""应收利息"等科目的记录分析填列。

6. "购建固定资产、无形资产和其他长期资产支付的现金"项目

该项目反映企业本期购买、建造固定资产、无形资产和其他长期资产实际支付的现金以及用现金支付的应由在建工程和无形资产负担的职工薪酬,不包括未购建固定资产而发生的借款利息资本化部分以及融资租入固定资产支付的租赁费。企业支付的借款利息和融资租入固定资产支付的租赁费在筹资活动产生的现金流量中反映。本项目可以根据"库存现金""银行存款""固定资产""无形资产""在建工程"等科目的记录分析填列。

7. "投资支付的现金"项目

该项目反映企业取得的除现金等价物以外的对其他企业的权益工具、债务工具和合营中的权益投资所支付的现金以及支付的佣金、手续费等交易费用,但取得子公司及其他营业单位支付的现金净额除外。本项目可以根据"库存现金""银行存款""长期股权投资""债权投资""其他债权投资""其他权益工具投资"等科目的记录分析填列。

8. "取得子公司及其他营业单位支付的现金净额"项目

该项目反映企业购买子公司及其他营业单位购买出价中以现金支付的部分减去子公司及其他营业单位持有的现金和现金等价物后的净额。本项目可以根据"库存现金""银行存款""长期股权投资"等科目的记录分析填列。

9. "支付其他与投资活动有关的现金"项目

该项目反映企业上述各项目以外所支付的其他与投资活动有关的现金流出,例如,购买股票和债券时支付的已经宣告但尚未领取的现金股利或已到付息期但尚未领取的债券利息等。若某项其他与投资活动有关的现金流出的金额较大,应单列项目反映。本项目可以根据"库存现金""银行存款""应收利息"应收股利"等科目的记录分析填列。

（三）筹资活动产生的现金流量

1."吸收投资收到的现金"项目

该项目反映企业以发行股票、债券等方式筹集资金实际收到的款项净额（发行收入减去支付的佣金等发行费用后的净额）。以发行股票等方式筹集资金而由企业支付的审计、咨询等费用，不在本项目中反映，而在"支付的其他与筹资活动有关的现金"项目中反映。本项目可以根据"库存现金""银行存款""实收资本""资本公积"等科目的记录分析填列。

2."借款收到的现金"项目

该项目反映企业举借各种短期、长期借款而收到的现金。本项目可以根据"库存现金""银行存款""长期借款""短期借款""交易性金融负债""应付债券"等科目的记录分析填列。

3."收到的其他与筹资活动有关的现金"项目

该项目反映企业除了上述各项目以外所收到的其他与筹资活动有关的现金，例如，接受现金捐赠。若某项其他与筹资活动有关的现金流入的金额较大，应单列项目反映。本项目可以根据"库存现金""银行存款""营业外收入"等科目的记录分析填列。

4."偿还债务支付的现金"项目

该项目反映企业以现金偿还债务的本金，包括归还金融企业的借款本金、偿付企业到期的债券本金。企业偿还的借款利息、债券利息，在"分配股利、利润或偿付利息所支付的现金"项目中反映，不在本项目中反映。本项目可以根据"库存现金""银行存款""长期借款""短期借款""交易性金融负债""应付债券"等科目的记录分析填列。

5."分配股利、利润或偿付利息所支付的现金"项目

该项目反映企业实际支付的现金股利、支付给其他单位的利润或用现金支付的借款利息或债券利息。不同用途的借款利息的开支渠道不一样，如在建工程、财务费用等均在本项目中反映。本项目可以根据"库存现金""银行存款""制造费用""财务费用""利润分配""应付利息""应付股利""研发支出"等科目的记录分析填列。

6."支付其他与筹资活动有关的现金"项目

该项目反映企业除了上述各项目以外所支付的其他与筹资活动有关的现金，例如，现金捐赠支出。若某项其他与筹资活动有关的现金流出的金额较大，应单列项目反映。本项目可以根据"库存现金""长期应付款""银行存款""营业外支出"等科目的记录分析填列。

四、汇率变动对现金以及现金等价物的影响

在编制现金流量表时,应当将企业外币现金流量及境外子公司的现金流量折算成记账本位币。现金流量表准则规定,外币现金流量及境外子公司的现金流量,应当采用现金流量发生日的即期汇率或按照系统合理的方法确定的、与现金流量发生日即期汇率近似的汇率折算。汇率变动对现金的影响金额应当作为调节项目,在现金流量表中单独列报。企业外币现金流量及境外子公司的现金流量在折算成记账本位币时,采用现金流量日发生的汇率或按照系统合理的方法确定的、与现金流量发生日即期汇率近似的汇率,而现金流量表"现金及现金等价物净增加额"项目中外币现金净增加额是按资产负债表日的即期汇率折算,这两者的差额即为汇率变动对现金及现金等价物的影响。

五、现金流量表的补充资料

除现金流量表反映的信息外,企业还应该在附注中披露将净利润调节为经营活动现金流量、不涉及现金收支的重大投资和筹资活动、现金及现金等价物变动情况等信息。

(一)将净利润调节为经营活动现金流量

现金流量表采用直接法反映经营活动产生的现金流量,同时,企业应该采用间接法反映经营活动的现金流量。间接法是指以本期净利润为起点,通过调整不涉及现金的收入、费用、营业外支出以及经营性应收应付等项目的增减变动,调整不属于经营活动的现金收支项目,并据此计算并列报经营活动产生的现金流量的方法。在我国,现金流量表补充资料应采用间接法反映经营活动产生的现金流量,以对现金流量表中采用直接法反映的经营活动现金流量进行核对和补充说明。采用间接法列报经营活动产生的现金流量时,需要对四大类项目进行调整:实际没有支付现金的费用;实际没有收到现金的收益;不属于经营活动的损益;经营性应收应付项目的增减变动。各个项目的具体信息如下。

1.资产减值准备

这里所指的资产减值准备包括:坏账准备、存货跌价准备、投资性房地产减值准备、长期股权投资减值准备、其他债权投资减值准备、固定资产减值准备、无形资产减值准备、在建工程减值准备、工程物资减值准备、生物性资产减值准备、商誉减值准备等。企业计提的各项资产减值准备包括在利润表中,属于利润的减除项目,但没有发生现金流出。因此,在将净利润调节为经营活动现金流量时,需要加回。本项目可以根据"资产减值损失""信用减值损失"等科目的记录分析填列。

2.固定资产折旧、油气资产折耗、生产性生物资产折旧

企业计提的固定资产折旧,有的包括在管理费用中,有的包括在制造费用中。计

入管理费用中的部分，作为期间费用在计算净利润时从中扣除，但没有发生现金流出，在将净利润调节为经营活动现金流量时，需要予以加回。计入制造费用中的变现的部分，在计算净利润时通过销售成本予以扣除，但没有发生现金流出；计入制造费用中的没有变现的部分，既不涉及现金收支，又不影响企业当前净利润。由于在调节存货时，净利润已经从经营活动现金流量中扣除，再次将净利润调节为经营活动现金流量时，需要予以加回。同理，企业计提的油气资产折耗、生产性生物资产折旧，也需要予以加回。本项目可以根据"累计折旧""累计折耗""生产性生物资产累计折旧"等科目的贷方发生额分析填列。

3.无形资产摊销和长期待摊费用摊销

企业对使用寿命有限的无形资产计提摊销时，计入管理费用或制造费用。长期待摊费用在摊销时，有的计入管理费用，有的计入销售费用，有的计入制造费用。计入管理费用等期间费用和计入制造费用中已经变现的部分，在计算净利润时已经从中扣除，但没有发生现金流出；计入制造费用中没有变现的部分，在调节存货时已经从中扣除，但不涉及现金收支，因此在将净利润调节为经营活动现金流量时，需要加回。本项目可以根据"累计摊销""长期待摊费用"科目的贷方发生额分析填列。

4.处置固定资产、无形资产和其他长期资产的损失（减：收益）

企业处置固定资产、无形资产和其他长期资产的损益，属于投资活动产生的损益，不属于经营活动产生的损益，因此，在将净利润调节为经营活动现金流量时，需要予以剔除。如为损失，在将净利润调节为经营活动现金流量时，则应当加回；如为收益，将净利润调节为经营活动现金流量时，则应当扣除。本项目可以根据"资产处置损益"等科目所属有关明细账的记录分析填列，如为净收益，以"－"号填列。

5.固定资产报废损失

企业发生的固定资产报废损益，属于投资活动产生的损益，不属于经营活动产生的损益，因此，在将净利润调节为经营活动现金流量时，需要予以剔除。同样，投资性房地产产生报废、毁损而发生的损失，也需要予以剔除。如为净损失，在将净利润调节为经营活动现金流量时，则应当加回；如为收益，将净利润调节为经营活动现金流量时，则应当扣除。本项目可以根据"营业外收入""营业外支出"等科目所属有关明细账的记录分析填列。

6.公允价值变动损失

公允价值变动损失反映企业在初始确认时划分为以公允价值计量且其变动计入当期损益的交易性金融资产或金融负债、衍生工具、套期等业务，公允价值变动形成的应计入当期损益的利得或损失。企业发生的公允价值变动损益，通常与企业的投资活动或筹资活动有关，且并不影响企业当期现金流量，因此应当将其从净利润中剔除。本项目可以根据"公允价值变动损益"科目的发生额分析填列。如为持有损失，在将净利润调节为经营活动现金流量时，则应当加回；如为持有利得，在将净利润调节为经营活动现金流量时，则应当扣除。

7. 财务费用

企业发生的财务费用不属于经营活动的部分,应当将其从净利润中剔除。本项目可根据"财务费用"科目的本期借方发生额分析填列,如为收益,以"—"号填列。

8. 投资损失(减:收益)

企业发生的投资损益,属于投资活动产生的损益,不属于经营活动的损益,因此,在将净利润调节为经营活动现金流量时,需要予以剔除。同样,投资性房地产发生报废、毁损而发生的损失,也需要予以剔除。如为净损失,在将净利润调节为经营活动现金流量时,则应当加回;如为净收益,将净利润调节为经营活动现金流量时,则应当扣除。本项目可以根据利润表中"投资收益"项目的数字填列,如为投资收益,以"—"号填列。

9. 递延所得税资产减少(减:增加)

如果递延所得税资产减少使计入所得税费用的金额大于当期应交的所得税金额,其差额没有发生现金流出,但在计算净利润时已经扣除,在将净利润调节为经营活动现金流量时,则应当加回。如果递延所得税资产增加使计入所得税费用的金额小于当期应交的所得税金额,二者之间的差额并没有发生现金流入,但在计算净利润时已经包括在内,在将净利润调节为经营活动现金流量时,则应当扣除。本项目可以根据资产负债表"递延所得税资产"项目期初、期末余额分析填列。

10. 递延所得税负债增加(减:减少)

如果递延所得税负债增加使计入所得税费用的金额大于当期应交的所得税金额,其差额没有发生现金流出,但在计算净利润时已经扣除,在将净利润调节为经营活动现金流量时,则应当加回。如果递延所得税负债减少使计入所得税费用的金额小于当期应交的所得税金额,二者之间的差额并没有发生现金流入,但在计算净利润时已经包括在内,在将净利润调节为经营活动现金流量时,则应当扣除。本项目可以根据资产负债表"递延所得税负债"项目期初、期末余额分析填列。

11. 存货的减少(减:增加)

期末存货比期初存货减少,说明本期生产经营过程耗用的存货以部分时期初的存货,耗用这部分存货并没有发生现金流出,但在计算净利润时已经扣除,在将净利润调节为经营活动现金流量时,则应当加回。期末存货比期初存货增加,说明当期购入的存货除耗用外,还剩余一部分,这部分存货也发生了现金流出,但在计算净利润时没有包括在内,在将净利润调节为经营活动现金流量时,则应当扣除。当然,存货的增减变化过程还涉及应付项目,这一因素在"经营性应付项目的增加(减:减少)"中考虑。本项目可以根据资产负债表中"存货"项目的期初数、期末数之间的差额填列,期末数大于期初数的,以"—"号填列。如果存货的增减变化过程属于投资活动,例如在建工程领用存货,则应当将这一因素剔除。

12. 经营性应收项目的减少(减:增加)

经营性应收项目包括应收票据、应收账款、预付账款、长期应收款、其他应收款中与经营活动有关的部分以及应收的增值税销项税额等。经营性应收项目期末余额小于经营性应收项目期初余额，说明本期收回的现金大于利润表所确认的销售收入，因此，在将净利润调节为经营活动现金流量时，需要加回。经营性应收项目期末余额大于经营性应收项目期初余额，说明本期销售收入中有一部分没有收回现金，但在计算净利润时对这部分销售收入已经包括在内，因此，在将净利润调节为经营活动现金流量时，应当扣除。本项目应根据有关科目的期初、期末余额分析填列，如为增加，则以"－"号填列。

13.经营性应付项目的增加（减：减少）

经营性应付项目包括应付票据、应付账款、预收账款、应付职工薪酬、应交税费、应付利息、长期应付款、其他应付款中与经营活动有关的部分以及应付的增值税进项税额等。经营性应付项目期末余额大于经营性应付项目期初余额，说明本期购入的存货中有一部分没有支付现金，但在计算净利润时却通过销售成本包括在内，在将净利润调节为经营活动现金流量时，应当加回；经营性应付项目期末余额小于经营性应付项目期初余额，说明本期支付的现金大于利润表中确认的销售成本，在将净利润调节为经营活动现金流量时，应扣除。本项目应当根据有关科目的期初、期末余额分析填列，如为减少，则以"－"号填列。

（二）不涉及现金收支的重大投资和筹资活动

该项目反映企业在一定会计期间内影响资产和负债但不形成该期现金收支的所有重大投资和筹资活动的信息。这些投资和筹资活动是企业的重大理财活动，对以后各期的现金流量会产生重大影响，因此，应单列项目在补充资料中反映。目前，我国企业现金流量表中列示的不涉及现金收支的重大投资和筹资活动项目主要有以下几项：

一是"债务转为资本"项目，反映企业本期转为资本的债务金额；

二是"一年内到期的可转换公司债券"项目，反映企业一年内到期的可转换公司债券的本息；

三是"融资租入固定资产"项目，反映企业本期融资租入固定资产的最低租赁付款额扣除应分期计入利息费用的未确认融资费用后的净额。

（三）现金及现金等价物净变动情况

该项目反映企业在一定会计期间现金及现金等价物的期末余额减去期初余额后的净增加额（或净减少额），是对现金流量表中"现金及现金等价物净增加额"项目的金额核对相符。

第五节 所有者权益变动表

一、所有者权益变动表概述

所有者权益变动表是指反映构成所有者权益个组成部分当期增减变动情况的报表。当期损益、直接计入所有者权益的利得和损失以及与所有者的资本交易导致的所有者权益的变动，应当分别列示。

在所有者权益变动表中，企业至少应当单独列示下列信息的项目：净利润；直接计入所有者权益的利得和损失项目及其总额；会计政策变更和差错更正的累积影响金额；所有者投入资本和向所有者分配利润等；提取的盈余公积；实收资本或股本、资本公积、盈余公积、未分配利润的期初和期末余额及其调节情况。

二、所有者权益变动表的填列方法

(一) "上年年末余额"

"上年年末余额"项目反映企业上年资产负债表中实收资本（或股本）、其他权益工具、资本公积、库存股其他综合收益、盈余公积、未分配利润的年末余额。

(二) "会计政策变更"和"前期差错更正"

"会计政策变更"和"前期差错更正"项目分别反映企业采用追溯调整法处理的会计政策变更的累计影响金额和采用追溯重述法处理的会计差错更正的累积影响金额。

(三) "本年增减变动额"

1. "综合收益总额"项目

"综合收益总额"项目反映企业在某一期间除与所有者身份进行的交易之外的其他交易或者事项所引起的所有者权益变动，其金额为净利润和其他综合收益扣除所得税后的净额相加后的合计数。

2. "所有者投入和减少资本"项目

"所有者投入和减少资本"项目反映企业当年所有者投入的资本或减少的资本。

（1）"所有者投入资本"项目反映企业接受投资者投入形成的实收资本（或股本）和资本溢价或股本溢价。

（2）"股份支付计入所有者权益的金额"反映企业处于等待期中的权益结算股份支付当年计入资本公积的金额。

（3）"其他权益工具持有者投入资本"。

（4）其他。

3. "利润分配"项目

"利润分配"项目反映企业当年利润分配金额。

（1）"提取盈余公积"项目反映企业按照规定提取的盈余公积。

（2）"对所有者（或股东）的分配"项目反映对所有者（或股东）分配的利润（或股利）金额。

4. "所有者权益内部结转"项目

"所有者权益内部结转"项目反映企业构成所有者权益的组成部分之间的增减变动情况。

（1）"资本公积转增资本（或股本）"项目反映企业以资本公积转增资本或股本的金额。

（2）"盈余公积转增资本（或股本）"项目反映企业以盈余公积转增资本或股本的金额。

（3）"盈余公积弥补亏损"项目反映企业以盈余公积弥补亏损的金额。

（4）设定受益计划变动额结转留存收益。

（5）其他综合收益结转留存收益。

（6）其他。

第六节 财务报表附注

一、财务报表附注概述

（一）附注的概念

附注是对资产负债表、利润表、现金流量表和所有者权益变动表等报表中列示项目的文字描述或明细资料以及对未能在这些报表中列示项目的说明等。

财务报表中的数字是经过分类与汇总后的结果，是对企业发生的经济业务的高度简化和浓缩的数字，如果没有形成这些数字所使用的会计政策、理解这些数字所必需的披露，财务报表就不可能充分发挥效用。因此，附注与资产负债表、利润表、现金流量表、所有者权益变动表等报表具有同等的重要性，是财务报表的重要组成部分。报表使用者要想了解企业的财务状况、经营成本和现金流量，应当全面阅读附注。

(二) 财务报表附注的形式

在会计实务中，财务报表附注可以采用旁注、附表和底注等形式。

1.旁注

旁注是指在财务报表的有关项目旁直接用括号加注说明，是最简单的报表注释方法。为了保持报表项目的简明扼要、清晰明了，旁注只适用个别需要简单补充的信息项目。

2.附表

附表是指为了保持财务报表的简明易懂而另行编制的一些反映其构成项目及年度内的增减与数额的表格。附表反映的内容，有些已经直接包括在脚注之内，有些则附在报表和脚注之后作为财务报告的一个单独组成部分。

3.底注

底注也称"脚注"，指在财务报表后面用一定文字和数字所作的补充说明。一般而言，每一种报表都可以有一定的底注，其篇幅大小随各种报表的复杂程度而定。底注的主要作用是揭示那些不便于列入报表正文的有关信息。

(三) 财务报表附注披露的基本要求

第一，附注披露的信息应该是定性和定量信息的结合，只有这样才能满足信息使用者的决策需求。

第二，附注应当按照一定的结构进行系统合理的排列和分类，有顺序地披露信息。由于附注的内容繁多，排列和分类便于使用者理解和掌握。

第三，附注相关信息应当与资产负债表、利润表、现金流量和所有者权益变动表等报表中列示的项目相互参照，以有助于使用者联系相关联的信息，并由此从整体上理解财务报表。

二、财务报表附注的内容

按《企业会计准则第30号－财务报表列报》的规定，财务报表附注需要披露的内容如下。

(一) 企业的基本情况

企业注册地、组织形式和总部地址。

企业的业务性质和主要经营活动，如企业所处的行业、所提供的主要产品或服务、客户的性质、销售策略、监管环境的性质等。

母公司及集团公司的名称。

财务报告的批准报出者和财务报告批准报出日。

(二) 财务报表的编制基础

财务报表的编制基础包括：会计年度，记账本位币，财务报表是在持续经营基础上还是在非持续经营基础上编制的，清算破产属于非持续经营基础，会计计量所运用的计量基础，现金和现金等价物。

(三) 遵循企业会计准则的声明

企业应当声明编制的财务报表符合企业会计准则的要求，真实、完整地反映了企业的财务状况、经营成果和现金流量等有关信息，以此明确企业编制财务报表所依据的制度基础。

如果企业编制的财务报表只是部分地遵循了企业会计准则，附注中不得作出这种表述。

(四) 重要会计政策和会计估计

根据财务报表列报准则的规定，企业应当披露采用的重要会计政策和会计估计，不重要的会计政策和会计估计可以不披露。

1. 重要会计政策的说明

由于企业经济业务的复杂性和多样化，某些经济业务可以有多种会计处理方法，即存在不止一种可供选择的会计政策。例如，存货的计价可以有先进先出法、加权平均法、个别计价法等；固定资产的折旧可以有平均年限法、工作量法、双倍余额递减法、年数总额法等。企业在发生某项经济业务时，必须从允许的会计处理方法中选择适合本企业特点的会计政策。企业选择不同的会计处理方法，可能极大地影响企业的财务状况和经营成果，进而编制出不同的财务报表。为了有助于报表使用者理解，在说明会计政策时还需要披露下列两项内容。

（1）财务报表项目的计量基础。会计计量属性包括历史成本、重置成本、可变现净值、现值和公允价值，直接显著影响报表使用者的分析。这项披露要求便于使用者了解企业财务报表中的项目是按何种计量基础予以计量的，如存货是按成本还是按可变现净值计量等。

（2）会计政策的确定依据，主要是指企业在运用会计政策过程中所作的对报表中确认的项目金额最具影响的判断。例如，企业如何判断持有的金融资产是持有至到期的投资而不是交易性投资；对于拥有的持股不足50%的关联企业，企业为何判断企业拥有控制权因此将其纳入合并范围；企业如何判断与租赁资产相关的所有风险和报酬已转移给企业，从而符合融资租赁的标准；投资性房地产的判断标准是什么等。这些判断对在报表中确认的项目金额具有重要影响。因此，这项披露要求有助于使用者理解企业选择和运用会计政策的背景，增加财务报表的可理解性。

2. 重要会计估计的说明

财务报表列报准则强调了对会计估计不确定因素的披露要求，企业应当披露会计估计所采用的关键假设和不确定因素的确定依据,这些关键假设和不确定因素在下一会计期间内很可能导致对资产、负债账面价值进行重大调整。

在确定报表确认的资产和负债的账面金额过程中,企业有时需要对不确定的未来事项在资产负债表日的资产和负债的影响加以估计。例如,固定资产可收回金额的计算需要根据其公允价值减去处置费用后的净额与预计未来现金流量的现值两者之间的较高者确定,在计算资产预计未来现金流量的现值时需要对未来现金流量进行预测,并选择适当的折现率,应当在附注中披露未来现金流量预测所采用的假设及其依据,所选择的折现率为什么是合理的等。又例如,为正在进行中的诉讼提取准备时最佳估计数的确定依据等。这些假设的变动对这些资产和负债项目金额的确定影响很大,有可能会在下一个会计年度内作出重大调整。因此,强调这一披露要求有助于提高财务报表的可理解性。

(五)会计政策和会计估计变更以及差错更正的说明

企业应当按照《企业会计准则第28号——会计政策、会计估计变更和差错更正》及其应用指南的规定,披露会计政策和会计估计变更以及差错更正的有关情况。

(六)报表重要项目的说明

企业应当以文字和数字描述相结合,尽可能以列表形式披露报表重要项目的构成或当期增减变动情况,并且报表重要项目的明细金额合计应当与报表项目金额相衔接。在披露顺序上,企业一般应当按照资产负债表、利润表、现金流量表、所有者权益变动表的顺序及其项目列示的顺序。

三、分部报告

企业存在多种经营或跨地区经营的,应当按照企业会计准则规定披露分部信息,但是法律、行政法规另有规定的除外。企业应当以对外提供的财务报表为基础,区分业务分部和地区分部披露分部信息。

(一)确定报告分部

企业应当以业务分部或地区分部为基础确定报告分部。业务分部或地区分部的大部分收入是对外交易收入,且满足下列条件之一的,应当将其确定为报告分部:

该分部的分部收入占所有分部收入合计的10%或者以上;

该分部的分部利润(亏损)的绝对额,占所有盈利分部利润合计额或者所有亏损分部亏损合计额的绝对额两者中较大者的10%或者以上;

该分部的分部资产占所有分部资产合计的10%或者以上。

(二)披露分部信息

企业应当区分主要报告形式和次要报告形式披露分部信息。风险和报酬主要受企业的产品和劳务差异影响的，披露分部信息的主要形式应当是业务分部，次要形式是地区分部；风险和报酬主要受企业在不同的国家或地区经营活动影响的，披露分部信息的主要形式应当是地区分部，次要形式是业务分部；风险和报酬同时较大地受企业产品和劳务的差异以及经营活动所在国家或地区差异影响的，披露分部信息的主要形式应当是业务分部，次要形式是地区分部。

在确定主要报告形式和次要报告形式时，应当以企业的风险和报酬的主要来源和性质为依据，同时结合企业的内部组织结构、管理结构以及向董事会或类似机构的内部报告制度。企业的风险和报酬的主要来源和性质主要与其提供的产品或劳务或者经营所在国家或地区密切相关。企业的内部组织结构、管理结构以及向董事会或类似机构的内部报告制度的安排，通常会考虑或结合企业风险和报酬的主要来源和性质等相关因素。

（三）分部报表

1. 分部收入

分部收入是指可归属于分部的对外交易收入和对其他分部的交易收入。分部收入主要由可归属于分部的对外交易收入构成，通常为营业收入。

2. 分部费用

分部费用是指可归属于分部的对外交易费用和对其他分部的交易费用。分部费用主要由可归属于分部的对外交易费用构成，通常包括营业成本、营业税金及附加、销售费用等。

3. 分部利润（亏损）

分部利润（亏损）是指分部收入减去分部费用后的余额。

4. 分部资产

分部资产分部资产是指分部经营活动使用的可归属于分部的资产，不包括递延所得税资产。分部资产的披露金额应当按照扣除相关累计折旧或摊销额以及累计减值准备后的金额确定。在披露分部资产总额时，当期发生的在建工程成本总额、购置的固定资产和无形资产的成本总额，应当单独披露。

5. 分部负债

分部负债是指分部经营活动形成的可归属于该分部的负债，不包括递延所得税负债。

分部信息的主要报告形式是业务分部的，应当就次要报告形式披露下列信息：

对外交易收入占企业对外交易收入总额10%或者以上的地区分部，以外部客户所在地为基础披露对外交易收入；

分部资产占所有地区分部资产总额10%或者以上的地区分部，应当以资产所在地为基础披露分部资产总额。

分部信息的主要报告形式是地区分部的，应当就次要报告形式披露下列信息：

对外交易收入占企业对外交易收入总额10%或者以上的业务分部，应当披露对外交易收入；

分部资产占所有业务分部资产总额10%或者以上的业务分部，应当披露分部资产总额。

四、关联方披露

（一）关联方关系的认定

关联方关系的存在是以控制、共同控制或重大影响为前提条件的。在判断是否存在关联方关系时，应当遵循实质重于形式的原则。从一个企业的角度出发，与其存在关联方关系的各方包括如下。

1.该企业的母公司

母公司不仅包括直接或间接地控制该企业的其他企业，还包括能够对该企业实施直接或间接控制的单位等。

（1）某一个企业直接控制一个或多个企业。例如，母公司控制一个或若干个子公司，表明母公司与子公司之间存在关联方关系。

（2）某一个企业通过一个或若干中间企业间接控制一个或多个企业。例如，母公司通过其子公司间接控制子公司的子公司，表明母公司与其子公司的子公司存在关联方关系。

（3）一个企业直接地和通过一个或若干个中间企业间接地控制一个或多个企业。例如，母公司对某一企业的投资虽然没有达到控股的程度，但是由于其子公司也拥有该企业的股份或权益，如果母公司与其子公司对该企业的投资之和达到拥有该企业一半以上表决权资本的控制权，则母公司直接和间接地控制该企业，表明母公司与该企业之间存在关联方关系。

2.该企业的子公司

子公司包括直接或间接地被该企业控制的其他企业，也包括直接或间接地被该企业控制的企业、单位、基金等特殊目的实体。

3.与该企业受同一母公司控制的其他企业

例如，A公司和B公司同受C公司控制，从而A公司和B公司之间构成关联方关系。

4.对该企业实施共同控制的投资方

这里的共同控制包括直接的共同控制和间接的共同控制。对企业实施直接或间接共同控制的投资方与该企业之间是关联方关系，但这些投资方之间并不能仅仅因为共同控制了同一家企业而视为存在关联方关系。例如，A、B、C三个企业共同控制D企业，从而A和D、B和D以及C和D成为关联方关系。如果不存在其他关联方关系，则A和B、A和C以及B和C之间不构成关联方关系。

5.对该企业施加重大影响的投资方

这里的重大影响包括直接的重大影响和间接的重大影响。对企业实施重大影响的投资方与该企业之间是关联方关系,但这些投资方之间并不能仅仅因为对同一家企业具有重大影响而视为存在关联方关系。

6.该企业的合营企业

合营企业包括合营企业的子公司。合营企业是以共同控制为前提的,两方或多方共同控制某一企业时,该企业则为投资者的合营企业。例如,A、B、C、D企业各占F企业有表决权资本的25%,按照合同规定,投资各方按照出资比例控制F企业,由于出资比例相同,F企业由A、B、C、D企业共同控制,在这种情况下,A和F、B和F、C和F以及D和F之间构成关联方关系。

7.该企业的联营企业

联营企业包括联营企业的子公司。联营企业和重大影响是相联系的,如果投资者能对被投资企业施加重大影响,则该被投资企业应被视为投资者的联营企业。

8.该企业的主要投资者个人及与其关系密切的家庭成员

主要投资者个人是指能够控制、共同控制一个企业或者对一个企业施加重大影响的个人投资者。

(1)某一企业与其主要投资者个人之间的关系。例如,张三是A企业的主要投资者,A企业与张三构成关联方关系。

(2)某一企业与其主要投资者个人关系密切的家庭成员之间的关系。例如,A企业的主要投资者张三的儿子与A企业构成关联方关系。

9.该企业或其母公司的关键管理人员及与其关系密切的家庭成员

关键管理人员是指有权力并负责计划、指挥和控制企业活动的人员。通常情况下,企业关键管理人员负责管理企业的日常经营活动,并且负责制定经营计划、战略目标、指挥调度生产经营活动等,主要包括董事长、董事、董事会秘书、总经理、总会计师、财务总监、主管各项事务的副总经理以及行使类似决策职能的人员等。

(1)某一企业与其关键管理人员之间的关系。例如,A企业的总经理与A企业构成关联方关系。

(2)某一企业与其关键管理人员关系密切的家庭成员之间的关系。例如,A企业的总经理张三的儿子张小三与A企业构成关联方关系。

10.该企业主要投资者个人、关键管理人员或与其关系密切的家庭成员控制、共同控制的其他企业

与主要投资者个人或关键管理人员关系密切的家庭成员是指在处理与企业的交易时可能影响该个人或受该个人影响的家庭成员,如父母、配偶、兄弟、姐妹和子女等。对于这类关联方,企业应当根据主要投资者个人、关键管理人员或与其关系密切的家庭成员对两家企业的实际影响力具体分析判断。

(1)某一企业与受该企业主要投资者个人控制、共同控制或施加重大影响的其他

企业之间的关系。例如，A企业的主要投资者H拥有B企业60%的表决权资本，A和B存在关联方关系。

（2）某一企业与受该企业主要投资者个人关系密切的家庭成员控制、共同控制或施加重大影响的其他企业之间的关系。例如，A企业的主要投资者Y的妻子拥有B企业60%的表决权资本，A和B存在关联方关系。

（3）某一企业与受该企业关键管理人员控制、共同控制的其他企业之间的关系。例如，A企业的关键管理人员H控制了B企业，A和B存在关联方关系。

（4）某一企业与受该企业关键管理人员关系密切的家庭成员控制、共同控制或施加重大影响的其他企业之间的关系。例如，A企业的财务总监Y的妻子是B企业的董事长，A和B存在关联方关系。

（二）关联方交易的类型

存在关联方关系的情况下，关联方之间发生的交易为关联方交易，关联方的交易类型主要有以下几类。

1.购买或销售商品

购买或销售商品是关联方交易较常见的交易事项。例如，企业集团成员企业之间互相购买或销售商品，形成关联方交易。

2.购买或销售除商品以外的其他资产

例如，母公司出售给其子公司设备或建筑物等。

3.提供或接受劳务

例如，A企业是B企业的联营企业，A企业专门从事设备维修服务，B企业的所有设备均由A企业负责维修。B企业每年支付设备维修费用300万元，该维修服务构成A企业与B企业的关联方交易。

4.担保

担保包括在借贷、买卖、货物运输、加工承揽等经济活动中，为了保障其债权实现而实行的担保等。当存在关联方关系时，一方往往为另一方提供为取得借款、买卖等经济活动中所需要的担保。

5.提供资金(贷款或股权投资)

例如，企业从其关联方取得资金，或权益性资金在关联方之间的增减变动等。

6.租赁

租赁通常包括经营租赁和融资租赁等，关联方之间的租赁合同也是主要的交易事项。

7.代理

代理主要是依据合同条款，一方可为另一方代理某些事务，如代理销售货物或代理签订合同等。

8.研究与开发项目的转移

在存在关联方关系时,有时某一企业所研究与开发的项目会由于一方的要求而放弃或转移给其他企业。例如,B公司是A公司的子公司,A公司要求B公司停止对某一新产品的研究和试制,并将B公司研究的现有成果转给A公司最近购买的、研究与开发能力超过B公司的C公司继续研制,形成关联方交易。

9.许可协议

当存在关联方关系时,关联方之间可能达成某项协议,允许一方使用另一方商标等,从而形成关联方之间的交易。

10.代表企业或由企业代表另一方进行债务结算

11.关键管理人员薪酬

企业支付给关键管理人员的报酬也是一项主要的关联方交易。

关联方交易还包括就某特定事项在未来发生或不发生时所作出的采取相应行动的任何承诺,如(已确认及未确认的)待执行合同。

(三)关联方的披露

企业无论是否发生关联方交易,均应当在附注中披露与该企业之间存在直接控制关系的母公司和子公司有关的信息。

一是母公司和子公司的名称。母公司不是该企业最终控制方的,还应当披露最终控制方名称;母公司和最终控制方均不对外提供财务报表的,还应当披露母公司之上与其最相近的对外提供财务报表的母公司名称。

二是母公司和子公司的业务性质、注册地、注册资本及其变化。

三是母公司对该企业或者该企业对子公司的持股比例和表决权比例。

企业与关联方发生关联方交易的,应当在附注中披露该关联方关系的性质、交易类型及交易要素。关联方关系的性质是指关联方与该企业的关系,即关联方是该企业的子公司、合营企业、联营企业等。交易类型通常包括购买或销售商品、购买或销售除商品以外的其他资产、提供或接受劳务、担保、提供资金、租赁、代理、研究与开发项目的转移、许可协议、代表企业或由企业代表另一方进行债务结算等。交易要素至少应当包括:交易的金额;未结算项目的金额、条款和条件以及有关提供或取得担保的信息;未结算应收项目坏账准备金额;定价政策。

企业只有在提供确凿证据的前提下,才能披露关联方交易是公平交易。

五、其他需要说明的重要事项

(一)或有事项

企业应当在附注中披露与或有事项有关的下列信息。

1. 预计负债

（1）预计负债的种类、形成原因以及经济利益流出不确定性的说明。

（2）各类预计负债的期初、期末余额和本期变动情况。

（3）与预计负债有关的预期补偿金额和本期已确认的预期补偿金额。

2. 或有负债

不包括极小可能导致经济利益流出企业的或有负债。

（1）或有负债的种类及其形成原因，包括已贴现商业承兑汇票、未决诉讼、未决仲裁、对外提供担保等形成的或有负债。

（2）经济利益流出不确定性的说明。

（3）或有负债预计产生的财务影响及获得补偿的可能性，无法预计的，应当说明原因。

（4）企业通常不应当披露或有资产，但或有资产很可能会给企业带来经济利益的，应当披露其形成的原因、预计产生的财务影响等。

（二）资产负债表日后事项

资产负债表日后对每项重要的非调整事项的性质、内容及其对财务状况和经营成果的影响作出估计。无法作出估计的，应当说明原因。

资产负债表日后，对企业利润分配方案中拟分配的及经审议批准宣告发放的股利或利润作出估计。